财经版

AF874341

新编会计从业资格考试辅导教材

财经法规与会计职业道德

会计从业资格考试辅导教材编写组　编

中国财政经济出版社

图书在版编目（CIP）数据

财经法规与会计职业道德/ 会计从业资格考试辅导教材编写组编．—北京：中国财政经济出版社，2010.6

财经版新编会计从业资格考试辅导教材

ISBN 978-7-5095-2241-7

Ⅰ.①财…　Ⅱ.①会…　Ⅲ.①财政法-中国-会计-资格考核-自学参考资料②经济法-中国-会计-资格考核-自学参考资料③会计人员-职业道德-资格考核-自学参考资料　Ⅳ.①D922.2②F233

中国版本图书馆 CIP 数据核字（2010）第 086555 号

责任编辑：温彦君　　　　责任校对：黄亚青

中国财政经济出版社 出版

URL：http：//ckfz.cfeph.cn

E-mail：ckfz @ cfeph.cn

社址：北京市海淀区阜成路甲 28 号　邮政编码：100142

发行处电话：88190406　财经书店电话：64033436

北京财经印刷厂印刷

880×1230毫米　32开　9印张　229 000字

2010年6月第1版　2011年1月北京第5次印刷

印数：90 091—110 100　定价：18.00元

ISBN 978-7-5095-2241-7/F·1785

（图书出现印装问题，本社负责调换）

本社质量投诉电话：010-88190744

前　言

为了进一步完善会计从业资格考试大纲，促进会计从业资格考试的知识结构科学合理，充分发挥会计从业资格考试在会计市场准入中的作用，根据《会计从业资格管理办法》（财政部令第26号）等有关规定，财政部对2008年修订的会计从业资格考试大纲进行了再次修订，于2009年10月26日印发了《会计从业资格考试大纲（修订）》（财办会［2009］10号），从2010年1月1日起施行。

为了配合各省（区、市）开展的会计从业资格考试，满足广大考生参加会计从业资格考试的实际需求，中国财政经济出版社组织会计理论界和实务界的专家学者，按照2009年最新修订的会计从业资格考试大纲的要求，修订编写了这套《新编会计从业资格考试辅导教材》。该套教材包括《财经法规与会计职业道德》、《会计基础》、《初级会计电算化》三门主干教材及配套的《会计从业资格考试习题集》，是参加从业资格考试的考生复习应考的必备参考用书。其特点概括如下：

（1）紧扣大纲，博采众长。全套教材根据最新大纲编写，结构内容与大纲一致，并且考虑了作为会计行业的入门者，上岗时所必备的技能，加上中国财政经济出版社多年出版一些省（区、市）从业资格考试辅导教材的经验，努力为各省（区、市）打造一套通用、实用的教材。

（2）体现会计专业特色，语言简炼，深入浅出。教材充分考虑了会计入门者的困难，语言尽量做到简洁明了，尽可能用通俗的语言将会计专业的基础知识表达清楚。

（3）大纲、教材、习题相互配套，有助于考生复习应考。《财经法规与会计职业道德》、《会计基础》和《初级会计电算化》三本教材后都附有相应的考试大纲；《初级会计电算化》教材后还附有光盘，光盘中包含初级会计电算化的实务操作软件及两套模拟试题；《会计从业资格考试习题集》包括《财经法规与会计职业道德》和《会计基础》两本教材的分章练习题及综合训练题。

参加本书编写的人员有：马洪范、徐敏、李雯雯、张玉双、王树军、胡雪梅、刘奇、李小军、王保平、王星、李玲、付鲜艳、孙兴业。

中国财政经济出版社财会方舟网（http：//ckfz. cfeph. cn）将继续广泛征求各省（区、市）会计主管部门和广大考生在使用过程中的修改意见，并在网上提供免费服务。

教材中存在的错漏，恳请读者批评指正。

编　者

2010 年 5 月

目　录

第一章 会计法律制度

第一节 会计法律制度的构成

会计法律体系是指由国家权力机关或其他授权机构制定的，用来规范会计核算实务、会计基础工作、会计主体和相关会计人员职责，以便及时调整经济活动中各种会计关系的规范性文件的总和。它们构成了我国会计从业人员必须遵守的职业纪律和规范。目前，我国的会计法律制度基本形成了以《会计法》为主体的比较完整的会计法规体系，主要包括三个层次，即会计法律、会计行政法规和国家统一的会计制度（会计部门规章和会计规范性文件）。

一、会计法律

会计法律，是指由全国人民代表大会及其常委会经过一定立法程序制定的有关会计工作的法律，是调整我国经济生活中会计关系的法律总规范。我国目前有两部会计法律，分别是《中华人民共和国会计法》（以下简称《会计法》）和《中华人民共和国注册会计师法》（以下简称《注册会计师法》）。

（一）会计法

1999 年全国人大会常委会修订通过的《中华人民共和国会计法》，是会计法律制度中层次最高的法律规范，是制定其他会计法规的依据，是指导会计工作的最高准则。

《会计法》的立法宗旨是规范会计行为，保证会计资料真实、完整，加强经济管理和财务管理，提高经济效益，维护社会主义市场经济秩序。《会计法》主要规定了会计工作的基本目的、会计管理权限、会计责任主体、会计核算和会计监督的基本要求、会计人员和会计机构的职责权限，并对会计法律责任作出了详细规定。

（二）注册会计师法

为了发挥注册会计师在社会经济活动中的鉴证和服务作用，加强对注册会计师的管理，维护社会公共利益和投资者的合法权益，促进社会主义市场经济的健康发展，1993 年 10 月 31 日第八届全国人民代表大会常务委员会第四次会议通过了《中国注册会计师法》。

二、会计行政法规

会计行政法规，是指国务院制定发布或者国务院有关部门拟订、经国务院批准发布，调整经济生活中某些方面会计关系的法律规范。它的制定依据是《会计法》。如 1990 年 12 月 31 日国务院发布的《总会计师条例》；2000 年 6 月 21 日国务院发布的《企业财务会计报告条例》等。

1.《总会计师条例》是对《会计法》中有关规定的细化和补充，共分五章二十三条，主要规定了单位总会计师的职责、权限、任免、奖惩等。

2.《企业财务会计报告条例》自 2001 年 1 月 1 日起施行，共分六章四十六条，主要规定了企业财务会计报告的构成、编制和对外提供的要求、法律责任等。它是对《会计法》中有关财务会计报告的规定的细化。该条例要求企业负责人对本企业的财务会计报告的真实性和完整性负责；强调任何组织或者个人不得授意、指使、强令企业编制和对外提供虚假的或者隐瞒重要事实的财务会计报告；规定有关部门或机构必须依据法律法规，索要企业财务会计报告。条例还对违法违规行为应承担的法律责任作了明确规定。

三、国家统一的会计制度

国家统一的会计制度，是指国务院财政部门根据《会计法》制定的关于会计核算、会计监督、会计机构和会计人员以及会计工作管理的制度，包括会计部门规章和会计规范性文件。

1. 会计规章是根据《立法法》规定的程序，由财政部制定，并由部门首长签署命令予以公布的制度办法，如以财政部第 26 号令签发的《会计从业资格管理办法》和以财政部第 33 号部长令签发的《企业会计准则——基本准则》等。

2. 会计规范性文件是指主管全国会计工作的行政部门，即国务院财政部门制定发布的制度办法，如企业会计准则体系中的38项具体准则及应用指南、《企业会计制度》、《会计基础工作规范》以及财政部门与国家档案局联合发布的《会计档案管理办法》等。

《会计法》规定：国家实行统一的会计制度，国家统一的会计制度由国务院财政部门根据《会计法》制定并公布；国务院有关部门可以依照《会计法》和国家统一的会计制度制定对会计核算和会计监督有特殊要求的行业实施国家统一的会计制度的具体办法或者补充规定，报国务院财政部门审核批准。中国人民解放军总后勤部可以依照《会计法》和国家统一的会计制度制定军队实施国家统一的会计制度的具体办法，报国务院财政部门备案。

第二节　会计工作管理体制

会计工作管理体制是划分会计管理工作职责权限关系的制度，包括会计工作的管理范围、职责权限及其相互关系等。我国的会计工作管理体制主要包括会计行政管理、自律管理和单位会计管理等内容。

一、会计工作的行政管理

会计工作的主管部门，是指代表国家对会计工作行使管理职能的政府部门。《会计法》第七条规定："国务院财政部门主管全国的会计工作。县级以上地方各级人民政府财政部门管理本行政区域内的会计工作。"由各级人民政府财政部门管理本行政区域内的会计工作，体现了"统一领导，分级管理"的原则。

国务院财政部门主管全国的会计工作，县级以上地方各级人民政府财政部门管理本行政区域内的会计工作。财政部门履行的会计行政管理职能主要有：

（一）会计准则制度及相关标准规范的制定和组织实施

会计法律制度，是指国家权力机关和行政机关制定的各种有关会计工作的规范性文件的总称。会计法律制度是调整会计关系的法律规范。会计关系是会计机构和会计人员在办理会计事务过程中以及国家在管理会计工作中发生的经济关系。为了保证会计工作的有序进行，国家通过制定一系列会计法律制度，包括对会计工作、会计核算、会计监督、会计人员、会计档案等管理所制定的规范性文件。

《会计法》规定，国家实行统一的会计制度，国家统一的会计制度由国务院财政部门根据《会计法》制定并公布；国务院有关部门对会计核算和会计监督有特殊要求的行业，可以依照《会计法》和国家统一的会计制度，制定实施国家统一的会计制度的具体办法或者补充规定，报国务院财政部门审核批准。中国人民解放军总后勤部可以依照《会计法》和国家统一的会计制度，制定军队实施国家统一的会计制度的具体办法，报国务院财政部门备案。国家统一的会计制度，是指国务院财政部门根据《会计法》制定的关于会计核算、会计监督、会计机构和会计人员以及会计工作管理的制度，包括制度、准则、办法等。

（二）会计市场管理

会计是一项专业性很强的工作，会计信息质量以及会计师事务所执业质量直接影响到市场秩序，进而关系到国家和社会公众利益。在市场经济条件下，政府必须加强对会计市场的管理，包括会计市场的准入管理、过程的监管和会计市场退出管理三个方面。根据《会计法》和《注册会计师法》规定，财政部门是会计行业和注册会计师行业的主管部门，履行相应的会计市场管理职责。会计市场准入包括会计从业资格、会计师事务所的设立、代理机构的设立等。

（三）会计专业人才评价

我国会计专业人才评价机制包括初级、中级、高级会计人才机制和会计行业领军人才的培养评价等。对初级、中级、高级会计人才会计人才的评价，主要是通过会计专业技术考试来进行，由财政部门组织实施，人力资源和社会保障部门监督指导，包括初级、中级、高级三种级别的会计专业技术考试全国统一考试。

会计领军人才培养是适应我国当前经济发展的一种新的会计人才评价方式。财政部负责组织全国范围内的会计领军人才培养工作，地方财政部门和中央各单位负责本地区、本部门、本系统内的会计领军人才培养工作。

对会计人员的表彰奖励也属于会计专业人才评价的范畴。《会计法》规定，对认真执行《会计法》，忠于职守，坚持原则，作出显著成绩的会计人员，给予精神的或物质的奖励。

此外，我国规定会计人员应当参加继续教育，以不断提高会计人员的专业胜任能力，促进会计人员整体素质的提高。

（四）会计监督检查

会计监督检查属于政府市场监督的范畴，它是规范会计秩序，打击违法行为，保证会计信息质量，保护国家、投资者/债权人、社会公众利益，维护社会主义市场经济秩序的重要举措。财政部门实施的会计监督检查主要是会计信息质量检查和会计师事务所执业质量检查。

根据《会计法》的规定，县级以上人民政府财政部门为各单位会计工作的监督检查部门，对各单位会计工作行使监督权，对违法会计行为实施行政处罚。因此，财政部门是《会计法》的执行主体，是会计工作的政府监督实施主体。这里所说的财政部门，是指国务院财政部门、国务院财政部门的派出机构和县级以上人民政府财政部门。

财政部应当加强对省级财政部门监督、指导注册会计师、会计师事务所工作的监督检查。省级财政部门应当建立信息报告制度，对会计师事务所、注册会计师发生的重大违法违规案件及时上报财政部。

二、会计工作的自律管理

会计行业自律管理制度是对行政管理制度的一种有益的补充，有助于督促会计人员依法展开会计工作，树立良好的行业风气，促进行业的发展。

（一）中国注册会计师协会

中国注册会计师协会是依据《注册会计师法》和《社会团体登记条例》的有关规定设立的社会团体法人，是中国注册会计师行业的自律管理组织，成立于1988年11月。

中国注册会计师协会分别于1996年10月和1997年5月加入亚太会计师联合会和国际会计师联合会，并与40多个境外会计师职业组织建立了友好合作和交往关系。

中国注册会计师协会最高权力机构为全国会员代表大会，全国会员代表大会选举产生理事会。理事会选举产生会长、副会长、常务理事会，理事会设若干专门委员会和专业委员会。常务理事会在理事会闭会期间行使理事会职权。协会下设秘书处，为其常设执行机构。

（二）中国会计学会

中国会计学会是由全国会计领域各类专业组织及会计理论界、实务界会计工作者自愿结成的“会员制”社会组织。以组织、推动会计理论和实务交流，建立和完善适应社会主义市场经济发展需要的、具有国际影响力的会计理论与方法体系为目标。致力于通过专业活动为会员提供终身持续的专业化服务，同时为社会提供不同层次的专业人才。中国会计学会个人会员中许多人在各自领域担任重要职务。中国会计学会还有单位会员，涵盖国有大中型企业、大专院校、省级会计管理机构。

三、单位会计工作管理

（一）单位负责人要组织、管理好本单位的会计工作

单位负责人负责单位内部的会计工作管理，应当保证会计机构、会计人员依法履行职责，不得授意、指使、强令会计机构、会计人员违法办理会计事项。由于单位负责人是单位的最高管理者，必须对本单位的一切经营管理和业务活动负有责任，当然也必须对会计工作和会计资料的真实性、完整性负有责任。

（二）会计人员的选拔任用由所在单位具体负责

在有关的会计法规中，要求会计从业人员必须具有会计从业资格证书，总会计师、会计机构负责人或会计主管人员必须具有符合要求的专业技术职务资格或工作经历。

《会计法》第三十八条规定："从事会计工作的人员，必须取得会计从业资格证书。担任单位会计机构负责人（会计主管人员）的，除取得会计从业资格证书外，还应当具备会计师以上专业技术职务资格或从事会计工作三年以上经历。"

单位要加强对本单位会计人员的管理，依法合理设置会计岗位，督促会计人员按照国家统一的会计制度的规定进行会计核算和监督。

第三节　会计核算

一、总体要求

（一）会计核算依据

会计核算是会计工作的基本职责之一，是会计工作的重要环节。我国会计法律制度对会计信息质量要求、会计资料基本要求以及会计年度、记账本位币、填制会计凭证、登记会计账簿、编制财务会计报告、财产清查、会计档案管理等作出了统一规定。

《会计法》第九条规定："各单位必须根据实际发生的经济业务事项进行会计核算，填制会计凭证，登记会计账簿，编制财务会计报告。任何单位不得以虚假的经济业务事项或者资料进行会计核算。"

1. 会计核算必须以实际发生的经济业务事项为依据。实际发生的经济业务事项，是指各单位在生产经营或预算执行过程中发生的包括引起或未引起资金增减变化的经济活动。并非所有实际发生的经济业务事项都需要进行会计记录和会计核算。如签订合同或协议的经济业务事项，在签订合同或协议时，往往无需进行会计核算，只有当实际履行合同或协议并引起资金运动时，才需要对履行合同或协议这一经济业务事项如实记录和反映，进行会计核算。以实际发生的经济业务事项为依据进行会计核算，是会计核算的重要前提，是填制会计凭证、登记会计账簿、编制财务会计报告的基础，是保证会计资料质量的关键。

2. 以虚假的经济业务事项或资料进行会计核算，是一种严重的违法行为。没有经济业务事项，会计核算也就失去了对象；以不真实甚至虚拟的经济业务事项为核算对象，会计核算就没有规范、没有约束、没有科学可言，据此提供的会计资料不仅没有可信度，相反会误导使用者，扰乱社会经济秩序。在实际工作中有些单位利用虚假或虚拟经济业务事项，编造不真实的会计资料，借以欺骗投资者、债权人和社会公众，达到种种非法目的。针对这种严重违法行为，《会计法》作出了禁止性规定，即任何单位不得以虚假的经济业务事项或者资料进行会计核算。如果是单位以虚假的经济业务事项或资料为依据进行会计核算，即是严重违法行为，将受到法律的严厉制裁。

（二）对会计资料的基本要求

会计资料，主要是指会计凭证、会计账簿、财务会计报告等会计核算专业资料，它是会计核算的重要成果，是投资者作出投资决策、经营者进行经营管理、国家进行宏观调控的重要依据。因此，《会计法》和《会计基础工作规范》都要求，会计资料的内容和要求必须符合国家统一的会计制度的规定，保证会计资料的真实性和完整性，不得伪造、变造会计凭证和会计账簿，不得提供虚假的财务会计报告。

会计资料的真实性，主要是指会计资料所反映的内容和结果，应当同单位实际发生的经济业务的内容及其结果相一致。会计资料的完整性，主要是指构成会计资料的各项要素都必须齐全，以使会计资料如实、全面地记录和反映经济业务发生情况，便于会计资料使用者全面、准确地了解经济活动情况。会计资料的真实性和完整性，是会计资料最基本的质量要求，是会计工作的生命，各单位必须保证所提供的会计资料真实和完整。

与会计资料的真实性、完整性相对的是会计资料的不真实、不完整。造成会计资料的不真实、不完整，其原因是多方面的，但伪造、变造会计资料是重要手段之一。伪造会计资料，包括伪造会计凭证和会计账簿，是以虚假的经济业务为前提来编制会计凭证和会计账簿，旨在以假充真；变造会计资料，包括变造会计凭证和会计账簿，是用涂改、挖补等手段来改变会计凭证和会计账簿的真实内容，以歪曲事实真相。伪造、变造会计资料，其结果是造成会计资料失实、失真，误导会计资料的使用者，损害投资者、债权人、国家和社会公众利益。因此，《会计法》对伪造、变造会计资料和提供虚假财务会计报告等弄虚作假行为，作出了禁止性规定。

二、会计凭证

会计凭证是记录经济业务事项发生或完成情况的书面证明，也是登记账簿的依据。

由于会计凭证中详细记录了企业各类经济交易与事项的具体内容和经济活动基本的财务信息，因此，会计凭证处理是整个会计信息系统运行的第一环节，也是会计账户（账簿）信息和财务报表信息产生的基础。所以说，会计凭证事关整个企业会计信息的质量。

会计凭证按照它填制程序和用途的不同来划分，可以分为原始凭证和记账凭证两类。

原始凭证和记账凭证都是会计凭证，但两者有所不同。

原始凭证记录的是经济信息，它是编制记账凭证的依据，是会计核算的基础；原始凭证由经济交易与事项的经办人员填制或取得，其用来作为编制会计分录的依据；原始凭证的内容不同，格式各异，种类繁多，对应关系也不直观，如果直接根据原始凭证记账，容易发生差错，也不便于查账。因此，应先根据原始凭证或汇总原始凭证编制记账凭证，在记账凭证摘要中说明经济业务的内容、确定应借、应贷的账户名称和金额，并将原始凭证作为附件，然后根据记账凭证登记账簿。这样可以减少记账错误，便于核对和查账，保障记账工作的质量。

而记账凭证记录的是会计信息，它是会计核算的起点；记账凭证由企业会计人员根据所取得的原始凭证填制，其用来登记账户；记账凭证将原始凭证中的一般数据转化为会计语言，是介于原始凭证与账簿之间的中间环节，是登记明细分类账户和总分类账户的依据。

原始凭证是进行会计核算的原始资料和重要依据，按其来源不同，可以分为外来原始凭证和自制原始凭证两种；按照填制手续及内容不同，可以分为一次凭证、累计凭证和汇总凭证；按照格式不同，可以分为通用凭证和专用凭证。

记账凭证是登记账簿的直接依据，按其反映经济业务的内容不同，可以分为收款凭证、付款凭证和转账凭证；按其填列方式，可分为复式凭证和单式凭证两种。

三、会计账簿

（一）设置会计账簿的要求

依法设置会计账簿，是单位进行会计核算的最基本的要求，所有实行独立核算的国家机关、社会团体、公司、企业、事业和其他组织都必须依法设置、登记会计账簿，保证其真实、完整。会计账簿，是指由一定格式、相互联系的账页所组成，用来序时、分类地全面记录和反映一个单位经济业务事项的会计簿籍，是会计资料的主要载体之一，也是会计资料的重要组成部分。会计账簿的主要作用，是对会计凭证提供的大量分散数据或资料进行分类归集整理，以全面、连续、系统地记录和反映经济活动情况，是编制财务会计报告，检查、分析和控制单位经济活动的重要依据。从会计工作实际情况看，依法建账仍是一个比较薄弱的环节。有的单位不设账；有的单位则是“包包账”、“捆捆账”；有的单位虽设了账，但账目不全，数据不实、不清；有的单位为了达到非法目的而设置账外账等等。这些问题，干扰了会计秩序和经济秩序，影响了会计职能作用的发挥，损害了国家和社会公众的利益。针对会计账簿设置和登记中存在的种种问题，《会计法》不仅规定各单位必须依法建账，还对各单位设置会计账簿的种类作出了规定。

根据规定，各单位应当依法设置的会计账簿包括：

1. 总账。总账也称总分类账，是根据会计科目（也称总账科目）开设的账簿，用于分类登记单位的全部经济业务事项，提供资产、负债、资本、费用、成本、收入和成果等总括核算的资料。总账一般有订本账和活页账两种。各单位可以根据采用的记账方法和财务处理程序的需要设置总账。

2. 明细账。明细账也称明细分类账，是根据总账科目所属的明细科目设置的，用于分类登记某一类经济业务事项，提供有关明细核算资料。明细账是会计资料形成的基础环节。利用明细账，可以对经济业务信息或数据作进一步的加工整理和分析，也能为了解会计资料的形成提供具体情况和有关线索。明细账可采用订本式、活页式、三栏式、多栏式、数量金额式。

3. 日记账。日记账是一种特殊的序时明细账，它是按照经济业务事项发生的时间先后顺序，逐日逐笔地进行登记的账簿。包括现金日记账和银行存款日记账。日记账是各单位加强现金和银行存款管理的重要账簿。日记账一般采用订本式。

4. 其他辅助账簿。其他辅助账簿也称备查账簿，是为备忘查询而设置的。在实际会计实务中，主要包括各种租借设备、物资的辅助登记或有关应收、应付款项的备查簿，担保、抵押备查簿等。

（二）登记会计账簿的要求

对于会计账簿的登记，《会计法》规定了以下基本要求：

1. 必须依据经过审核的会计凭证登记会计账簿。依据会计凭证登记会计账簿，是基本的会计记账规则；依据经过审核无误的会计凭证登记会计账簿，是保证会计账簿记录质量的重要环节。

2. 登记会计账簿必须按照记账规则进行。登记会计账簿的基本规则如下：

（1）登记会计账簿时，应当将会计凭证日期、编号、业务内容摘要、金额和其他有关资料逐项记入账内。

（2）各种账簿要按页次顺序连续登记，不得跳行、隔页。

（3）凡需结出余额的账户，应当定期结出余额。

（4）会计账簿记录发生错误时，应当按照规定的更正方法进行更正。更正方法一般有划线更正法、补充登记法、红字冲正法三种方法。

（5）及时对账。对账就是核对账目，即将会计账簿记录的有关数字与库存实物、货币资金、有价证券、往来单位或者个人等进行相互核对，保证账证相符、账账相符、账表相符、账实相符。根据《会计基础工作规范》规定，各单位的对账工作每年至少进行一次。

（6）定期结账。结账是在将本期内所发生的经济业务全部登记入账的基础上，按照规定的方法对该期内的账簿记录进行小结，结算出本期发生额合计和余额，并将其余额结转下期或者转入新账。按照不同的会计期间，结账可分为月结、季结和年结等。

记账规则的具体要求包括错误账簿记录的更正方法等，在《会计基础工作规范》等国家统一的会计制度中有具体规定。

3. 实行会计电算化的单位，其会计账簿的登记、更正，也应当符合国家统一的会计制度的规定。

4. 会计账簿的设置和登记，应当符合有关法律、行政法规和国家统一的会计制度规定。除《会计法》、国家统一的会计制度外，其他法律、行政法规对会计账簿的设置和登记有规定的各有关单位也必须严格执行。如《中华人民共和国税收征收管理法》第十二条规定："从事生产、经营的纳税人、扣缴义务人按照国务院财政、税务主管部门的规定设置账簿，根据合法、有效凭证记账，进行核算。"《中华人民共和国公司法》第一百八十一条规定："公司除法定的会计账册外，不得另立会计账册。"等。

5. 禁止账外设账。各单位发生的各项经济业务事项应当在依法设置的会计账簿上统一登记、核算，不得违反《会计法》国家统一的会计制度的规定私设会计账簿登记、核算。

四、财务会计报告

财务会计报告，是指单位对外提供的反映单位某一特定日期财务状况和某一会计期间经营成果、现金流量的文件。编制财务报告，是对单位会计核算工作的全面总结，也是及时提供真实、完整会计资料的重要环节，因此必须严格财务会计报告的编制程序和质量要求。

企业财务会计报告包括：

（一）财务报表

财务报表是对企业财务状况、经营成果和现金流量的结构性表述。一套完整的财务报表至少应当包括资产负债表、利润表、现金流量表和所有者权益（或股东权益）变动表以及附注。企业编制财务报表的目标，是向财务报表使用者提供与企业财务状况、经营成果和现金流量等有关的会计信息，反映企业管理层受托责任的履行情况，有助于财务报表使用者作出经济决策。财务报表使用者通常包括投资者、债务人、政府及其有关部门和社会公众等。

资产负债表、利润表、现金流量表分别从不同角度反映企业的财务状况、经营成果和现金流量。资产负债表反映企业在某一特定日期所拥有的资产、需偿还的债务以及股东（投资者）拥有的净资产情况；利润表反映企业在一定会计期间的经营成果，即利润或亏损情况，表明企业运用所拥有的资产的获利能力；现金流量表反映企业在一定会计期间现金和现金等价物流入和流出的情况；所有者权益变动表反映构成所有者权益的各组成部分当期的增减变动情况。企业的净利润及其分配情况是所有者权变动的组成部分，相关信息已经在所有者权益变动表等报表中列示项目的文字描述或明细资料，以及对未能在这些报表中列示项目的等。

财务报表可以按照不同的标准进行分类：（1）按财务报表编制期间的不同，可以分为中期财务报表和年度财务报表。（2）按财务报表编报主体的不同，可以分为个别财务报表和合并财务报表。

（二）财务报表附注

财务报表附注是财务报告的重要组成部分。它是为了便于会计信息使用者理解财务报表的内容而对财务报表产生的基础、依据、原则和方法以及主要项目等所作的解释和说明。

财务会计报告应当根据经过审核的会计账簿记录和有关资料编制，并符合《会计法》和国家统一的会计制度关于财务会计报告的编制要求、提供对象和提供期限的规定。

五、会计档案

会计档案是记录和反映经济业务事项的重要历史资料和证据。一般包括会计凭证、会计账簿、财务会计报告及其他会计资料等会计核算的专业材料。《会计法》第二十三条规定，各单位对会计凭证、会计账簿、财务会计报告和其他会计资料应当建立档案，妥善保管。会计档案的保管期限和销毁办法，按照1998年8月财政部和国家档案局制定的《会计档案管理办法》执行。

（一）会计档案的范围和种类

会计档案包括：（1）会计凭证类：原始凭证、记账凭证、汇总凭证，其他会计凭证；（2）会计账簿类：总账、明细账、日记账、固定资产卡片，辅助账簿，其他会计账簿；（3）财务报告类：月度、季度、年度财务报告，包括会计报表附件，附注及文字说明，其他财务报告；（4）其他类：银行存款余额调节表，银行对账单、其他应当保存的会计核算专业资料，会计档案移交清册，会计档案保管清册，会计档案销毁清册。

（二）会计档案的归档和移交

各单位每年形成的会计档案，应由单位会计部门按照归档要求负责整理立卷或装订。当年形成的会计档案在会计年度终了后，可暂由本会计部门保管一年。保管期满之后，原则上应由会计部门编制清册，将会计档案的名称、种类、卷号、数量、起止日期，应保管期限等一一登记入册，使单位应当保管的会计档案资料全部入档。

会计机构在向单位档案部门移交会计档案时要编制移交清册，详细登记所移交档案的名称、卷号、册数、起止年度、应保管期限、已保管期限等内容，便于分清责任，加强会计档案管理。对没有档案管理部门的单位，会计档案应当由会计机构继续保管，并指定专人负责，实行会计档案专门化管理，以增强会计档案管理工作的可操作性。会计机构保管会计档案的专职人员不得由单位出纳人员担任。这是内部控制制度的要求，它有利于会计档案的安全和完整。

档案部门接收保管的会计档案，原则上应当保持原卷册的封装，即入档后的单位会计档案不得随意拆封。这是对会计档案拆封的原则性规定。个别需要拆封重新整理的，应当会同会计部门和原经办人共同拆封整理，以分清责任。会计档案的拆封，直接关系到会计档案的安全和完整，是会计档案的一项重要内容。为此，《会计档案管理办法》第六条作出明确要求，以规范程序，分清责任，保证会计档案的安全和完整。

对会计档案应当进行科学管理，做到妥善保管，存放有序，查找方便，不得随意堆放，严防毁损、散失和泄密。

保存的会计档案应当积极为本单位提供和利用。会计档案借阅是会计档案保管的一个重要环节，也是实际工作中经常发生的问题。会计档案原件原则上不得借出，以确保单位档案的安全和完整，防止丢失。遇有特殊需要，如与单位经济业务相关方面需要查阅与其业务相关的会计凭证或公检法等监察部门需要查询与案件有关的会计资料等，经本单位负责人批准，在不拆散原卷册的前提下，可以提供查阅或者复制件，但必须办理登记手续，登记查阅人或复制人姓名、单位、查阅或复制档案的卷号和内容等，以便备查。

（三）会计档案的保管期限

根据《会计档案管理办法》的规定，会计档案的保管期限为永久、定期两类。永久即是指会计档案须永久保存；定期是指会计档案保存应达到法定的时间。会计档案的定期保管期限分为3年、5年、10年、15年和25年五类。会计档案的保管期限，从会计年度终了后的第一天算起。

《会计档案管理办法》规定的会计档案保管期限为最低保管期限，各类会计档案的保管原则应按《会计档案管理办法》附表所列期限执行。

（四）会计档案的销毁

会计档案的销毁是会计档案管理的重要内容，必须严格规范有序进行。

根据《会计档案管理办法》的规定，会计档案保管期满需要销毁的，除特殊规定外，可以按照程序予以销毁。销毁的基本程序和要求是：

1. 编造会计档案销毁清册。由单位档案管理部门会同会计机构根据保管期已满的会计档案和单位对这些档案的利用要求，提出销毁意见，编制会计档案销毁清册，列明所要销毁会计档案的名称、卷号、起止年度和档案编号、应保管期限、已保管期限、销毁日期等内容。单位档案管理部门和会计机构将编制好的会计档案销毁清册和销毁意见报本单位负责人，单位负责人对所要销毁的会计档案进行复核后在会计档案销毁清册上签署销毁意见。

2. 专人负责监销。会计档案销毁前，需要有指定的监销人按照会计档案销毁清册所列的内容对所要销毁的会计档案进行清点核对，监销人员要认真核查各项会计档案是否已保管期满，内容和卷号是否相符，编号是否连续等。会计档案销毁时，监销人员根据不同情况由相应的单位派出。对于一般企业、事业单位和组织，应当由单位档案机构和会计机构共同派员监销；对于国家机关则应当由同级财政部门、审计部门派员参加监销；对于财政部门，则由同级审计部门派员监销。会计档案销毁后，监销人员应当在会计档案销毁清册上签名盖章，并及时将监销情况向本单位负责人报告。

3. 不得销毁的会计档案。在对保管期满的会计档案进行整理以备销毁时，对于未结清的债权债务原始凭证和涉及其他未了事项（如超过会计档案保管期限但尚未报废的固定资产购买凭证等）的原始凭证，《会计档案管理办法》规定：一是此类凭证不得销毁，应当单独保管到未了事项完结后方可按规定的程序进行销毁；二是在会计档案销毁清册和会计档案保管清册中注明不予销毁的原因和单位立卷情况（包括存放地点、编号等）。

另外，在会计档案管理中，有一类较为特殊的会计档案，即正在建设期间的建设单位会计档案。由于这类会计档案是按项目进展情况而形成的，记录和反映着建设项目的情况，项目没有完工，其会计档案就不能销毁。因此，《会计档案管理办法》明确规定正在建设期间的建设单位会计档案，无论其是否保管期满，都不得销毁，必须妥善保管，等到项目办理竣工决算后按规定的交接手续移交给项目的接受单位进行妥善保管。

六、其　他

我国会计法律制度还对会计年度、记账本位币、会计处理方法等做了明确规定。

第四节　会计监督

会计监督是会计的基本职能之一，是我国经济监督体系的重要组成部分，也是会计资料质量控制的重要环节。加强会计监督，最重要的是要建立有效的会计监督体系。《会计法》以法律的形式确立了三位一体的会计监督体系。所谓三位，是指会计监督体系的结构包括三个层次：即单位内部的会计监督、政府监督和社会监督。所谓一体，是指各层次监督之间的相互联系、相互协调形成一个有机整体。由于三种不同的监督主体客观上具有不同的利益关系，为消除利益关系可能对监督效果造成的不良影响，各种会计监督之间必须建立相互制约的关系，形成一个有机的会计监督体系。即内部监督的本质是内部控制，是内部管理的重要组成部分；社会监督是对内部监督的再监督，其特征是监督行为的独立性和有偿性；政府监督是对内部监督和社会监督的再监督，其特征是强制性和无偿性。因此，《会计法》所确立的会计监督体系，是三种监督相互补充、相互制约和不可替代的关系，是一种有效的会计监督体系。《会计法》第四章“会计监督”共九条，主要规定了五个方面的问题：第一，单位内部会计监督制度；第二，相关人员在单位内部会计监督中的职责；第三，对违法会计行为检举的处理；第四，会计工作的社会监督；第五，会计工作的国家监督。

一、单位内部会计监督

（一）单位内部会计监督主体和对象

根据《会计基础工作规范》和《内部会计控制规范（试行）》的规定，各单位的会计机构、会计人员对本单位的经济活动进行会计监督。内部会计监督的主体是各单位的会计机构、会计人员；内部会计监督的对象是本单位的经济活动。尽管内部会计监督的主体是各单位的会计机构、会计人员，但内部会计监督不仅仅是会计机构、会计人员的事情，单位负责人应当积极支持、保障会计机构、会计人员行使好会计监督职权。根据《会计法》的规定，单位负责人负责单位内部会计监督制度的组织实施，对本单位内部会计监督制度的建立及有效实施承担最终责任。

（二）单位内部会计监督制度的基本要求

单位内部会计监督的内容十分广泛，涉及人、财、物等诸多方面，各单位应当根据实际情况建立、健全本单位内部会计监督制度和内部控制制度。根据《会计法》的规定，单位内部会计监督制度应当符合以下四个方面的要求：

1. 记账人员与经济业务事项或会计事项的审批人员、经办人员、财物保管人员的职责权限应当明确，并相互分离、相互制约，这是机构控制和职务控制的基本要求。

2. 重大对外投资、资产处置、资金调度和其他重要经济业务事项的决策和执行的相互监督、相互制约程序应当明确。这是对业务处理程序控制的基本要求，是对盲目对外投资，擅自处置资产，随意调度资金所作的限制性规定，具有很强的针对性。

3. 财产清查的范围、期限和组织程序应当明确。这是财产安全控制和会计信息控制的基本要求。

4. 对会计资料定期进行内部审计的办法和程序应当明确。这是内部审计控制的基本要求。

（三）会计机构和会计人员在单位内部会计监督中的职责

《会计法》第二十八至三十一条明确规定了会计机构和会计人员的监督权力和义务，其内容包括：

1. 会计机构和会计人员对违反《会计法》和国家统一的会计制度规定的会计事项，有权拒绝办理或按照职权予以纠正。

这体现在两个方面：一是《会计法》赋予会计机构和会计人员的监督权力；二是单位负责人在单位内部会计监督制度中赋予会计机构和会计人员的监督权力。单位内部的会计监督，主要是通过单位内部的会计机构、会计人员在处理会计业务过程中进行的。由会计机构、会计人员在处理会计业务的过程中严格把关，实行会计监督，可以有效地防范和纠正违法行为。

2. 对单位内部的会计资料和财产物资实施监督。

会计机构、会计人员发现会计账簿与实物、款项及有关资料不相符的，按照国家统一的会计制度的规定有权自行处理的，应当及时处理；无权处理的，应当立即向单位负责人报告，请求查明原因，作出处理。会计资料是会计工作的最终产品，对其实施有效的控制和监督，是会计机构和会计人员的基本职责。单位的财产物资及其货币表现，是会计工作的对象。保证单位的账实相符、账款相符、账账相符、账表相符，是会计机构和会计人员的基本工作职责和要求。因此，会计机构和会计人员应在日常工作中加强对本单位财产物资的监督：

（1）完善各种财产物资的定期或不定期的清查盘点制度，及时发现其短少或溢余情况。因此，各单位应建立和健全账簿、款项和实物的盘点、核查制度，并及时记录和监督各项财物、款项的增减变动和结存情况。

（2）根据清查盘点结果和批准处理意见，按规定及时进行相关的账务处理，保证会计资料的真实性和完整性。对于账实不符情况，会计机构和会计人员应协同有关部门及时查明原因，并根据具体情况提出处理意见。按照国家统一会计制度的规定，会计人员可以直接处理的事项，应该按照有关规定及时作出处理；对于会计机构、会计人员无权自行处理的账实不符的问题，会计机构和会计人员应当及时向单位负责人报告，请求查明原因，并作出相应处理。

（3）任何单位和个人（包括会计机构和会计人员）有权检举违法违规行为。收到检举的部门，有权处理的，应当依法及时处理；无权处理的，应当及时移送有权处理的部门处理。收到检举的部门应当为检举人保密。

二、会计工作的政府监督

（一）会计工作的政府监督的概念

会计工作的政府监督是一种外部监督，主要是指财政部门代表国家对各单位和单位中相关人员的会计行为实施的监督检查，以及对发现的违法会计行为实施行政处罚。这是我国经济监督体系的一个重要方面，它与单位内部由会计机构、会计人员实行会计监督是相辅相成的。

（二）财政部门会计监督检查的主要内容

根据《会计法》的规定，财政部门可以依法对各单位的下列情况实施监督：

1. 对单位依法设置会计账簿的检查。具体包括：依照法律、行政法规和国家统一的会计制度的规定，应当设置会计账簿的单位是否设置账簿；设置会计账簿的单位，其设置会计账簿情况是否符合法律、行政法规和国家统一的会计制度的要求；各单位是否存在账外设账违法行为等。

2. 对单位会计资料真实性、完整性的检查。具体包括：各单位对实际发生的经济业务事项是否及时办理会计手续，进行会计核算；各单位填制的会计凭证、登记的会计账簿、编制的财务会计报告是否与实际发生的经济业务事项相符，是否做到账实相符、账证相符、账账相符、账表相符；各单位提供的财务会计报告是否符合法律、行政法规和国家统一的会计制度规定等。

3. 对单位会计核算情况的检查。具体包括：各单位会计核算的内容是否真实、完整；各单位采用的会计年度、记账本位币、会计处理方法、会计记录文字等是否符合法律、行政法规和国家统一的会计制度规定；各单位对资产、负债、所有者权益、收入、支出、费用、成本、利润的确认、计量、记录和报告是否符合国家统一的会计制度的规定；各单位会计档案保管是否符合法定要求等。

4. 对单位会计人员从业资格和任职资格的检查。具体包括：各单位从事会计工作的人员是否取得会计从业资格证书并接受管理；会计机构负责人（会计管理人员）是否符合任职条件等。财政部门对各单位会计工作的监督，并不排除其他政府部门如审计、税务等在履行其职责时对有关单位会计资料的检查。审计、税务等部门在履行其职责时对有关单位会计资料的检查，对保证会计资料的真实、完整也起到促进作用。

5. 对会计师事务所出具的审计报告的程序和内容的检查。国务院财政部门和省、自治区、直辖市人民政府财政部门，依法对注册会计师、会计师事务所和注册会计师协会进行监督、指导。财政部门对会计师事务所出具审计报告的程序和内容进行监督。

三、会计工作的社会监督

（一）会计工作的社会监督的概念

会计工作的社会监督，主要是指由注册会计师及其所在的会计师事务所依法对受托单位的经济活动进行审计、鉴证的一种监督制度。根据《会计法》的规定，注册会计师是依法取得注册会计师证书并接受委托从事审计和会计咨询、会计服务业务的执业人员。法律、行政法规规定须经注册会计师进行审计的单位，应当向受委托的会计师事务所如实提供会计凭证、会计账簿、财务会计报告和其他会计资料以及有关情况。任何单位或者个人不得以任何方式要求或者示意注册会计师及其所在的会计师事务所出具不实或者不当的审计报告。

（二）注册会计师审计与内部审计的关系

注册会计师审计与内部审计之间的联系主要是，两者都是现代审计体系的重要组成部分，都关注内部控制的健全性和有效性。注册会计师审计中可能会涉及对内部审计成果的利用等。

注册会计师审计与内部审计从审计目标、独立性、方式、职责和作用等也存在区别。

（三）会计师事务所业务范围

会计师事务所依法承办以下审计业务：

1. 审查企业会计报表，出具审计报告；

2. 验证企业资本，出具验资报告；

3. 办理企业合并、分立、清算事宜中的审计业务，出具有关的报告；

4. 法律、行政法规规定的其他审计业务。

被审计单位接受注册会计师审计，应当区分会计责任和审计责任。会计责任是被审计单位对建立健全和有效执行本单位的内部控制制度，保护本单位提交的会计资料的真实性、合法性和完整性，保护本单位资产的安全与完整等负有的责任。审计责任是指注册会计师对委托人和被审计单位应尽的义务。如要求注册会计师依法独立实施审计程序、获取充分适当的审计证据，依法出具审计报告，清楚地表达被审计单位会计报表整体的意见，并对出具的审计报告负责等。会计责任与审计责任不能相互替代、减轻和免除。

第五节 会计机构和会计人员

会计机构是指各单位办理会计事务的职能部门。会计人员是指从事会计工作的人员。建立、健全会计机构，配备与工作要求相适应的、具有一定素质和数量的会计人员，是做好会计工作，充分发挥会计职能作用的重要保证。《会计法》、《会计基础工作规范》等对会计机构设置和会计人员配备要求作了具体规定。

一、会计机构的设置

（一）单位会计机构的设置

《会计法》第三十六条对各单位是否设置会计机构和如何设置会计机构，提出了三个层次的原则规定。一是单独设置会计机构。这是对会计机构设置的第一层次的要求。二是不单独设置会计机构的，在有关机构中设置会计人员并指定会计主管人员，这是对会计机构设置的第二层次的要求。三是不具备会计机构设置条件的，应当委托经批准设立从事会计代理记账业务的中介机构代理记账。

各单位应当根据会计业务的需要，设置会计机构，或者在有关机构中设置会计人员并指定会计主管人员。一个单位是否单独设置会计机构，往往取决于以下几个因素：一是单位规模的大小；二是经济业务和财务收支的繁简；三是经营管理的要求。根据上述要求，一般来说，大、中型企业和具有一定规模的行政事业单位，以及财务收支数额较大、会计业务较多的社会团体和其他经济组织，应单独设置会计机构，以便及时组织本单位各项经济活动和财务收支的核算，实行有效的会计监督。对于不具备单独设置会计机构的单位，如财务收支数额不大、会计业务比较简单的企业、机关、团体、事业单位等，可以在有关机构中配备专职会计人员。对于不具备设置会计机构条件的单位，应当委托中介机构代理记账。

（二）会计机构负责人（会计主管人员）的任职资格

根据《会计法》的规定，各单位应当根据企业业务的需要设置会计机构，或者在有关机构中设置会计人员并指定会计主管人员。《会计法》第三十八条第二款规定：“担任单位会计机构负责人（会计主管人员）的，除取得会计从业资格证书外，还应当具备会计师以上专业技术职务资格或者从事会计工作三年以上经历”。会计机构负责人（会计主管人员）是会计工作的行政领导，担负着组织、领导会计工作人员进行会计核算、实施会计监督的重要职责，其素质和行为对本单位的会计工作有着较大的影响，所以对其任职资格条件加以严格规定是必要的。

《会计基础工作规范》第七条规定了会计机构负责人、会计主管人员应当具备的基本条件：（1）坚持原则，廉洁奉公；（2）具有会计专业技术资格；（3）主管一个单位或者单位内一个重要方面的财务会计工作时间不少于两年。但是，1999 年 10 月发布的新《会计法》将“专业技术资格”和“工作经历”的要求改为除取得会计从业资格证书外，还应当具备会计师以上专业技术职务资格或者从事会计工作三年以上经历；（4）熟悉国家财经法律、法规、规章和方针、政策，掌握本行业业务管理的有关知识；（5）有较强的组织能力；（6）身体状况能够适应本职工作的要求。

（三）会计人员回避制度

回避制度是指为了保证执法或者执业的公正性，对可能影响其公正性的执法或者执业的人员实行职务回避和业务回避的一种制度。回避制度已成为我国人事管理的一项重要制度。在会计工作中，由于亲情关系而通同作弊和违法违纪的案件时有发生，因此，在会计人员中实行回避制度，十分必要。我国已有相关法规对会计人员回避制度作出了规定，如 1993 年 8 月 14 日国务院发布的《国家公务员暂行条例》规定：“国家公务员之间有夫妻关系、直系血亲关系、三代以内旁系血亲关系以及近姻亲的……也不得在其中一方担任领导职务的机关从事监察、审计、人事、财务工作”。

从会计工作的特殊性出发，《会计基础工作规范》对会计人员回避问题作出了规定，即：《会计基础工作规范》第十六条规定：

“国家机关、国有企业、事业单位任用会计人员应当实行回避制度”；单位负责人的直系亲属不得担任本单位的会计机构负责人、会计主管人员；会计机构负责人、会计主管人员的直系亲属不得在本单位会计机构中担任出纳工作。

二、代理记账

（一）代理记账的业务范围

根据《代理记账管理办法》第十二条的规定，代理记账机构可以接受委托人的委托，负责办理委托人的下列业务：

1. 根据委托人提供的原始凭证和其他资料，按照国家统一的会计制度的规定进行会计核算，包括审核原始凭证、填制记账凭证、登记会计账簿、编制财务会计报告等；

2. 对外提供财务会计报告。代理记账机构为委托人编制的财务会计报告，经代理记账机构负责人和委托人签名并盖章后，按照有关法律、行政法规和国家统一的会计制度的规定对外提供；

3. 向税务机关提供税务资料；

4. 委托人委托的其他会计业务。

（二）委托代理记账的委托人的义务

根据《代理记账管理办法》第十四条的规定，委托人委托代理记账机构代理记账的，应当履行以下义务：

委托人对代理记账机构在委托合同约定范围内的行为承担责任。同时，委托人委托代理记账机构代理记账应当承担相应的义务，包括：

1. 对本单位发生的经济业务事项，应当填制或者取得符合国家统一的会计制度规定的原始凭证；

2. 应当配备专人负责日常货币资金收支和保管；

3. 及时向代理记账机构提供真实、完整的原始凭证和其他相关资料；

4. 对于代理记账机构退回的要求按照国家统一的会计制度规定进行更正、补充的原始凭证，应当及时予以更正、补充。

（三）代理记账机构及其从业人员的义务

根据《代理记账管理办法》第十五条的规定，代理记账机构及其从业人员应当履行下列义务：

1. 按照委托合同办理代理记账，遵守会计法律、法规和国家统一的会计制度的规定；

2. 对在执行业务中知悉的商业秘密负有保密义务；

3. 对委托人示意其作出不当的会计处理，提供不实的会计资料，以及其他不符合法律、行政法规和国家统一的会计制度规定的要求，应当拒绝；

4. 对委托人提出的有关会计处理原则问题应当予以解释。

（四）法律责任

根据《代理记账管理办法》第十七条的规定，委托人对代理记账机构在委托合同约定范围内的行为承担责任。代理记账机构对其专职从业人员和兼职从业人员的业务活动承担责任。根据《代理记账管理办法》第二十三条的规定，代理记账机构及其从事代理记账业务人员在办理业务中违反会计法律、行政法规和国家统一的会计制度规定的，由县级以上人民政府财政部门依据《中华人民共和国会计法》及相关法规的规定处理。

代理记账机构违反本办法和国家有关规定造成委托人会计核算混乱、损害国家和委托人利益，委托人故意向代理记账机构隐瞒真实情况或者委托人会同代理记账机构共同提供不真实会计资料的，应当承担相应法律责任。

对于未经批准从事代理记账业务的，由县级以上人民政府财政部门责令其改正，并予以公告。

县级以上人民政府财政部门及其工作人员在实施行政管理过程中，滥用职权、玩忽职守、徇私舞弊的，依法给予行政处分；构成犯罪的，依法追究刑事责任。

三、会计从业资格

（一）会计从业资格证书的适用范围

《会计从业资格管理办法》第二条和第三十八条规定，在国家机关、社会团体、公司、企业、事业单位和其他组织等一切实行独立核算、办理会计事务的社会组织和经济组织中从事下列会计工作的人员（包括香港特别行政区、澳门特别行政区、台湾地区人员及外籍人员在中国大陆境内从事会计工作的人员），必须取得会计从业资格，持有会计从业资格证书：

1. 会计机构负责人（会计主管人员）；
2. 出纳；
3. 稽核；
4. 资本、资金核算；
5. 收入、支出、债权债务核算；
6. 工资、成本费用、财务成果核算；
7. 财产物资的收发、增减核算；
8. 总账；
9. 财务会计报告编制；
10. 会计机构内会计档案管理。

（二）会计从业资格的取得

《会计从业资格管理办法》中有关取得会计从业资格的规定，主要包括国家实行资格考试制度、报名条件、部分考试科目的免试条件等。

1. 会计从业资格的取得实行考试制度。会计从业资格的考试大纲由财政部统一制定并公布。考试科目为：财经法规与会计职业道德；会计基础；初级会计电算化（或者珠算五级）。同时，根据《会计从业资格管理办法》第十条的规定，会计从业资格考试工作由各省、自治区、直辖市、计划单列市财政厅（局），新疆生产建设兵团财务局，中共中央直属机关事务管理局、国务院机关事务管理局、铁道部、中国人民武装警察部队后勤部和中国人民解放军总后勤部，按照规定的管理范围负责组织实施。

2. 会计从业资格报名条件。《会计从业资格管理办法》第八条第一款规定，申请参加会计从业资格考试的人员，应当符合下列基本条件：

（1）遵守会计和财经法律、法规；

（2）具备良好的道德品质；

（3）具备会计专业基本知识和技能。

同时，《会计从业资格管理办法》第八条第二款还规定，因有《会计法》第四十二条、第四十三条、第四十四条所列违法情形，被依法吊销会计从业资格证书的人员，自被吊销之日起五年内（含五年）不得参加会计从业资格考试，不得重新取得会计从业资格证书：

（1）不依法设置会计账簿；

（2）私设会计账簿；

（3）未按照规定填制、取得原始凭证或者填制、取得的原始凭证不符合规定；

（4）以未经审核的会计凭证为依据登记会计账簿或者登记会计账簿不符合规定；

（5）随意变更会计处理方法；

（6）向不同的会计资料使用者提供的财务会计报告编制依据不一致；

（7）未按照规定使用会计记录文字或者记账本位币；

（8）未按照规定保管会计资料，致使会计资料毁损、灭失；

（9）未按照规定建立并实施单位内部会计监督制度或者拒绝依法实施的监督或者不如实提供有关会计资料及有关情况；

（10）任用会计人员不符合本法规定；

（11）伪造、变造会计凭证、会计账簿，编制虚假财务会计报告；

（12）隐匿或者故意销毁依法应当保存的会计凭证、会计账簿、财务会计报告。

会计从业资格管理机构作出准予颁发会计从业资格证书的决定，应当自作出决定之日起 10 日内向申请人颁发会计从业资格证书。

参加会计从业资格考试舞弊的，由会计从业资格管理机构取消其该科目的考试成绩；情节严重的，取消其全部考试成绩；用假学历、假证书等手段得以免试考试科目并取得会计从业资格证书的，由会计从业资格管理部门撤销其会计从业资格。

此外，《会计从业资格管理办法》还明确规定了会计从业资格考试的收费标准、会计从业资格证书的申请办法和申请手续、会计从业资格管理机构的受理责任或不予受理的处理要求、会计从业资格管理机构作出是否颁发会计从业资格证书决定的时间限制、颁发会计从业资格证书的时间限制、会计从业资格证书的地域效力范围等。

3. 会计从业资格部分考试科目免试条件。《会计从业资格管理办法》第十条规定，申请人符合基本报名条件且具备国家教育行政主管部门认可的中专以上（含中专，下同）会计类专业学历（或学位）的，自毕业之日起两年内（含两年），免试会计基础、初级会计电算化（或者珠算五级）。

会计类专业包括：会计学、会计电算化、注册会计师专门化、审计学、财务管理、理财学。

（三）会计从业资格证书管理

《会计从业资格管理办法》第十九条规定："会计从业资格证书是具备会计从业资格的证明文件，在全国范围内有效"。会计从业资格证书既是持有人从事会计工作的会计行业准入证、是会计人员从事会计工作的合法依据，同时也是国家管理会计工作的重要手段，是保证会计从业人员素质，提高会计队伍整体水平的有效措施。

对于会计从业资格证书的管理，《会计从业资格管理办法》明确提出了上岗注册登记、离岗备案、调转登记等方面有关规定和要求。

1. 上岗注册登记。《会计从业资格管理办法》第二十三条明确规定，我国会计从业资格证书实行注册登记制度。持证人员从事会计工作，应当自从事会计工作之日起 90 日内，填写注册登记表，并持会计从业资格证书和所在单位出具的从事会计工作的证明，向颁发会计从业资格证书的会计从业资格管理机构办理注册登记。

注册登记后的持证人员作为正式会计人员管理，依法享有和承担法律赋予会计人员的职责、权利和义务。

2. 离岗备案。《会计从业资格管理办法》第二十三条明确规定，持有会计从业资格证书的人员，离开会计工作岗位超过六个月的，应当填写注册登记表，并持会计从业资格证书，向原注册登记的会计从业资格管理机构备案。

3. 调转登记《会计从业资格管理办法》第二十四条明确规定，持证人员调转工作单位，且继续从事会计工作的，应当办理调转登记。持证人员在同一会计从业资格管理机构管辖范围内调转工作单位，应当自离开原工作单位之日起 90 日内，填写调转登记表，持会计从业资格证书及调入单位开具的从事会计工作的证明，办理调转登记；持证人员在不同会计从业资格管理机构管辖范围调转工作单位，应当填写调转登记表，持会计从业资格证书，及时向原注册登记的会计从业资格管理机构办理调出手续；并自办理调出手续之日起 90 日内，持会计从业资格证书、调转登记表和调入单位开具的从事会计工作证明，向调入单位所在地区的会计从业资格管理机构办理调入手续。

（四）会计人员继续教育

1. 会计人员继续教育的对象和特点。会计人员继续教育，是指对取得会计从业资格的人员持续接受一定形式的、有组织的理论知识、专业技能和职业道德的教育和培训活动，不断提高和保持其专业胜任能力和职业道德水平。1998 年 1 月 23 日，财政部发布了

《会计人员继续教育暂行规定》，并于同年7月1日起，全面实行持有会计从业资格证书人员继续教育制度。

根据规定，会计人员继续教育的对象为持有会计从业资格证书人员，具体包括在国家机关、社会团体、企业、事业单位和其他组织从事会计工作并已取得会计从业资格的会计人员和取得会计从业资格但不在会计岗位的其他人员。会计人员继续教育分为高级、中级、初级三个级别，即高级会计人员继续教育、中级会计人员继续教育和初级人员继续教育。高级会计人员继续教育的对象包括已取得或受聘高级会计专业技术资格（职称）及具备相当水平的会计人员；中级会计人员继续教育的对象包括已取得或受聘中级会计专业技术资格（职称）及其相当水平的会计人员；初级会计人员继续教育的对象包括已取得或受聘初级会计专业技术资格（职称）和已取得会计从业资格但未取得或受聘初级会计专业技术资格（职称）的会计人员。

会计人员继续教育的特点：一是针对性，即针对不同对象，确定不同的教育内容，采取不同的教育方式，解决实际问题。二是适应性，即联系实际工作需要，学以致用。三是灵活性，即继续教育培训内容、方法、形式等方面具有灵活性。

2. 会计人员继续教育的内容。会计人员继续教育的对象为持有会计从业资格证书的人员（简称持证人员），包括在国家机关、社会团体、企业、事业单位和其他组织从事会计工作并已取得会计从业资格证书的会计人员及其他持有会计从业资格证书人员。会计人员继续教育的主要任务是提高持有会计从业资格证书的人员的法制意识、业务能力、职业道德水平，使其法律知识、专业知识和技能不断得到更新、补充、拓展和提高。因此，根据有关规定，会计人员继续教育的内容主要包括：会计理论、财策法规、业务知识、技能训练和会计职业道德等。

3. 会计人员继续教育的形式和学时要求。会计人员继续教育的形式以接受培训为主，在职自学是会计人员继续教育的重要补充。其中，接受培训主要包括：财政部门会计管理机构组织的培训、业务主管部门举办的业务培训、普通院校或成人院校开展会计专业学历教育以及财政部门会计管理机构认可的其他形式。自学的形式多种多样，不拘一格。如部门或单位自行组织的业务学习、岗位培训，承担课题研究，参加上一级别的会计专业技术资格考试、注册会计师考试等。会计人员应当接受继续教育，持证人员每年接受培训（面授）的时间累计不得少于 24 小时。

四、会计专业职务与会计专业技术资格

（一）会计专业职务

会计专业职务，是区别会计人员业务技能的技术等级。根据 1986 年 4 月中央职称改革工作领导小组转发财政部制定的《会计专业职务试行条例》的规定，会计专业职务分为高级会计师、会计师、助理会计师和会计员；高级会计师为高级职务，会计师为中级职务，助理会计师和会计员为初级职务。

《会计专业职务试行条例》还对会计专业职务的基本条件、基本职责以及聘（任）用办法等作出了具体规定。除了政治素质和职业道德要求外，该条例第七至十一条明确规定了会计各等级专业职务的任职条件，其内容包括：

1. 会计员的主要工作职责和任职条件。

（1）会计员的主要工作职责。会计员主要负责具体审核和办理财务收支，编制记账凭证，登记会计账簿，编制会计报表和办理其他会计事务等。

（2）会计员的基本任职条件：

①初步掌握财务会计知识和技能；

②熟悉并能遵照执行有关会计法规和财务会计制度；

③能担负一个岗位的财务会计工作；

④大学专科或中等专业学校毕业，在财务会计工作岗位上见习一年期满。

2. 助理会计师的主要工作职责和任职条件。

(1) 助理会计师的主要工作职责。助理会计师主要负责草拟一般的财务会计制度、规定、办法；解释、解答财务会计法规、制度中的一般规定；分析检查某一方面或某些项目的财务收支和预算的执行情况等。

(2) 助理会计师的基本任职条件：

①掌握一般的财务会计基本知识和技能；

②熟悉并能正确执行有关的财经方针、政策和财务会计法规、制度；

③能担负一个方面或某个重要岗位的财务会计工作；

④取得硕士学位，或取得第二学士学位或研究生班结业证书，具备履行助理会计师职责的能力；大学本科毕业，在财务会计工作岗位上见习一年期满；大学专科毕业并担任会计员职务两年以上；或中等专业学校毕业并担任会计员职务四年以上。

3. 会计师的主要工作职责和任职条件。

(1) 会计师的主要工作职责。会计师主要负责草拟比较重要的财务会计制度、规定、办法；解释、解答财务会计法规、制度中的重要问题；分析检查财务收支和预算的执行情况；培养初级会计人才等。

(2) 会计师的基本任职条件：

①较系统地掌握财务会计基础理论和专业知识；

②掌握并能正确贯彻执行有关的财经方针、政策和财务会计法规、制度；

③具有一定的财务会计工作经验，能担负一个单位的财务会计工作或管理一个地区、一个部门，一个系统某个方面的财务会计工作；

④取得博士学位，并具有履行会计师职责的能力；取得硕士学位并担任助理会计师职务两年左右；取得第二学士学位或研究生班结业证书，并担任助理会计师职务两至三年；大学本科或大学专科

毕业并担任助理会计师职务四年以上；

⑤掌握一门外语。

4. 高级会计师的主要工作职责和任职条件。

（1）高级会计师的主要工作职责。高级会计师主要负责草拟和解释、解答在一个地区、一个部门、一个系统或在全国施行的财务会计法规、制度、办法；组织和指导一个地区或一个部门、一个系统的经济核算和财务会计工作；培养中级以上会计人才等。

（2）高级会计师的基本任职条件：

①较系统地掌握经济、财务会计理论和专业知识；

②具有较高的政策水平和丰富的财务会计工作经验，能担负一个地区、一个部门或一个系统的财务会计管理工作；

③取得博士学位，并担任会计师职务两至三年；取得硕士学位、第二学士学位或研究生班结业证书，或大学本科毕业并担任会计师职务五年以上；

④较熟练地掌握一门外语。

对各级专业职务的学历和从事财务会计工作年限的要求，一般都应具备；但对确有真才实学、成绩显著、贡献突出、符合任职条件的，在确定其相应专业职务时，可以不受以上学历和工作年限的限制规定。

（二）会计专业技术资格

会计专业技术资格，是指担任会计专业职务的任职资格。根据1992年3月财政部、人事部发布的《会计专业技术资格考试暂行规定》以及相关补充规定的规定，会计师、助理会计师和会计员技术资格实行全国统一考试制度，以考代评。自会计专业技术资格考试实行全国统一考试制度以来，经历了几次大的调整和改革。2000年9月财政部、人事部联合印发了《会计专业技术资格考试暂行规定》（以下简称《暂行规定》）及其实施办法，2004年8月财政部办公厅、人事部办公厅联合印发了《关于调整会计专业技术资格考试科目及有关问题的通知》，对考试级别、考试科目、报名条件、聘任制度、证书管理等作出了规定。

为促进会计专业技术人才队伍建设，积极探索科学、客观、公正的高级会计师资格评价办法，从2003年开始，人事部办公厅、财政部办公厅联合印发了《关于高级会计师资格实行考评结合试点工作的通知》，确定高级会计师资格实行考试与评审相结合的评价办法。凡申请参加高级会计师资格评审的人员，须经考试合格后，方可参加评审。试点考试由国家统一组织，评审工作仍按照现行办法由试点省组织进行。考试科目为《高级会计实务》，采取开卷笔答形式，主要考核应试者运用会计、财务、税收等相关的理论知识、政策法规，对所提供的有关背景资料进行分析、判断和处理业务的综合能力。参加考试并达到国家合格标准的人员，由全国会计专业技术资格考试办公室核发高级会计师资格考试成绩合格证，该证在全国范围内三年有效。试点地区可根据本地区会计专业人员的实际情况，参照国家标准，确定当年参评的使用标准。

1. 会计专业技术资格考试级别。会计专业技术资格分为初级资格、中级资格和高级资格三个级别。现阶段只对初级、中级会计资格实行全国统一考试制度。高级会计师资格实行考试与评审相结合制度，目前尚在试点。初级、中级会计资格考试实行全国统一组织、统一考试时间、统一考试大纲、统一考试命题、统一合格标准的考试制度。

初级会计资格考试科目为《初级会计实务》和《经济法基础》；中级会计资格考试科目为《中级会计实务》、《财务管理》和《经济法》。中级会计资格考试成绩以两年为一个周期，单科成绩采取滚动计算的方法；初级会计资格考试未实行单科成绩采取滚动的方法，而实行一年内一次通过全部科目考试的方法。

2. 会计专业技术资格考试报名条件。报名参加会计专业技术资格考试的人员，应具备以下基本条件：

（1）坚持原则，具备良好的职业道德品质；

（2）认真执行《会计法》和国家统一的会计制度，以及有关财经法律、法规、规章制度，无严重违反财经法律的行为；

（3）履行岗位职责，热爱本职工作；

（4）具备会计从业资格，持有会计从业资格证书。

报考初级会计资格考试的人员除具备上述基本条件外，还必须具备教育部门认可的高中以上的学历。报考中级会计资格考试的人员除具备上述基本条件外，还必须具备下列条件之一：

（1）取得大学专科学历，从事会计工作满五年；

（2）取得大学本科学历，从事会计工作满四年；

（3）取得双学士学位或研究生班毕业，从事会计工作满两年；

（4）取得硕士学位，从事会计工作满一年；

（5）取得博士学位。

上述考试报名条件中所说的学历是指国家教育部门承认的学历；会计工作年限是指取得相应学历前、后从事会计工作时间的总和。

对于通过全国统一考试取得的经济、统计、审计专业技术中、初级资格的人员，在具备《暂行规定》规定的基本条件后，可报考相应级别的会计专业技术资格考试。

（三）会计专业技术资格证书的管理

通过会计专业技术资格考试合格者，由省级人事部门颁发由人事部、财政部统一印制的会计专业技术资格证书。该证书在全国范围内有效。

对于伪造学历、会计从业资格证书和资历证明，或者在考试期间有违纪行为的，由会计专业技术资格考试管理机构吊销其会计专业技术资格，由发证机关收回其会计专业技术资格证书，两年内不得再参加会计专业技术资格考试。

（四）会计专业技术职务的评聘

通过全国统一考试取得初级或中级会计专业技术资格的会计人员，表明其已具备担任相应级别会计专业技术职务的任职资格。用人单位可根据工作需要和德才兼备的原则，从获得会计专业技术资格的会计人员中择优录取。对于已取得中级会计资格并符合国家有关规定的会计人员，可聘任会计师职务；对于已取得初级会计资格的人员，如具备大专毕业且担任会计员职务满两年，或中专毕业担任会计员职务满四年，或者不具备规定学历的，担任会计员职务满五年并符合国家有关规定的，可聘任助理会计师职务。不符合以上条件的人员，可聘任会计员职务。

五、会计工作岗位设置

（一）设置会计工作岗位的基本原则

会计工作岗位，是指一个单位会计机构内部根据业务分工而设置的职能岗位。在会计机构内部设置会计工作岗位，有利于明确分工和确定岗位职责，建立岗位责任制；有利于会计人员钻研业务，提高工作效率和质量；有利于会计工作的程序化和规范化，加强会计基础工作；还有利于强化会计管理职能，提高会计工作的作用；同时，也是配备数量适当的会计人员的客观依据之一。

对于会计工作岗位的设置，《会计基础工作规范》提出了示范性的要求：

1. 根据本单位会计业务的需要设置会计工作岗位。各单位会计工作岗位的设置应与其业务活动规模、特点和管理要求相适应，保证单位会计信息的生成、加工和传递真实可靠、及时有效。各单位的业务活动规模、特点和管理要求不同，其会计工作的组织方法、会计人员的数量和会计工作岗位的职责分工也不同。

通常，业务活动规模大、业务过程复杂、经济业务量大和管理严格的单位，会计机构会相应较大，会计人员相应较多，会计机构内部的岗位职责分工也相应较细；相反，业务活动规模小、业务过程简单、经济业务量少和管理要求不高的单位，会计机构就会相应较小，会计人员相应较少，会计机构内部的岗位职责分工也相应较粗。

会计工作岗位可以一人一岗、一人多岗或一岗多人。通常，在小型企业中，“一岗一人”、“一人多岗”的现象较多；而在大中型企业中，“一岗多人”的现象较多、较普遍。

2. 符合内部牵制制度的要求。《会计基础工作规范》第十二条规定：“会计工作岗位，可以一人一岗、一人多岗或者一岗多人。但出纳人员不得兼管审核、会计档案保管和收入、费用、债权债务账目的登记工作”。在设置会计工作岗位时，必须遵循“不相容职务相分离原则”。

单位内部牵制制度是为了提高会计信息质量，保护资产的安全与完整，确保有关法律、法规、规章制度的贯彻执行等而制定和实施的一系列的控制方法、措施和程序，包括职务分离控制、授权批准控制、文件记录控制、财产保全控制、业绩报告控制、人员素质控制和内部审计控制等。其基本目标包括规范会计行为，保证会计资料真实完整；及时发现、纠正和防止错弊，保护资产的安全与完整；确保法律、法规、规章制度的贯彻执行。因此，在设置单位会计工作岗位及岗位职责时，必须在一些会计确认、计量、报告等关键性环节，设置必要的具有预防性功能和自查自纠性功能的内部控制方法、措施和程序。也就是说，在会计信息的输入、处理和输出过程中，均有相应的事先控制措施予以检查，预防错弊；同时，在预防措施失效时，能在会计信息的处理中及时发现错弊，并能按规定和要求予以纠正。

3. 对会计人员的工作岗位要有计划地进行轮岗，以促进会计人员全面熟悉业务和不断提高业务素质。《会计基础工作规范》第十三条规定：“会计人员的工作岗位应当有计划地进行轮换”。定期或不定期地轮换会计人员的工作岗位有利于会计人员全面熟悉会计核算与监督业务，不断提高会计业务技能和业务素质。

4. 要建立岗位责任制。会计工作岗位责任制是指明确各项会计工作的职责范围、具体内容和要求，并落实到每个会计工作岗位或会计人员的一种会计工作责任制度。设计会计岗位责任制是为了分清每一位会计人员的职责和要求，做到事事有人管，人人有专责，从而提高会计工作效率，保证会计信息质量。

（二）主要会计工作岗位

根据《会计基础工作规范》的规定，会计工作岗位一般分为：总会计师（或行使总会计师职权）岗位；会计机构负责人（会计主管人员）岗位；出纳岗位；稽核岗位；资本、基金核算岗位；收入、支出、债权债务核算岗位；工资核算、成本费用核算、财务成果核算岗位；财产物资的收发、增减核算岗位；总账岗位；对外财务会计报告编制岗位；会计电算化岗位；会计档案管理岗位。

对于会计档案管理岗位，在会计档案正式移交之前，属于会计岗位；正式移交档案管理部门之后，不再属于会计岗位。档案管理部门的人员管理会计档案，不属于会计岗位。医院门诊收费员、住院处收费员、药房收费员、药品库房记账员、商场收款（银）员所从事的工作，均不属于会计岗位。单位内部审计、社会审计、政府审计工作也不属于会计岗位。

总会计师是主管本单位财务会计工作的行政领导。总会计师协助单位主要行政领导人工作，直接对单位主要行政领导人负责。总会计师不是一种专业技术职务，也不是会计机构的负责人或会计主管人员，而是一种行政职务。《会计法》、《会计基础工作规范》以及国务院于1990年12月31日发布的《总会计师条例》等，都对总会计师的配备要求作出了规定。

1. 总会计师的设置范围：根据规定，国有大、中型企业（包括国有资产占控股地位或主导地位的大、中型企业，下同）必须设置总会计师。其他单位亦可根据需要设置。

2. 总会计师的地位：总会计师是单位行政领导成员，是单位财务会计工作的主要负责人，全面负责财务会计管理和经济核算，参与单位的重大经营决策活动，是单位主要行政领导人的参谋和助手。总会计师依法行使职权。根据规定，凡是设置总会计师的单位，不应当再设置与总会计师职责重叠的行政副职（如副总会计师）。

3. 总会计师的任职资格：根据规定，担任总会计师应当具备下列条件：

（1）坚持社会主义方向，积极为社会主义建设和改革开放服务；

（2）坚持原则，廉洁奉公；

（3）取得会计师任职资格，主管一个单位或者单位内一个重要方面的财务会计工作时间不少于三年；

（4）有较高的理论政策水平，熟悉国家财经法律、法规、方针、政策和制度，掌握现代化管理的有关知识；

（5）具备本行业的基本业务知识，熟悉行业情况，有较强的组织领导能力；

（6）身体健康，能胜任本职工作。

4. 总会计师的职责主要有以下几项：

（1）编制和执行预算、财务收支计划、信贷计划、拟订资金筹措和使用方案，开辟财源，有效地使用资金；

（2）进行成本费用预测、计划、控制、核算、分析和考核，督促本单位有关部门降低消耗、节约费用、提高经济效益；

（3）建立健全经济核算制度，利用财务会计资料进行经济活动分析；

（4）负责对本单位财务会计机构的设置和会计人员的配备、会计专业职务的设置和聘任提出方案，组织会计人员的业务培训和考核，支持会计人员依法行使职权；

（5）协助单位主要行政领导人对企业的生产经营、行政事业单位的业务发展以及基本建设投资等问题作出决策；参与重大合同和经济协议的研究、审查。

5. 总会计师的权限主要有以下几项：

（1）对违反国家财经法律、法规、方针、政策、制度和有可能在经济上造成损失、浪费的行为，有权制止或者纠正；制止或者纠正无效时，提请单位主要行政领导人处理；

（2）有权组织本单位各职能部门、直属基层组织的经济核算、财务会计和成本管理方面的工作；

（3）主管审批财务收支工作。除一般的财务收支可以由总会计师授权的财会机构负责人或者其他指定人员审批外，重大的财务收支，须经总会计师审批或者由总会计师报单位主要行政领导干部批准；

（4）签署预算、财务收支计划、成本和费用计划、信贷计划、财务专题报告、会计决算报表；涉及财务收支的重大业务计划、合同、经济协议等，在单位内部须经总会计师会签；

（5）会计人员的任用、晋升、调动、奖惩，应当事先征求总会计师的意见；财会机构负责人或者会计主管人员的人选，应当由总会计师进行业务考核，依照有关规定审批。

6. 总会计师的任免程序：对于国有大、中型企业，《总会计师条例》第十五条规定，“总会计师由本单位主要行政领导人提名，政府主管部门任命或者聘任；免职或者解聘程序与任命或者聘任程序相同”；对于事业单位和业务主管部门，《总会计师条例》第十五条规定，“总会计师依照干部管理权限任命或聘任；免职或者解聘与任命或者聘任程序相同”。城乡集体所有制企业事业单位任免（包括聘任或解聘）总会计师，可以参照《总会计师条例》的有关规定办理。其他单位的总会计师，应当按照有关法律的规定来任免（包括聘任或解聘）。

六、会计人员的工作交接

会计人员工作交接，也称会计工作交接，是指会计人员工作调动、离职或因病暂时不能工作，应与接管人员办理交接手续的一种工作程序。

（一）交接的范围

《会计法》第四十一条规定：“会计人员调动工作或者离职，必须与接管人员办清交接手续。一般会计人员办理交接手续，由会计机构负责人（会计主管人员）监交；会计机构负责人（会计主管人员）办理交接手续，由单位负责人监交，必要时主管单位可以派人会同监交”。《会计基础工作规范》第二十五条也规定：“会计人员工作调动或者因故离职，必须将本人所经管的会计工作全部移交给接替人员。没有办清交接手续的，不得调动或者离职。”

（二）交接的程序

根据《会计法》的要求，一般会计人员办理交接手续，由单位的会计机构负责人、会计主管人员负责监交。会计机构负责人、会计主管人员办理交接手续时，由单位领导人负责监交，必要时，主管单位可以派人会同监交。具体办理会计工作交接，应按以下程序进行：

1. 做好办理移交手续前的准备工作。

（1）对已经受理的经济业务尚未填制会计凭证的，应当填制完毕；

（2）尚未登记的账目，应当登记完毕，并在最后一笔余额后加盖经办人员印章；

（3）整理应该移交的各项资料，对未了事项写出书面说明材料；

（4）编制移交清册，列明移交凭证、账簿、会计报表、公章、现金、有价证券、支票簿、文件、其他会计资料和用品等内容；实行会计电算化的单位，从事该项工作的移交人员应在移交清册上列明会计软件及密码、会计软件数据盘、磁带等内容；

（5）会计机构负责人、会计主管人员移交时，还应将财务会计工作、重大财务收支问题和会计人员的情况等，向接替人员介绍清楚。

2. 移交点收。移交人员离职前，必须将经管的会计工作在规定的期限内全部向接替人员移交清楚。接替人员应认真按照移交清册逐项点收。具体要求是：

（1）现金要根据会计账簿记录余额进行当面点交，不得短缺。接管人员发现不一致或者“白条顶库”现象时，移交人员在规定期限内负责查清处理；

（2）有价证券的数量要与会计账簿记录一致。有价证券面额与发行价不一致时，按照会计账簿余额交接；

（3）会计凭证、会计账簿、会计报表和其他会计资料必须完整无缺，不得遗漏。如有短缺，必须查明原因，并在移交清册中注明，由移交人负责；

（4）银行存款账户余额要与银行对账单核对一致，如有未达账项，应编制银行存款余额调节表并调节相符；各种财产物资和债权债务的明细账户余额要与总账有关账户余额核对相符；对重要实物要实地盘点，对余额较大的往来账户要与往来单位、个人核对；

（5）公章、收据、空白支票、发票、科目印章以及其他物品等必须交接清楚；

（6）实行会计电算化的单位，交接双方应在电子计算机上对有关数据进行实际操作，确认有关数字正确无误后方可交接。

3. 专人负责监交。

会计人员在办理会计工作交接手续时，要有专人负责监交，以起督促、公正作用。一般会计人员办理交接手续，由单位的会计机构负责人、会计主管人员负责监交；会计机构负责人、会计主管人员办理交接手续，由单位负责人负责监交，必要时可由上级主管部门派人会同监交。

4. 交接后的有关事宜。

（1）会计工作交接完毕后，交接双方和监交人要在移交清册上签名盖章，并在移交清册上注明：单位名称，交接日期，交接双方和监交人的职务、姓名，移交清册页数及需要说明的问题和意见等；

（2）接管人员应继续使用移交前的账簿，不得擅自另立账簿，以保证会计记录前后衔接，内容完整；

（3）移交清册填制一式三份，交接双方各持一份，存档一份。

（三）交接人员的责任

根据《会计基础工作规范》第三十五条规定，移交人对自己经办且已经移交的会计凭证、会计账簿、会计报表和其他会计资料的真实性、完整性承担法律责任。移交人员所移交的会计资料是在其经办会计工作期间内所发生的，应当对这些会计资料的真实性、完整性负责。即便接替人员在交接时因疏忽没有发现所接会计资料在合法性、真实性、完整性方面存在的问题，如事后发现，仍应由原移交人员负责，原移交人员不应以会计资料已经移交而推脱责任，接替人员不对移交过来材料的真实性、完整性负法律上的责任。

第六节　法律责任

一、法律责任的概念

法律责任，是指违反法律规定的行为应当承担的法律后果，也就是对违法者的制裁。它是一种通过对违法行为惩罚来实施法律规则的要求。《会计法》“法律责任”，主要规定了两种责任形式：一是行政责任；二是刑事责任。违反《会计法》关于会计核算、会计监督、会计机构、会计人员的有关规定，应当承担法律责任。法律责任的种类包括：责令限期改正；罚款；行政处分；吊销会计从业资格证书；追究刑事责任。

（一）行政责任

行政责任是行政法律关系主体在国家行政管理活动中因违反了行政法律规范，不履行行政上的义务而产生的责任。在《会计法》的规定中，有许多是属于对会计活动进行行政管理的内容，属于行政法律规范，相应地，在《会计法》“法律责任”一章中，对违反这些行政法律规范的行为，规定了行政法律责任。《会计法》规定的行政责任的形式有两种，即行政处罚和行政处分。

1. 行政处罚。行政处罚是指特定的行政主体基于一般行政管理职权，对其认为违反行政法上的强制性义务，违反行政管理程序的行政管理相对人所实施的一种行政制裁措施。

2. 行政处分。行政处分是国家工作人员违反行政法律规范所应承担的一种行政法律责任，是行政机关对国家工作人员故意或者过失侵犯行政相对人的合法权益所实施的法律制裁。

（二）刑事责任

刑事责任是指犯罪行为应当承担的法律责任，即对犯罪分子依照刑事法律的规定追究的法律责任。刑事责任与行政责任不同，两者的主要区别是：(1) 追究的违法行为不同：追究行政责任的是一般违法行为；追究刑事责任的是犯罪行为；(2) 追究责任的机关不同：追究行政责任由国家特定的行政机关依照有关法律的规定决定；追究刑事责任只能由司法机关依照《刑法》的规定决定；(3) 承担法律的后果不同：追究刑事责任是最严厉的制裁，可以判处死刑，比追究行政责任严厉得多。

刑事责任包括两类：一是犯罪；二是刑罚。

1. 关于犯罪。根据我国《刑法》的规定，一切危害国家主权、领土完整和安全，分裂国家、颠覆人民民主专政的政权和推翻社会主义制度，破坏社会秩序和经济秩序，侵犯国家财产或者劳动群众集体所有的财产，侵犯公民私人所有的财产，侵犯公民的人身权利、民主权利和其他权利，以及其他危害社会的行为，依照法律应当受刑罚处罚的，都是犯罪；但是情节显著轻微危害不大的，不认为是犯罪。

2. 关于刑罚。刑罚是由国家最高立法机关在《刑法》中制定的，由人民法院对犯罪分子适用并由专门机构执行的最为严厉的国家强制措施。根据我国《刑法》规定，刑罚分为主刑和附加刑。

(1) 主刑。是对犯罪分子适用的主要刑罚方法，只能独立适用，不能附加适用，对犯罪分子只能判一种主刑。主刑分为管制、拘役、有期徒刑、无期徒刑和死刑。

(2) 附加刑。是既可以独立适用又可以附加适用的刑罚方法。即对同一犯罪行为既可以在主刑之后判处一个或两个以上的附加刑，也可以独立判处一个或两个以上的附加刑。附加刑分为罚金、剥夺政治权利、没收财产。对犯罪的外国人，也可以独立或者附加适用驱除出境。

二、不依法设置会计账簿等会计违法行为的法律责任

（一）违反会计制度规定应承担法律责任的行为

根据《会计法》第四十二条的规定，有下列行为之一的，由县级以上人民政府财政部门责令限期改正，可以对单位并处三千元以上五万元以下的罚款；对其直接负责的主管人员和其他直接责任人员，可以处两千元以上两万元以下的罚款；属于国家工作人员的，还应当由其所在单位或者有关单位依法给予行政处分：

1. 不依法设置会计账簿的行为。不依法设置会计账簿的行为，是指违反《会计法》和国家统一的会计制度的规定，应当设置会计账簿的单位不设置会计账簿或者未按规定的种类、形式及要求设置会计账簿的行为。对于不依法设置会计账簿的行为，应当追究有关单位和个人的法律责任。

2. 私设会计账簿的行为。私设会计账簿的行为俗称“两本账”、“账外账”，是指不在依法设置的会计账簿上对经济业务事项进行统一登记核算，而另外私自设置会计账簿进行登记核算的行为。鉴于现实中有的单位将发生的经济业务事项和财务收支不通过法定会计账簿统一核算，而是进入私设的会计账簿，形成“小金库”，因此有必要对这种违法行为追究其法律责任。

3. 未按照规定填制、取得原始凭证或者填制、取得的原始凭证不符合规定的行为。根据《会计法》和国家统一的会计制度的规定，办理经济业务事项，必须取得或者填制原始凭证，并及时送交会计机构，以保证会计核算工作得以顺利进行。同时为了保证原始凭证记录的真实性，对原始凭证不能涂改、挖补，如果发现原始凭证有错误，应当由出具单位重开或者更正，更正处应当加盖出具单位的印章。原始凭证金额有错误的，应当由出具单位重开，不得在原始凭证上更正。对于未按照规定填制、取得原始凭证或者填制、取得的原始凭证不符合规定的，应当追究有关单位和个人的法律责任。

4. 以未经审核的会计凭证为依据登记会计账簿或者登记会计账簿不符合规定的行为。根据《会计法》和国家统一的会计制度的规定，会计人员应当根据审核无误的会计凭证登记会计账簿，登记会计账簿时，应当将会计凭证日期、编号、业务内容摘要、金额等事项逐项记入账内。登记完毕后，记账人员要在记凭证上签名或盖章。各种账簿要按页次顺序连续登记，不得跳行、隔页。如果会计账簿记录发生错误，不得采取涂改、挖补等手段更正，而应当按照规定采取划线更正等方法进行更正。因此，任何单位不得以未经审核的会计凭证为依据登记会计账簿，登记会计账簿应当符合《会计法》和国家统一的会计制度的规定。违反上述规定的，应当追究有关单位和个人的法律责任。

5. 随意变更会计处理方法的行为。会计处理方法的变更会直接影响会计资料的质量和可比性，因此，不得违反《会计法》和国家统一的会计制度的规定，随意变更会计处理方法。

6. 向不同的会计资料使用者提供的财务会计报告编制依据不一致的行为。财务会计报告应当根据登记完整、核对无误的会计账簿记录和其他有关会计资料编制，使用的计量方法、确认原则、统计标准应当一致，做到数字真实、计算准确、内容完整、说明清楚。不得向不同的会计资料使用者提供编制依据不一致的财务会计报告。

7. 未按照规定使用会计记录文字或者记账本位币的行为。根据《会计法》的有关规定，会计记录的文字应当使用中文。在民族自治地方，会计记录可以同时使用当地通用的一种民族文字。在中华人民共和国境内的外商投资企业、外国企业和其他外国组织的会计记录可以同时使用一种外国文字。会计核算以人民币为记账本位币。业务收支以人民币以外的货币为主的单位，可以选定其中一种货币作为记账本位币，但是编报的财务会计报告应当折算为人民币。对于未按照规定使用会计记录文字或者记账本位币的，应当追究有关单位和个人的法律责任。

8. 未按照规定保管会计资料，致使会计资料毁损、灭失的行为。根据《会计法》第二十三条的规定，各单位对会计凭证、会计账簿、财务会计报告和其他会计资料应当建立档案，妥善保管。对于未按照国家规定的期限、方式和要求保管会计资料，致使会计资料毁损、灭失的，应当追究有关单位和个人的法律责任。

9. 未按照规定建立并实施单位内部会计监督制度，或者拒绝依法实施的监督，或者不如实提供有关会计资料及有关情况的行为。根据《会计法》的有关规定，各单位应当建立、健全本单位内部会计监督制度。单位内部会计监督制度应当符合法定要求。对会计工作的外部监督，按照本法的有关规定，财政部门对各单位是否依法设置会计账簿；会计资料是否真实、完整；会计核算是否符合规定；从事会计工作的人员是否具备从业资格等情况实施监督。各单位应当依照规定接受有关监督检查部门依法实施的监督检查，如实提供会计凭证、会计账簿、财务会计报告和其他会计资料以及有关情况，不得拒绝、隐匿、谎报。违反上述规定的，应当追究有关单位和个人的法律责任。

10. 任用会计人员不符合会计法规定的行为。根据《会计法》的有关规定，从事会计工作的人员必须取得会计从业资格证书。担任单位会计机构负责人和会计主管人员的，还应当具备会计师以上专业技术职务资格或者从事会计工作三年以上经历。设置总会计师的单位，任用的总会计师，也应当符合国家规定的资格条件。违反上述规定的，应当追究有关单位和个人的法律责任。

（二）违反国家统一的会计制度规定行为应承担的法律责任

根据《会计法》第四十二条的规定，上述违法行为应承担以下法律责任：

1. 责令限期改正。所谓责令限期改正，是指要求违法行为人在一定期限内停止违法行为并将其违法行为恢复到合法状态。违法单位或者个人应当按照县级以上人民政府财政部门的责令限期改正决定的要求，停止违法行为，纠正错误。比如，私设会计账簿的单位，应当取消私设的账簿，并根据实际发生的经济业务将在私设的会计账簿上登记的事项转移到依法设置的会计账簿上，统一进行登记、核算。又如，任用会计人员不符合规定的单位，应当将不具备任职资格的会计人员予以解聘或者转其他职务，并任用具备规定资格条件的人员作会计人员。

2. 罚款。县级以上人民政府财政部门根据上述所列行为的性质、情节及危害程度，在责令限期改正的同时，可以对单位并处三千元以上五万元以下的罚款，对其直接负责的主管人员和其他直接责任人员，可以处以两千元以上两万元以下的罚款。

3. 给予行政处分。对上述所列行为直接负责的主管人员和其他直接责任人员中的国家工作人员，视情节轻重，还应当由其所在单位或者其上级单位或者行政监察部门给予警告、记过、记大过、降级、降职、撤职、留用察看和开除等行政处分。

4. 吊销会计从业资格证书。会计人员有上述所列行为之一，情节严重的，由县级以上人民政府财政部门吊销会计从业资格证书。

5. 依法追究刑事责任。我国《刑法》并没有对上述所列行为单独明确规定为犯罪，但是，行为人为偷逃税款、骗取出口退税、贪污、挪用公款等目的，从事了上述行为，造成了严重后果，按照《刑法》的有关规定，构成犯罪的，应当依照《刑法》的规定分别定罪、量刑。

三、其他会计违法行为的法律责任

（一）伪造、变造会计凭证、会计账簿，编制虚假财务会计报告的法律责任

根据《会计法》第四十三条规定：伪造、变造会计凭证、会计账簿，编制虚假财务会计报告，构成犯罪的，依法追究刑事责任。有前款行为，尚不构成犯罪的，由县级以上人民政府财政部门予以通报，可以对单位并处五千元以上十万元以下的罚款；对其直接负责的主管人员和其他直接责任人员，可以处三千元以上五万元以下的罚款；属于国家工作人员的，还应当由其所在单位或者有关单位依法给予撤职直至开除的行政处分；对其中的会计人员，并由县级

以上人民政府财政部门吊销会计从业资格证书。

（二）隐匿或故意销毁依法应保存的会计资料的法律责任

所谓隐匿，是指故意转移、隐藏应当保存的会计凭证、会计账簿、财务会计报告的行为。所谓销毁，是指故意将依法应当保存的会计凭证、会计账簿、财务会计报告予以毁灭的行为。

《会计法》第四十四条规定："隐匿或者故意销毁依法应当保存的会计凭证、会计账簿、财务会计报告，构成犯罪的，依法追究刑事责任。有前款行为，尚不构成犯罪的，由县级以上人民政府财政部门予以通报，可以对单位并处五千元以上十万元以下的罚款；对其直接负责的主管人员和其他直接责任人员，可以处三千元以上五万元以下的罚款；属于国家工作人员的，还应当由其所在单位或者有关单位依法给予撤职直至开除的行政处分；对其中的会计人员，并由县级以上人民政府部门吊销会计从业资格证。"

（三）授意、指使、强令会计机构、会计人员及其他人员伪造、变造会计凭证、会计账簿，编制虚假财务会计报告或隐匿、故意销毁依法应保存的会计资料的法律责任

所谓授意，是指暗示他人按其意思行事。所谓指使，是指通过明示方式，指示他人按其意思行事。所谓强令，是指明知其命令是违反法律的，而强迫他人执行其命令的行为。

根据《会计法》第四十五条的规定：授意、指使、强令会计机构、会计人员及其他人员伪造、变造会计凭证、会计账簿，编制虚假财务会计报告或者隐匿、故意销毁依法应当保存的会计凭证、会计账簿、财务会计报告，构成犯罪的，依法追究刑事责任；尚不构成犯罪的，可以处五千元以上五万元以下的罚款；属于国家工作人员的，还应当由其所在单位或者有关单位依法给予降级、撤职、开除的行政处分。

（四）单位负责人对依法履行职责抵制违反《会计法》规定行为的会计人员实行打击报复的法律责任

《会计法》第四十六条规定，单位负责人对依法履行职责、抵制违反本法规定行为的会计人员以降级、撤职、调离工作岗位、解聘或者开除等方式实行打击报复，构成犯罪的，依法追究刑事责任；尚不构成犯罪的，由其所在单位或者有关单位依法给予行政处分。对受打击报复会计人员，应当恢复其名誉和原有职务、级别。

根据《刑法》第二百五十五条规定，公司、企业、事业单位、机关、团体的领导人对依法履行职责、抵制违反《会计法》规定行为的会计人员实行打击报复，情节恶劣的，构成打击报复会计人员罪。

根据《刑法》规定，对犯打击报复会计人员罪的，处三年以下有期徒刑或者拘役。

第二章 支付结算法律制度

第一节 概 述

一、支付结算的概念和特征

（一）支付结算的概念

支付结算是指单位、个人在社会经济活动中使用票据、银行卡、汇兑、托收承付、委托收款、电子支付等结算方式进行货币给付及其资金清算的行为，其主要功能是完成资金从一方当事人向另一方当事人的转移。支付结算工作的任务是根据经济往来组织支付结算，准确、及时、安全地办理支付结算，并按照有关法律、行政法规和支付结算办法的规定管理支付结算，保障支付结算活动的正常运行。

（二）支付结算的特征

支付结算作为一种法律行为，具有以下法律特征：

1. 支付结算必须通过中国人民银行批准的金融机构进行。支付结算包括票据、银行卡、汇兑、托收承付、委托收款、电子支付等结算行为，而该等结算行为必须通过中国人民银行批准的金融机构才能进行。《支付结算办法》第六条规定："银行是支付结算和资金清算的中介机构。未经中国人民银行批准的非银行金融机构和其他单位不得作为中介机构经营支付结算业务。但法律、行政法规另有规定的除外。"这表明支付结算与一般的货币给付及资金清算行为不同。

2. 支付结算是一种要式行为。所谓要式行为，是指法律规定必须按照一定形式进行的行为。如果该行为不符合法定的形式要件，即为无效。根据《支付结算办法》第九条的规定，"票据和结算凭证是办理支付结算的工具。单位、个人和银行办理支付结算，必须使用按中国人民银行统一规定印制的票据凭证和统一规定的结算凭证”，“未使用按中国人民银行统一规定印制的票据，票据无效；未使用中国人民银行统一规定格式的结算凭证，银行不予受理”。为了保证支付结算的准确、及时和安全，以使其业务正常进行，中国人民银行除了对票据和结算凭证的格式有统一的要求外，还就正确填写票据和结算凭证作出了基本规定。

3. 支付结算的发生取决于委托人的意志。银行在支付结算中是充当中介机构的角色，因此，银行只要以善意且符合规定的正常操作程序审查，对伪造、变造的票据和结算凭证上的签章以及需要交验的个人有效身份证件，未发现异常而支付金额的，对出票人或付款人不再承担受委托付款的责任，对持票人或收款人不再承担付款的责任。与此同时，当事人对在银行的存款有自己的支配权。银行对单位、个人在银行开立存款账户的存款，除国家法律、行政法规另有规定外，不得为任何单位或者个人查询；除国家法律另有规定外，银行不代任何单位或个人冻结、扣款，不得停止单位、个人存款的正常支付。

4. 支付结算实行统一管理和分级管理相结合的管理体制。支付结算是一项政策性强，与当事人利益息息相关的活动，因此，必须对其实行统一的管理。根据《支付结算办法》第二十条的规定，中国人民银行总行负责制定统一的支付结算制度，组织、协调、管理、监督全国的支付结算工作，调解、处理银行之间的支付结算纠纷；中国人民银行各分行根据统一的支付结算制度制定实施细则，报总行备案。根据需要可以制定单项支付结算办法，报中国人民银行总行批准后执行；中国人民银行分、支行负责组织、协调、管理、监督本辖区的支付结算工作，协调、处理本辖区银行之间的支付结算纠纷；政策性银行、商业银行总行可根据统一的支付结算制度，结合本行情况，制定具体管理实施办法，报经中国人民银行总行批准后执行，并负责组织、管理、协调本行内的支付结算工作，调解、处理本行内分支机构之间的支付结算纠纷。

5. 支付结算必须依法进行。《支付结算办法》第五条规定："银行、城市信用合作社、农村信用合作社以及单位和个人（含个体工商户）办理支付结算必须遵守国家的法律、行政法规和本办法的各项规定，不得损害社会公共利益。"因此，支付结算的当事人必须严格依法进行支付结算活动。

二、支付结算的基本原则

支付结算的基本原则是单位、个人和银行在进行支付结算活动时所必须遵循的行为准则。根据社会经济发展的需要，在总结我国改革开放以来结算工作经验的基础上，行业主管部门针对支付结算行为，确立了以下三项基本原则：

（一）恪守信用，履约付款

这一原则是《民法通则》中"诚实信用"原则在支付结算中的具体表现。根据该原则，结算当事人必须依照共同约定的民事法律关系内容承担义务和享受权利，严格遵守信用，依约履行付款义务，特别是应当按照约定的付款金额和付款日期进行支付。这一原则对履行付款义务的当事人具有约束力，是维护合同秩序、保障当事人经济利益的重要保证。

（二）谁的钱进谁的账、由谁支配

这一原则主要在于维护存款人对存款资金的所有权或经营权，保证其对资金的自主支配权。银行作为资金结算的中介机构，在办理结算时，必须遵循存款人的委托，按照其意志，保证将所收款项支付给其指定的收款人；对存款人的资金，除国家法律另有规定外，必须由其自主支配，其他任何单位、个人以及银行本身都不得对其资金进行干预和侵犯。这一原则既保护了存款人的合法权益，又加强了银行办理结算的责任。

（三）银行不垫款

这一原则主要在于划清银行资金与存款人资金的界限。根据该原则，银行办理结算只负责办理结算当事人之间的资金转移，而不能在结算过程中为其垫付资金。这一原则有利于保护银行资金的所有权或经营权，也有利于促使单位和个人以自己所有或经营管理的财产直接对自己的债务承担责任，从而保证了银行资金的安全。

上述三个原则既可单独发挥作用，也是一个有机的整体，分别从不同角度强调了付款人、收款人和银行在结算过程中的权利和义务，从而确实保障了结算活动的正常进行。

三、支付结算的主要支付工具

根据中国人民银行颁布的《支付结算办法》以及有关规范性文件，支付结算包括票据、银行卡、汇兑、托收承付、委托收款、电子支付等结算方式。其中，票据包括汇票、本票和支票。按照《会计从业资格考试大纲——财经法规与会计职业道德》的要求，本章将在第四节对支票、商业汇票、信用卡以及汇兑结算方式予以介绍。

四、支付结算的主要法律依据

如前所述，支付结算包括票据、银行卡、汇兑、托收承付、委托收款、电子支付等结算方式。因此，凡是与支付结算的各种结算方式有关的法律、行政法规以及部门规章和地方性规定都是支付结算的法律依据。此外，中国人民银行不时颁布的有关支付结算的政策性文件也是当事人进行支付结算活动必须遵守的规定。

至今为止，现行的适用支付结算的法律、行政法规以及部门规章和政策性规定主要有：《票据法》、《票据管理实施办法》（该办法于1997年6月23日经国务院批准，同年8月21日由中国人民银行发布并于同年10月1日起施行）、《支付结算办法》（该办法于1997年9月19日由中国人民银行发布，于同年12月1日起施行，原《银行结算办法》同时废止）、《中国人民银行银行卡业务管理办法》（该办法于1999年3月1日起施行，原《中国人民银行信用卡业务管理暂行办法》同时废止）、《人民币银行结算账户管理办法》（该办法于2003年9月1日起施行，1994年10月9日中国人民银行发布的《银行账户管理办法》同时废止）、《异地托收承付结算办法》（该办法于1994年10月9日修订，1995年1月1日起施行)、《电子支付指引（第一号)》（该指引由中国人民银行于2005年10月26日制定并公布，自公布之日起施行）等等。

五、办理支付结算的基本要求

根据《支付结算办法》的规定，办理支付结算时应符合下列基本要求：

1. 单位、个人和银行办理支付结算，必须使用按中国人民银行统一规定印制的票据和结算凭证。票据和结算凭证是办理支付结算的工具。未使用按中国人民银行统一规定印制的票据，票据无效；未使用中国人民银行统一规定格式的结算凭证，银行不予受理。

2. 单位、个人和银行应当按照《人民币银行结算账户管理办法》的规定开立、使用账户。在银行开立存款账户的单位和个人办理支付结算，账户内需有足够的资金保证支付。银行依法为单位、个人在银行开立的存款账户中的存款保密，维护其资金的自主支配权。除国家法律、行政法规另有规定外，银行不得为任何单位或者个人查询账户情况，不得为任何单位或者个人冻结、扣划款项，不得停止单位、个人存款的正常支付。

3. 票据和结算凭证上的签章和其他记载事项应当真实，不得伪造、变造。所谓“伪造”，是指无权限人假冒他人或虚构人名义签章的行为。所谓“变造”，是指无权更改票据内容的人对票据上签章以外的记载事项加以改变的行为。变造票据的方法多是在合法票据的基础上对票据加以剪接、挖补、覆盖、涂改，从而非法改变票据的记载事项。伪造、变造票据属于欺诈行为，应追究其刑事责任。票据上有伪造、变造的签章的，不影响票据上其他当事人真实签章的效力。

票据和结算凭证的金额、出票或签发日期、收款人名称不得更改，更改的票据无效；更改的结算凭证，银行不予受理。对票据和结算凭证上的其他记载事项，原记载人可以更改，更改时应当由原记载人在更改处签章证明。

票据和结算凭证上的签章，为签名、盖章或者签名加盖章。单位、银行在票据上的签章和单位在结算凭证上的签章，为该单位、银行的盖章加其法定代表人或其授权的代理人的签名或盖章。个人在票据和结算凭证上的签章，为个人本名的签名或盖章。

4. 填写票据和结算凭证应当规范，做到要素齐全，数字正确，字迹清[illegible]，不潦草，防止涂改。票据和结算凭证金额以中文[illegible]和阿拉伯数码同时记载，二者必须一致，二者不一致的票[illegible]；二者不一致的结算凭[illegible]可以使用少数民族[illegible]文字记载。

5. 填写票据和结算凭证的基本要求：

银行、单位和个人填写的各种票据和结算凭证是办理支付结算和现金收付的重要依据，直接关系到支付结算的准确、及时和安全。票据和结算凭证是银行、单位和个人凭以记账的会计凭证，是记载经济业务和明确经济责任的一种书面证明。因此，填写票据和结算凭证，必须做到标准化、规范化。根据《正确填写票据和结算凭证的基本规定》的规定，具体应符合以下基本要求：

（1）中文大写金额数字应用正楷或行书填写。如壹、贰、叁、肆、伍、陆、柒、捌、玖、拾、佰、仟、万、亿、元、角、分、零、整（正）等字样。不得用一、二（两）、三、四、五、六、七、八、九、十、廿、毛、另（或0）填写。不得自造简化字。如果金额数字书写中使用繁体字，也应受理。

（2）中文大写金额数字到“元”为止的，在“元”之后，应写“整”（或“正”）字，在“角”之后可以不写“整”（或“正”字）。大写金额数字有“分”的，“分”后面不写“整”（或“正”字）。

（3）中文大写金额数字前应标明“人民币”字样，大写金额数字应紧接“人民币”字样填写，不得留有空白。大写金额数字前未印“人民币”字样的，应加填“人民币”三字。在票据和结算凭证大写金额栏内不得预印固定的"仟、佰、拾、万、仟、佰、拾、元、角、分"字样。

（4）阿拉伯小写金额数字中有"0"时，中文大写应按照汉语语言规律、金额数字构成和防止涂改的要求进行书写。举例如下：

①阿拉伯数字中间有"0"时，中文大写金额要写"零"字。如¥1 409.50，应写成人民币壹仟肆佰零玖元伍[illegible]

②[illegible]中文大写金额[illegible]零柒元[illegible]角肆分。

③阿拉伯金额数字万位或元位是"0"，或者数字中间连续有几个"0"，万位、元位也是"0"，但千位、角位不是"0"时，中文大写金额中可以只写一个零字，也可以不写"零"字。如¥1 680.32，应写成人民币壹仟陆佰捌拾元零叁角贰分，或者写成人民币壹仟陆佰捌拾元叁角贰分；又如¥107 000.53，应写成人民币壹拾万柒仟元零伍角叁分，或者写成人民币壹拾万零柒仟元伍角叁分。

④阿拉伯金额数字角位是"0"，而分位不是"0"时，中文大写金额"元"后面应写"零"字。如¥16 409.02，应写成人民币壹万陆仟肆佰零玖元零贰分；又如¥325.04，应写成人民币叁佰贰拾伍元零肆分。

⑤阿拉伯小写金额数字前面，均应填写人民币符号"¥"。阿拉伯小写金额数字要认真填写，不得连写分辨不清。

⑥票据的出票日期必须使用中文大写。为防止变造票据的出票日期，在填写月、日时，月为壹、贰和壹拾的，日为壹至玖和壹拾、贰拾和叁拾的，应在其前加"零"；日为拾壹至拾玖的，应在其前面加"壹"。如2月12日，应写成零贰月壹拾贰日；10月20日，应写成零壹拾月零贰拾日。

⑦票据出票日期使用小写填写的，银行不予受理。大写日期未按要求规范填写的，银行可予受理，但由此造成损失的，由出票人

自行承担。

第二节 现金管理

现金是指通常存放于单位财会部门、由出纳人员经管的货币。现金是流动性最强的资产，各单位应当严格遵守国家有关现金管理制度，正确进行现金收支的核算，监督现金使用的合法性与合理性。

根据国务院发布的《现金管理暂行条例》的规定，凡在银行和其他金融机构（以下简称开户银行）开立账户的机关、团体、部队、企业、事业单位和其他单位（以下简称开户单位），必须依照该条例的规定收支和使用现金，接受开户银行的监督。国家鼓励开户单位和个人在经济活动中采取转账方式进行结算，减少使用现金。

一、开户单位使用现金的范围

根据《现金管理暂行条例》第三条、第四条的规定，开户单位之间的经济往来，除按本条例规定的范围可以使用现金外，应当通过开户银行进行转账结算。各级人民银行应当严格履行金融主管机关的职责，负责对开户银行的现金管理进行监督和稽核。开户银行依照该条例和中国人民银行的规定，负责现金管理的具体实施，对开户单位收支，使用现金进行监督管理。

开户单位可以在下列范围内使用现金：

1. 职工工资、津贴；

2. 个人劳务报酬；

3. 根据国家规定颁发给个人的科学技术、文化艺术、体育等各种奖金；

4. 各种劳保、福利费用以及国家规定的对个人的其他支出；

5. 向个人收购农副产品和其他物资的价款；

6. 出差人员必须随身携带的差旅费；

7. 结算起点以下的零星支出；

8. 中国人民银行确定需要支付现金的其他支出。

除上述情况可以用现金支付外，其他款项的支付应通过银行转账结算。上述结算起点为1 000元，需要调整时，由中国人民银行总行确定后，报国务院备案。除上述第（5）、（6）项外，开户单位支付给个人的款项中，支付现金每人一次不得超过1 000元，超过限额部分，根据提款人的要求在指定的银行转为储蓄存款或以支票、银行本票支付。确需全额支付现金的，应经开户银行审查后予以支付。

二、现金使用的限额

现金使用的限额是指为了保证开户单位日常零星开支的需要，允许单位留存现金的最高数额。根据《现金管理暂行条例实施细则》的规定，各开户单位的库存现金都要核定限额。库存现金限额由开户单位提出计划，报开户银行审批，经核定的库存现金限额，开户单位必须严格遵守，超过部分应于当日终了前存入银行。

各开户单位的库存现金限额，由于生产或业务变化，需要增加或者减少时，应当向开户银行提出申请，经批准后再行调整。这一限额由开户行根据单位的实际需要核定，一般按照单位3～5天日常零星开支所需确定。边远地区和交通不发达地区的开户单位的库存现金限额，可按多于5天，但不得超过15天的日常零星开支的需要确定。

对没有在银行单独开立账户的附属单位也要实行现金管理，必须保留的现金，也要核定限额，其限额包括在开户单位的库存限额之内。

商业和服务行业的找零备用现金也要根据营业额核定定额，但不包括在开户单位的库存现金限额之内。

三、现金收支的基本要求

开户单位现金收支应当依照下列规定办理：

1. 开户单位现金收入应当于当日送存开户银行，当日送存确有困难的，由开户银行确定送存时间。

2. 开户单位支付现金，可以从本单位库存现金限额中支付或从开户银行提取，不得从本单位的现金收入中直接支付，即不得“坐支”现金，因特殊情况需要坐支现金的，应当事先报经有关部门审查批准，由开户银行核定坐支范围和限额。坐支单位必须在现金账上如实反映坐支金额，并按月向开户银行报送坐支金额和使用情况。

3. 开户单位从开户银行提取现金时，应如实写明提取现金的用途，由本单位财会部门负责人签字盖章，并经开户银行审查批准后予以支付。

4. 因采购地点不确定、交通不便、抢险救灾以及其他特殊情况，办理转账结算不够方便，必须使用现金的开户单位，应向开户银行提出书面申请，由本单位财会部门负责人签字盖章，并经开户银行审查批准后予以支付。

此外，开户单位必须建立健全现金账目，逐笔记载现金支付，账目要日清月结，做到账款相符。不准用不符合国家统一的会计准则制度的凭证顶替库存现金；不准单位之间相互借用现金；不准谎报用途套取现金；不准利用银行账户代替其他单位和个人存入或支取现金；不准将单位收入的现金以个人名义存入储蓄；不准保留账外公款，即不得“公款私存”，不得设置“小金库”等。银行对于违反上述规定的单位，将按照违规金额的一定比例予以处罚。

四、建立健全现金核算与内部控制

现金是各单位流动性最强的资产，加强现金管理对于保护单位资产的安全完整，维护社会经济秩序具有重要的意义。

为了加强对单位现金的内部控制和管理，保证货币资金的安全，财政部印发了《内部会计控制规范——货币资金（试行），对健全现金的内部控制工作提出了具体要求。其中，第四条、第五条规定：国务院有关部门可以根据国家有关法律法规和本规范，制定本部门或本系统的货币资金内部控制规定。

各单位应当根据国家有关法律法规和本规范，结合部门或系统的货币资金内部控制规定，建立适合本单位业务特点和管理要求的货币资金内部控制制度，并组织实施。

单位负责人对本单位货币资金内部控制的建立健全和有效实施以及货币资金的安全完整负责。

各单位应按照该规范的要求，建立良好的现金内部控制，以保证现金收支记录及时、准确、完整；全部现金支出均按经批准的用途进行；现金得以安全保管。一般而言，一个良好的现金内部控制应该达到以下几点：（1）现金收支与记账的岗位分离。（2）现金收支要有合理、合法的凭据。（3）全部收入及时准确入账，并且支出要有核准手续。（4）控制现金坐支，当日收入现金应及时送存银行。（5）按月盘点现金，以做到账实相符。（6）加强对现金收支业务的内部审计。

尽管由于各单位的性质、所处行业、规模以及内部控制健全程度等不同，而使得其与现金相关的内部控制内容有所不同，但岗位分工及授权批准是应当共同遵循的：

1. 单位应当建立货币资金业务的岗位责任制，明确相关部门和岗位的职责权限，确保办理货币资金业务的不相容岗位相互分离、制约和监督。出纳人员不得兼任稽核、会计档案保管和收入、支出、费用、债权债务账目的登记工作。单位不得由一人办理货币资金业务的全过程。

2. 单位办理货币资金业务，应当配备合格的人员，并根据单位具体情况进行岗位轮换。办理货币资金业务的人员应当具备良好的职业道德，忠于职守，廉洁奉公，遵纪守法，客观公正，不断提高会计业务素质和职业道德水平。

3. 单位应当对货币资金业务建立严格的授权批准制度，明确审批人对货币资金业务的授权批准方式、权限、程序、责任和相关控制措施，规定经办人办理货币资金业务的职责范围和工作要求。

4. 审批人应当根据货币资金授权批准制度的规定，在授权范围内进行审批，不得超越审批权限。经办人应当在职责范围内，按照审批人的批准意见办理货币资金业务。对于审批人超越授权范围审批的货币资金业务，经办人员有权拒绝办理，并及时向审批人的上级授权部门报告。

5. 单位应当按照规定的程序办理货币资金支付业务：

（1）支付申请。单位有关部门或个人用款时，应当提前向审批人提交货币资金支付申请，注明款项的用途、金额、预算、支付方式等内容，并附有效经济合同或相关证明。

（2）支付审批。审批人根据其职责、权限和相应程序对支付申请进行审批。对不符合规定的货币资金支付申请，审批人应当拒绝批准。

（3）支付复核。复核人应当对批准后的货币资金支付申请进行复核，复核货币资金支付申请的批准范围、权限、程序是否正确，手续及相关单证是否齐备，金额计算是否准确，支付方式、支付单位是否妥当等。复核无误后，交由出纳人员办理支付手续。

（4）办理支付。出纳人员应当根据复核无误的支付申请，按规定办理货币资金支付手续，及时登记现金和银行存款日记账。

6. 单位对于重要货币资金支付业务，应当实行集体决策和审批，并建立责任追究制度，防范贪污、侵占、挪用货币资金等行为。

7. 严禁未经授权的机构或人员办理货币资金业务或直接接触货币资金。

此外，单位应当建立对现金业务的监督检查制度，明确监督检查机构或人员的职责权限，定期和不定期地进行检查。

第三节　银行结算账户

为加强和完善银行结算账户管理，中国人民银行于 2003 年 4 月 10 日公布了《人民币银行结算账户管理办法》（以下简称《账户管理办法》)。该办法于2003年9月1日起施行，1994年10月9日中国人民银行发布的《银行账户管理办法》同时废止。为了实施该办法，中国人民银行于2005年1月19日又发布了《人民币银行结算账户管理办法实施细则》（以下简称《账户管理办法实施细则》），该实施细则自2005年1月31日起施行。

本节将根据上述规定，对人民币银行结算账户（以下简称银行结算账户）管理制度的基本内容加以说明。

一、银行结算账户的概念

银行结算账户是指银行为存款人开立的办理资金收付结算的人民币活期存款账户。这里的存款人是指在中国境内开立银行结算账户的机关、团体、部队、企业、事业单位、其他组织、个体工商户和自然人；银行是指在中国境内经中国人民银行批准可经营人民币支付结算业务的银行业金融机构，如政策性银行、商业银行（含外资独资银行、中外合资银行、外国银行分行）、城市商业银行、城市信用社、农村信用合作社。从该定义可知，银行结算账户具有以下特点：

1. 办理人民币业务。这与外币存款账户不同，外币存款账户办理的是外币业务，其开立和使用应遵守国家外汇管理局的有关规定。

2. 办理资金收付结算业务。这与储蓄账户不同，储蓄的基本功能是存取本金和支取利息，储蓄账户不具有办理资金收付结算的功能，其开立和使用应遵守《储蓄管理条例》的规定。

3. 是活期存款账户。这与单位定期存款账户不同，单位定期存款账户不具有结算功能，该类账户的开立和使用应遵守《人民币单位存款管理办法》的规定。

二、银行结算账户的分类

银行结算账户依据存款人的不同划分，可以分为单位银行结算账户和个人银行结算账户。这里所指的单位包括机关、团体、部队、企业、事业单位和其他组织等。根据《账户管理办法》第三条的规定，个体工商户凭营业执照以字号或经营者姓名开立的银行结算账户纳入单位银行结算账户管理。个人银行结算账户是指存款人凭个人身份证件以自然人名称开立的银行结算账户。这里所指的个人包括中国公民（含香港、澳门、台湾居民）和外国公民。个人因投资、消费使用各种支付工具，包括借记卡、信用卡在银行开立的银行结算账户，纳入个人银行结算账户管理。根据《账户管理办法》第三条的规定，邮政储蓄机构办理银行卡业务开立的账户也纳入个人银行结算账户管理。

单位银行结算账户按照用途不同，可以分为基本存款账户、一般存款账户、专用存款账户、临时存款账户和合格境外机构投资者在境内从事证券投资开立的人民币特殊账户和人民币结算资金账户（以下简称“QFII专用存款账户”）。根据《账户管理办法》第六条和《账户管理办法实施细则》第五条的规定，存款人开立基本存款账户、临时存款账户（因注册验资和增资验资开立的除外）、预算单位开立专用存款账户和QFII专用存款账户实行核准制（上述银行结算账户可统称为核准类银行结算账户），经中国人民银行核准后颁发开户许可证。开户许可证是中国人民银行依法准予申请人在银行开立核准银行结算账户的行政许可证件，是该类账户合法性的有效证明。

此外，根据《账户管理办法》的规定，银行结算账户还可以根据开户地的不同分为本地银行结算账户和异地银行结算账户。本地银行结算账户是指存款人在注册地或住所地开立的银行结算账户；异地银行结算账户是指存款人根据规定的条件在异地（跨省、市、县）开立的银行结算账户。根据《账户管理办法实施细则》的有关解释，这里所指的“注册地”是指存款人的营业执照等开户证明文件上记载的住所地。

银行结算账户的类别不同，其开立、使用和管理也不尽相同。

三、银行结算账户管理应当遵守的基本原则

根据《账户管理办法》的有关规定，银行结算账户管理应当遵

守以下基本原则：

1. 一个基本账户原则。这是指单位银行结算账户的存款人只能在银行开立一个基本存款账户，不能多头开立基本银行账户。

2. 自主选择银行开立银行结算账户原则。这是指存款人可以自主选择银行开立账户，除国家法律、行政法规和国务院有规定外，任何单位和个人不得强令存款人到指定银行开立银行结算账户。

3. 守法合规原则。这是指银行结算账户的开立和使用应当遵守法律、行政法规，不得利用银行结算账户进行偷逃税款、逃废债务、套取现金及其他违法犯罪活动。

4. 存款信息保密原则。这是指银行必须依法为存款人的银行结算账户信息保密。根据《账户管理办法》的规定，对单位银行结算账户的存款和有关资料，除国家法律、行政法规另有规定外，银行有权拒绝任何单位或个人查询。对个人银行结算账户的存款和有关资料，除国家法律另有规定外，银行有权拒绝任何单位或个人查询。

四、银行结算账户的开立、变更和撤销

（一）银行结算账户的开立

存款人开立银行结算账户应当以实名开立，并对其出具的开户申请资料实质内容的真实性负责，但法律、行政法规另有规定的除外。根据《账户管理办法》第二章的规定，银行结算账户的类别不同，其开立条件也不尽相同，本节将在后面对不同类别的银行结算账户的开立加以介绍。此处，只对开立银行结算账户应当注意的问题予以介绍。

根据《账户管理办法实施细则》的有关规定，存款人在开立银行结算账户过程中，应当注意以下问题：

1. 存款人的预留签章。存款人为单位的，其预留签章为该单位的公章或财务专用章加其法定代表人（单位负责人）或其授权的代理人的签名或盖章；存款人为个人的，其预留签章为该个人的签

名或者盖章。

2. 账户名称、存款人名称与预留银行签章中的公章或财务专用章的名称的一致性。存款人申请开立的银行结算账户的账户名称、出具的开户证明文件上记载的存款人名称以及预留银行签章中的公章或财务专用章的名称应当保持一致。但是，在下列情形下可以不一致：

（1）因注册验资开立的临时存款账户，其账户名称为工商行政管理部门核发的“企业名称预先核准通知书”或政府有关部门批文中注明的名称，其预留银行签章中公章或财务专用章的名称应是存款人与银行在银行结算账户管理协议中约定的出资人名称；

（2）预留银行签章中公章或财务专用章的名称依法可使用简称的，账户名称应与其保持一致；

（3）没有字号的个体工商户开立的银行结算账户，其预留签章中公章或财务专用章应是个体户字样加营业执照上载明的经营者的签字或盖章。

3. 注册验资资金或增资验资资金的退还。存款人因注册验资或增资验资开立临时存款账户后，需要在临时存款账户有效期届满前退还资金的，应出具工商行政管理部门的证明；无法出具证明的，应于账户有效期届满后办理销户退款手续。

4. 银行结算账户的信息查询。存款人开立基本存款账户后，中国人民银行当地分支行应当为存款人打印初始密码，由开户银行转交存款人。存款人可以向中国人民银行当地分支行或者基本存款账户开户行，在提交基本存款账户开户许可证后，使用密码查询其已经开立的所有银行结算账户的相关信息。

（二）银行结算账户的变更

银行结算账户的变更是指存款人名称、单位法定代表人或主要负责人、住址以及其他开户资料发生的变更。

银行结算账户发生变更的，应当办理相关的变更手续。根据《账户管理办法》和《账户管理办法实施细则》的有关规定，银行结算账户的存款人名称发生变更，但不改变开户银行及账号的，应于5个工作日内向开户银行提出银行结算账户的变更申请，并出具有关部门的证明文件。

单位的法定代表人或主要负责人、住址以及其他开户资料发生变更时，应于5个工作日内书面通知开户银行并提供有关证明。

银行接到存款人有关核准类银行账户的存款人名称、法定代表人或单位负责人的变更申请后，在两个工作日内，将存款人的“变更银行结算账户申请书”、开户许可证以及证明文件报送中国人民银行当地分支行。当地分支行对符合变更条件的，核准其变更申请，收回原开户许可证，颁发新的开户许可证；对不符合变更条件的，不核准其变更申请。

（三）银行结算账户的撤销

银行结算账户的撤销是指存款人因开户资格或其他原因终止银行结算账户使用的行为。

1. 银行结算账户撤销的事由。根据《账户管理办法》的规定，发生下列事由之一的，存款人应向开户银行提出撤销银行结算账户的申请：（1）被撤并、解散、宣告破产或关闭的；（2）注销、被吊销营业执照的；（3）因迁址需要变更开户银行的；（4）其他原因需要撤销银行结算账户的。

2. 银行结算账户撤销的手续办理。

（1）存款人主体资格终止后，银行结算账户撤销手续的办理。存款人发生被撤并、解散、宣告破产或关闭，或被注销、被吊销营业执照等主体资格终止的，应于5个工作日内向开户银行提出撤销银行结算账户的申请。存款人申请撤销基本存款账户的，存款人基本存款账户的开户银行应自撤销银行结算账户之日起两个工作日内将撤销该基本存款账户的情况书面通知该存款人其他银行结算账户的开户银行；存款人其他银行结算账户的开户银行，应自收到通知之日起两个工作日内通知存款人撤销有关银行结算账户；存款人应自收到通知之日起3个工作日内办理其他银行结算账户的撤销。

根据《账户管理办法实施细则》的有关规定，存款人主体资格终止后，撤销银行结算账户的，应当先撤销一般存款账户、专用存款账户、临时存款账户，将账户资金转入基本存款账户后，方可办理基本存款账户的撤销。

银行得知存款人主体资格终止情况的，存款人超过规定期限未主动办理撤销银行结算账户手续的，银行有权停止其银行结算账户的对外支付。

（2）因地址变更或其他原因需要变更开户银行，银行结算账户撤销手续的办理。银行在收到存款人撤销银行结算账户的申请后，对于符合销户条件的，应当在两个工作日内办理撤销手续。存款人需要重新开立基本存款账户的，应在撤销其原基本存款账户后10日内申请重新开立基本存款账户。存款人在申请重新开立基本存款账户时，除应根据前述开立基本存款账户的规定出具相关证明文件外，还应出具“已开立银行结算账户清单”。

（3）办理银行结算账户撤销手续应当注意的事项。在办理银行结算账户撤销手续过程中，应当注意以下事项：

①未获得工商行政管理部门核准登记的单位，在验资期满后，应向银行申请撤销注册验资临时存款账户，其账户资金应退还给原汇款人账户。注册验资资金以现金方式存入，出资人需提取现金的，应出具缴存现金时的现金缴款单原件及其有效身份证件。

②存款人尚未清偿其开户银行债务的，不得申请撤销该账户。

③存款人撤销银行结算账户，必须与开户银行核对银行结算账户存款余额，交回各种重要空白票据及结算凭证和开户许可证，银行核对无误后方可办理销户手续。存款人未按规定交回各种重要空白票据及结算凭证的，应出具有关证明，造成损失的，由其自行承担。

④银行撤销单位银行结算账户时应在其基本存款账户开户许可证上注明销户日期并签章，同时于撤销银行结算账户之日起两个工作日内，向中国人民银行报告。

⑤存款人应撤销而未办理销户手续的单位银行结算账户或银行对一年未发生收付活动且未欠开户银行债务的单位银行结算账户，应通知单位自发出通知之日起30日内办理销户手续，逾期视同自愿销户，未划转款项列入久悬未取专户管理。

五、基本存款账户

（一）基本存款账户的使用范围

基本存款账户是指存款人因办理日常转账结算和现金收付需要开立的银行结算账户。基本存款账户是存款人的主办账户。该账户主要办理存款人日常经营活动的资金收付及其工资、奖金和现金的支取。

（二）基本存款账户的开户要求

1. 开立基本存款账户的存款人资格。根据《账户管理办法》第十一条的规定，下列存款人，可以申请开立基本存款账户：（1）企业法人；（2）非法人企业；（3）机关、事业单位；（4）团级（含）以上军队、武警部队及分散执勤的支（分）队；（5）社会团体；（6）民办非企业组织；（7）异地常设机构；（8）外国驻华机构；（9）个体工商户；（10）居民委员会、村民委员会、社区委员会；（11）单位设立的独立核算的附属机构；（12）其他组织。

从上可见，修订后的《账户管理办法》对开立基本存款账户的存款人资格作了较为宽泛的规定，凡是具有民事权利能力和民事行为能力，并依法独立享有民事权利和承担民事义务的法人和其他组织，均可以开立基本存款账户。同时，有些单位虽然不是法人组织，但具有独立核算资格，有自主办理资金结算的需要，包括非法人企业（如具有营业执照的企业集团下属的分公司）、外国驻华机构、个体工商户、单位设立的独立核算的附属机构（单位附属独立核算的食堂、招待所、幼儿园）等，也可以开立基本存款账户。

2. 开立基本存款账户所需的证明文件。根据《账户管理办法》第十七条的规定，存款人申请开立基本存款账户，应向银行出具下列证明文件：

（1）企业法人，应出具企业法人营业执照正本；

（2）非法人企业，应出具企业营业执照正本；

（3）机关和实行预算管理的事业单位，应出具政府人事部门或编制委员会的批文或登记证书和财政部门同意其开户的证明；非预算管理的事业单位，应出具政府人事部门或编制委员会的批文或登记证书；

（4）军队、武警团级（含）以上单位以及分散执勤的支（分）队，应出具军队军级以上单位财务部门、武警总队财务部门的开户证明；

（5）社会团体，应出具社会团体登记证书，宗教组织还应出具宗教事务管理部门的批文或证明；

（6）民办非企业组织，应出具民办非企业登记证书；

（7）外地常设机构，应出具其驻在地政府主管部门的批文；

（8）外国驻华机构，应出具国家有关主管部门的批文或证明；外资企业驻华代表处、办事处应出具国家登记机关颁发的登记证；

（9）个体工商户，应出具个体工商户营业执照正本；

（10）居民委员会、村民委员会、社区委员会，应出具其主管部门的批文或证明；

（11）独立核算的附属机构，应出具其主管部门的基本存款账户开户许可证和批文；

（12）其他组织，应出具政府主管部门的批文或证明。

如果上述存款人为从事生产、经营活动纳税人的，还应出具税务部门颁发的税务登记证。根据《账户管理办法实施细则》第十三条的规定，税务登记证是指国税登记证或地税登记证。如果存款人为从事生产、经营活动的纳税人，根据国家有关规定无法取得税务登记证的，在申请开立基本存款账户时可不出具税务登记证。

（三）开立基本存款账户的程序

根据《账户管理办法》的有关规定，存款人申请开立银行结算账户时，应填制开户申请书，提供规定的证明文件；银行应对存款人的开户申请书填写的事项和证明文件的真实性、完整性、合规性进行认真审查，并将审查后的存款人提交的上述文件和审核意见等开户资料报送中国人民银行当地分支行，经其核准后办理开户手续。中国人民银行应于两个工作日内对银行报送的基本存款账户的开户资料的合规性以及唯一性进行审核，符合开户条件的，予以核准；不符合开户条件的，应在开户申请书上签署意见，连同有关证明文件一并退回报送银行。

六、一般存款账户

（一）一般存款账户的使用范围

一般存款账户是存款人因借款或其他结算需要，在基本存款账户开户银行以外的银行营业机构开立的银行结算账户。一般存款账户用于办理存款人借款转存、借款归还和其他结算的资金收付。该账户可以办理现金缴存，但不得办理现金支取。

（二）一般存款账户的开户要求

1. 开立一般存款账户的存款人资格。开立基本存款账户的存款人都可以开立一般存款账户。修订后的《账户管理办法》取消了开立一般存款账户的限制条件，只要存款人具有借款或其他结算需要，都可以申请开立一般存款账户，且没有数量限制。

2. 开立一般存款账户所需的证明文件。根据《账户管理办法》第十八条的规定，存款人申请开立一般存款账户，应向银行出具下列证明文件：（1）开立基本存款账户规定的证明文件；（2）基本存款账户开户许可证；（3）存款人因向银行借款需要，应出具借款合同；（4）存款人因其他结算需要，应出具有关证明。

（三）开立一般存款账户的程序

根据《账户管理办法》的有关规定，存款人申请开立一般存款账户时，应填制开户申请书，提供规定的证明文件；银行应对存款人的开户申请书填写的事项和证明文件的真实性、完整性、合规性进行认真审查；符合开立一般存款账户条件的，银行应办理开户手续，同时应在其基本存款账户开户许可证上登记账户名称、账号、账户性质、开户银行、开户日期，并签章，于开户之日起5个工作日内向中国人民银行当地分支行备案；自开立一般存款账户之日起3个工作日内书面通知基本存款账户开户银行。

从上可见，开立一般存款账户，实行备案制，无须中国人民银行核准。

七、专用存款账户

（一）专用存款账户的使用范围

专用存款账户是存款人按照法律、行政法规和规章，对其特定用途资金进行专项管理和使用而开立的银行结算账户。

专用存款账户用于办理各项专用资金的收付。针对不同的专用资金，《账户管理办法》规定了不同的使用范围：

1. 单位银行卡账户的资金必须由其基本存款账户转账存入。该账户不得办理现金收付业务。

2. 财政预算外资金、证券交易结算资金、期货交易保证金和信托基金专用存款账户，不得支取现金。

3. 基本建设资金、更新改造资金、政策性房地产开发资金、金融机构存放同业资金账户需要支取现金的，应在开户时报中国人民银行当地分支行批准。中国人民银行当地分支行应根据国家现金管理的规定审查批准。

4. 粮、棉、油收购资金、社会保障基金、住房基金和党、团、工会经费等专用存款账户支取现金应按照国家现金管理的规定办理。

5. 收入汇缴账户除向其基本存款账户或预算外资金财政专用存款户划缴款项外，只收不付，不得支取现金。业务支出账户除从其基本存款账户拨入款项外，只付不收，其现金支取必须按照国家现金管理的规定办理。

（二）专用存款账户的开户要求

1. 开立专用存款账户的条件。专用存款账户是针对特定事项开立的存款账户。根据《账户管理办法》第十三条的规定，对下列资金的管理与使用，存款人可以申请开立专用存款账户：(1) 基本建设资金；(2) 更新改造资金；(3) 财政预算外资金；(4) 粮、棉、油收购资金；(5) 证券交易结算资金；(6) 期货交易保证金；(7) 信托基金；(8) 金融机构存放同业资金；(9) 政策性房地产开发资金；(10) 单位银行卡备用金；(11) 住房基金；(12) 社会保障基金；(13) 收入汇缴资金和业务支出资金；(14) 党、团、工会设在单位的组织机构经费；(15) 其他需要专项管理和使用的资金。

上述收入汇缴资金和业务支出资金，是指基本存款账户存款人附属的非独立核算单位或派出机构发生的收入和支出的资金。因收入汇缴资金和业务支出资金开立的专用存款账户，应使用隶属单位的名称。

开立专用存款账户的目的是保证特定用途的资金专款专用，并有利于监督管理。修订后的《账户管理办法》强调，只有法律、行政法规和规章规定要专户存储和使用的资金，才纳入专用存款账户管理，从此而言，该办法缩小了纳入专用存款账户管理的资金范围。

根据境外机构投资者可以在境内从事证券投资的新情况，《账户管理办法》第二十条规定，合格境外机构投资者在境内从事证券投资开立 QFII 专用存款账户纳入专用存款账户管理。

2. 开立专用存款账户所需的证明文件。根据《账户管理办法》第十九条的规定，存款人申请开立专用存款账户，应向银行出具其开立基本存款账户规定的证明文件、基本存款账户开户许可证和下列证明文件：

(1) 基本建设资金、更新改造资金、政策性房地产开发资金、住房基金、社会保障基金，应出具主管部门批文；

(2) 财政预算外资金，应出具财政部门的证明；

(3) 粮、棉、油收购资金，应出具主管部门批文；

(4) 单位银行卡备用金，应按照中国人民银行批准的银行卡章程的规定出具有关证明和资料；

（5）证券交易结算资金，应出具证券公司或证券管理部门的证明；

（6）期货交易保证金，应出具期货公司或期货管理部门的证明；

（7）金融机构存放同业资金，应出具其证明；

（8）收入汇缴资金和业务支出资金，应出具基本存款账户存款人有关的证明；

（9）党、团、工会设在单位的组织机构经费，应出具该单位或有关部门的批文或证明；

（10）其他按规定需要专项管理和使用的资金，应出具有关法规、规章或政府部门的有关文件。

根据《账户管理办法实施细则》第十四条的规定，同一个证明文件，只能开立一个专用存款账户。

根据《账户管理办法》第二十条和《账户管理办法实施细则》第十四条的规定，合格境外机构投资者在境内从事证券投资开立QFII专用存款账户时，应出具国家外汇管理部门的批复文件和证券管理部门的证券投资业务许可证，但无须出具基本存款账户开户许可证。

（三）开立专用存款账户的程序

根据《账户管理办法》的有关规定，存款人申请开立专用存款账户时，应填制开户申请书，提供规定的证明文件；银行应对存款人的开户申请书填写的事项和证明文件的真实性、完整性、合规性进行认真审查；如果专用存款账户属于预算单位专用存款账户的，银行应将存款人的开户申请书、相关的证明文件和银行审核意见等开户资料报送中国人民银行当地分支行，经其对申报资料进行合规性审查，并核准后办理开户手续，该核准程序与基本存款账户的核准程序相同；如果属于预算单位专用存款账户之外的其他专用存款账户的，银行应办理开户手续，并于开户之日起5个工作日内向中国人民银行当地分支行备案。

银行在办理专用存款账户开户手续时，同时应在其基本存款账户开户许可证上登记账户名称、账号、账户性质、开户银行、开户日期，并签章，自开立专用存款账户之日起3个工作日内书面通知基本存款账户开户银行。

八、临时存款账户

（一）临时存款账户的使用范围

临时存款账户是存款人因临时需要并在规定期限内使用而开立的银行结算账户。临时存款账户用于办理临时机构以及存款人临时经营活动发生的资金收付。

（二）临时存款账户的开户要求

1. 临时存款账户开立的条件。根据《账户管理办法》第十四条和《账户管理办法实施细则》第十条的规定，存款人有下列情况的，可以申请开立临时存款账户：（1）设立临时机构；（2）异地临时经营活动；（3）注册验资；（4）境外（含港澳台地区）机构在境内从事经营活动等。

临时存款账户主要是针对不同社会主体的不同经营活动的临时结算需要而开立的账户。《账户管理办法》以及实施细则的上述规定实际是扩大了临时存款账户的使用对象，如工程指挥部、筹备领导小组、摄制组等临时机构、建筑施工以及安装单位等在异地的临时经营活动、公司的注册验资、境外（含港澳台地区）机构在境内从事经营活动等，都可以开立临时存款账户。

根据《账户管理办法实施细则》的有关规定，存款人为临时机构的，只能在其驻在地开立一个临时存款账户，不得开立其他银行结算账户；存款人在异地从事临时活动的，只能在其临时活动地开立一个临时存款账户；建筑施工及安装单位企业在异地同时承建多个项目的，可以根据建筑施工及安装合同开立不超过项目合同个数的临时存款账户。

2. 开立临时存款账户所需的证明文件。根据《账户管理办法》

第二十一条和《账户管理办法实施细则》的有关规定，存款人申请开立临时存款账户，应向银行出具下列证明文件：

（1）临时机构，应出具其驻在地主管部门同意设立临时机构的批文；

（2）异地建筑施工及安装单位，应出具其营业执照正本或其隶属单位的营业执照正本，以及施工及安装地建设主管部门核发的许可证或建筑施工及安装合同；

（3）异地从事临时经营活动的单位，应出具其营业执照正本以及临时经营地工商行政管理部门的批文；

（4）境外（含港澳台地区）机构在境内从事经营活动的，应当出具政府有关部门批准其从事该项活动的证明文件；

（5）注册验资资金，应出具工商行政管理部门核发的企业名称预先核准通知书或有关部门的批文；

（6）增资验资资金，应当出具股东会或董事会决议等证明文件。

上述第（2）、（3）、（6）种情形，存款人还应出具其基本存款账户开户许可证。

（三）开立临时存款账户的程序

根据《账户管理办法》的有关规定，存款人申请开立临时存款账户时，应填制开户申请书，提供规定的证明文件；银行应对存款人的开户申请书填写的事项和证明文件的真实性、完整性、合规性进行认真审查；银行应将存款人的开户申请书、相关的证明文件和银行审核意见等开户资料报送中国人民银行当地分支行，经对申报资料进行合规性审查，并核准后办理开户手续。该核准程序与基本存款账户的核准程序相同。

银行在办理临时存款账户开户手续时，同时应在其基本存款账户开户许可证上登记账户名称、账号、账户性质、开户银行、开户日期，并签章。但临时机构和注册验资需要开立的临时存款账户除外。银行自开立临时存款账户之日起3个工作日内应书面通知基本存款账户开户银行。

（四）临时存款账户使用中应注意的问题

临时存款账户在使用过程中，应当注意以下几点：

1. 临时存款账户应根据有关开户证明文件确定的期限或存款人的需要确定其有效期限。存款人在账户的使用中需要延长期限的，应在有效期限内向开户银行提出申请，并由开户银行报中国人民银行当地分支行核准后办理展期，并由该分支行收回原临时存款账户开户许可证，颁发新的临时存款账户开户许可证。中国人民银行当地分支行不核准展期申请的，存款人应当及时办理该临时存款账户的撤销手续。临时存款账户的有效期最长不得超过2年。

2. 临时存款账户支取现金，应按照国家现金管理的规定办理。

3. 注册验资的临时存款账户在验资期间只收不付，注册验资资金的汇缴人应与出资人的名称一致。增资验资临时存款账户的使用和撤销比照注册验资开立的临时存款账户管理。

九、个人银行结算账户

（一）个人银行结算账户的使用范围

个人银行结算账户是自然人因投资、消费、结算等而开立的可办理支付结算业务存款账户。个人银行结算账户用于办理个人转账收付和现金存取。

根据《账户管理办法》的规定，下列款项可以转入个人银行结算账户：（1）工资、奖金收入；（2）稿费、演出费等劳务收入；（3）债券、期货、信托等投资的本金和收益；（4）个人债权或产权转让收益；（5）个人贷款转存；（6）证券交易结算资金和期货交易保证金；（7）继承、赠与款项；（8）保险理赔、保费退还等款项；（9）纳税退还；（10）农、副、矿产品销售收入；（11）其他合法款项。

（二）个人银行结算账户的开户要求

1. 个人银行结算账户开立的条件。根据《账户管理办法》第十五条和《账户管理办法实施细则》的有关规定以及其他规范性文件，存款人有下列情况的，可以申请开立个人银行结算账户：

（1）使用支票、银行卡、电子支付等信用支付工具的；

（2）办理汇兑、定期借记（如代付水、电、话费）、定期贷记（代发工资）、借记卡等结算业务的。

自然人可根据需要申请开立个人银行结算账户，也可以在已开立的储蓄账户中选择并向开户银行申请确认为个人银行结算账户。

2. 开立个人银行结算账户所需的证明文件。根据《账户管理办法》以及实施细则的有关规定，存款人申请开立个人银行结算账户，应向银行出具下列证明文件：

（1）中国内地居民，应出具居民身份证（或临时身份证）或户口簿或护照；居住在境内或境外的中国籍的华侨，可出具中国护照。

（2）中国人民解放军军人，应出具军人身份证件；军队离退休干部以及在解放军军事院校学习的现役军人，可出具离休干部荣誉证、军官退休证、文职干部退休证或军事院校学员证。

（3）中国人民武装警察，应出具武警身份证件；武装警察离退休干部以及在解放军军事院校学习的现役军人，可出具离休干部荣誉证、军官退休证、文职干部退休证或军事院校学员证。

（4）香港、澳门特区居民，应出具港澳居民往来内地通行证；中国台湾居民，应出具台湾居民来往内地通行证或者其他有效旅行证件。

（5）外国公民，应出具护照；外国边民在我国边境地区和银行开立个人银行账户，可出具所在国制发的《边民出入境通行证》；获得在中国永久居留资格的外国人，可出具外国人永久居留证。

（6）法律、法规和国家有关文件规定的其他有效证件。

（三）开立个人银行结算账户的程序

根据《账户管理办法》的有关规定，存款人申请开立个人存款账户时，应填制开户申请书，提供规定的证明文件；银行应对存款人的开户申请书填写的事项和证明文件的真实性、完整性、合规性进行认真审查；符合开立条件的，银行应办理开户手续，并于开户之日起5个工作日内向中国人民银行当地分支行备案。

（四）个人银行结算账户使用中应注意的问题

个人银行结算账户在使用过程中，应当注意以下几点：

1. 单位从其银行结算账户支付给个人银行结算账户的款项，且每笔超过5万元的，应向其开户银行提供下列付款依据：①代发工资协议和收款人清单；②奖励证明；③新闻出版、演出主办等单位与收款人签订的劳务合同或支付给个人款项的证明；④证券公司、期货公司、信托投资公司、奖券发行或承销部门支付或退还给自然人款项的证明；⑤债权或产权转让协议；⑥借款合同；⑦保险公司的证明；⑧税收征管部门的证明；⑨农、副、矿产品购销合同；⑩其他合法款项的证明。如果该款项金额未达5万元的，则无须提供该类付款依据。

2. 从单位银行结算账户支付给个人银行结算账户的款项应纳税的，税收代扣单位付款时应向其开户银行提供完税证明。

3. 个人持出票人为单位的支票向开户银行委托收款，将款项转入其个人银行结算账户的或者个人持申请人为单位的银行汇票和银行本票向开户银行提示付款，将款项转入其个人银行结算账户的，个人应当提供前述（1）所述的有关收款依据。

4. 个人持出票人（或申请人）为单位，且一手或多手背书人为单位的支票、银行汇票或银行本票，向开户行提示付款并将款项转入其个人银行结算账户的，应当提供前述（1）所述的有关最后一手背书人为单位且被背书人为个人的收款依据。

5. 单位银行结算账户支付给个人银行结算账户款项的，银行应按有关规定，认真审查付款依据或收款依据的原件，并留存复印件，按会计档案保管。未提供相关依据或相关依据不符合规定的，银行应拒绝办理。

6. 储蓄账户仅限于办理现金存取业务，不得办理转账结算。

十、异地银行结算账户

（一）异地银行结算账户的使用范围

异地银行结算账户是指存款人符合法定条件，根据需要在异地开立的账户。《账户管理办法》突破了账户只能属地开立、属地管理的原则，规定单位或个人只要符合相关条件，均可根据需要在异地开立相应的银行结算账户。

（二）异地银行结算账户的开户要求

1. 异地银行结算账户的开立条件。根据《账户管理办法》第十六条的规定，存款人有下列情形之一的，可以在异地开立有关银行结算账户：（1）营业执照注册地与经营地不在同一行政区域（跨省、市、县）需要开立基本存款账户的；（2）办理异地借款和其他结算需要开立一般存款账户的；（3）存款人因附属的非独立核算单位或派出机构发生的收入汇缴或业务支出需要开立专用存款账户的；（4）异地临时经营活动需要开立临时存款账户的；（5）自然人根据需要在异地开立个人银行结算账户的。

2. 开立异地银行结算账户所需的证明文件。存款人需要在异地开立单位银行结算账户，根据开立存款账户的种类不同，除按照前述基本存款账户、一般存款账户、专用存款账户和临时存款账户的有关要求提供有关证明文件外，还应出具下列相应的证明文件：

（1）经营地与注册地不在同一行政区域的存款人，在异地开立基本存款账户的，应出具注册地中国人民银行分支行的未开立基本存款账户的证明，但是，中国人民银行分支行开具该证明时，只适用下述三种情形：第一，注册地已运行账户管理系统，但经营地尚未运行账户管理系统；第二，经营地已运行账户管理系统，但注册地尚未运行账户管理系统；第三，注册地和经营地均未运行账户管理系统。

（2）异地借款的存款人，在异地开立一般存款账户的，应出具在异地取得贷款的借款合同。

（3）因经营需要在异地办理收入汇缴和业务支出的存款人，在异地开立专用存款账户的，应出具隶属单位的证明。

属前述第（2）、（3）项情形的，还应出具其基本存款账户开户许可证。

存款人需要在异地开立个人银行结算账户，应出具的证明文件与前述开立个人存款账户要求的证明文件相同。

（三）开立异地银行结算账户的程序

开立异地银行结算账户的，根据其账户的种类不同，开立程序与前述相关账户开立的程序相同。

十一、银行结算账户的管理

加强银行结算账户的管理是维护正常结算秩序的基础，是加强信贷、结算监督和现金管理的重要措施之一。根据《账户管理办法》和《账户管理办法实施细则》的规定，银行结算账户的管理包括以下内容：

（一）中国人民银行的管理

中国人民银行是银行结算账户的监督管理部门，负责对银行结算账户的开立、使用、变更和撤销进行检查监督。其对银行结算账户的管理主要有以下内容：

1. 负责监督、检查银行结算账户的开立、使用、变更和撤销，并实施监控和管理。中国人民银行当地分支行通过账户管理系统与支付系统、同城票据交换系统等系统的连接，实现相关银行结算账户信息的比对，依法监测和查处未经中国人民银行核准或未向中国人民银行备案的银行结算账户。

2. 负责基本存款账户、临时存款账户和预算单位专用存款账户开户许可证的管理。中国人民银行应将开户许可证作为重要空白凭证进行管理，建立健全开户许可证的印制、保管、领用、颁发、收缴和销毁制度。任何单位及个人不得伪造、变造及私自印制开户许可证。

3. 对存款人、银行违反银行结算账户管理规定的行为，中国人民银行依法予以处罚。

（二）银行的管理

这里的银行是指开户银行。银行对银行结算账户的管理主要有：

1. 负责所属营业机构银行结算账户开立和使用的管理，监督和检查其执行本办法的情况，纠正违规开立和使用银行结算账户的行为。

2. 应明确专人负责银行结算账户的开立、使用和撤销的审查和管理，负责对存款人开户申请资料的审查，并按照银行账户管理的规定及时报送存款人开销户信息资料，建立健全开销户登记制度，建立银行结算账户管理档案，按会计档案进行管理。银行结算账户管理档案的保管期限为银行结算账户撤销后10年。

3. 应对已开立的单位银行结算账户实行年检制度，检查开立的银行结算账户的合规性，核实开户资料的真实性；对不符合账户管理规定开立的单位银行结算账户，应予以撤销。对经核实的各类银行结算账户的资料变动情况，应及时报告中国人民银行当地分支行。

4. 应对存款人使用银行结算账户的情况进行监督，对存款人的可疑支付应按照中国人民银行规定的程序及时报告。

（三）存款人的管理

1. 存款人应加强对预留银行签章的管理。单位遗失预留公章或财务专用章的，应向开户银行出具书面申请、开户许可证、营业执照等相关证明文件；更换预留公章或财务专用章时，应向开户银行出具书面申请、原预留签章的式样等相关证明文件；更换预留公章或财务专用章但无法提供原预留公章或财务专用章的，应向开户银行出具原印鉴卡片、开户许可证、营业执照正本、司法部门的证明等相关证明文件；个人遗失或更换预留个人印章或更换签字人时，应向开户银行出具经签名确认的书面申请，以及原预留印章或签字人的个人身份证件。银行应留存相应的复印件，并凭以办理预留银行签章的变更。

2. 存款人应加强对开户许可证的管理。存款人的开户许可证遗失或毁损时，存款人应填写“补（换）发开户许可证申请书”，并加盖单位公章，比照有关开立银行结算账户的规定，通过开户银行向中国人民银行当地分支行提出补（换）发开户许可证的申请。申请换发开户许可证的，存款人应缴回原开户许可证。

3. 存款人应妥善保管其密码。存款人在收到开户银行转交的初始密码之后，应到中国人民银行当地分支行或基本存款账户开户银行办理密码变更手续。存款人遗失密码的，应持其开户时需要出具的证明文件和基本存款账户开户许可证到中国人民银行当地分支行申请重置密码。

十二、违反银行账户结算管理制度的处罚

根据《账户管理办法》的规定，违反银行结算管理制度的处罚包括以下内容：

（一）存款人违反账户管理制度的处罚

1. 存款人在开立、撤销银行结算账户过程中，有下列行为之一的，对于非经营性的存款人，给予警告并处以 1 000 元的罚款；对于经营性的存款人，给予警告并处以 1 万元以上 3 万元以下的罚款；构成犯罪的，移交司法机关依法追究刑事责任：

（1）违反规定开立银行结算账户；

（2）伪造、变造证明文件欺骗银行开立银行结算账户；

（3）违反规定不及时撤销银行结算账户。

2. 存款人在使用银行结算账户过程中，有下列行为之一的，对于非经营性的存款人，给予警告并处以 1 000 元的罚款；对于经营性的存款人，给予警告并处以 5 000 元以上 3 万元以下的罚款：

（1）违反规定将单位款项转入个人银行结算账户；

（2）违反规定支取现金；

（3）利用开立银行结算账户逃废银行债务；

（4）出租、出借银行结算账户；

（5）从基本存款账户之外的银行结算账户转账存入、将销货收

入存入或现金存入单位信用卡账户。

3. 存款人的法定代表人或主要负责人、存款人地址以及其他开户资料的变更事项未在规定期限内通知银行的，给予警告并处以1 000元的罚款。

4. 存款人违反规定，伪造、变造、私自印制开户许可证的，属非经营性的处以1 000元罚款；属经营性的处以1万元以上3万元以下的罚款；构成犯罪的，移交司法机关依法追究刑事责任。

（二）银行及其有关人员违反账户管理制度的处罚

1. 银行在银行结算账户的开立过程中，有下列行为之一的，给予警告，并处以5万元以上30万元以下的罚款；对该银行直接负责的高级管理人员、其他直接负责的主管人员、直接责任人员按规定给予纪律处分；情节严重的，中国人民银行有权停止对其开立基本存款账户的核准，责令该银行停业整顿或者吊销经营金融业务许可证；构成犯罪的，移交司法机关依法追究刑事责任：

（1）违反规定为存款人多头开立银行结算账户；

（2）明知或应知是单位资金，而允许以自然人名称开立账户存储。

2. 银行在银行结算账户的使用中，有下列行为之一的，给予警告，并处以5 000元以上3万元以下的罚款；对该银行直接负责的高级管理人员、其他直接负责的主管人员、直接责任人员按规定给予纪律处分；情节严重的，中国人民银行有权停止对其开立基本存款账户的核准；构成犯罪的，移交司法机关依法追究刑事责任：

（1）提供虚假开户申请资料欺骗中国人民银行许可开立基本存款账户、临时存款账户、预算单位专用存款账户；

（2）开立或撤销单位银行结算账户，未按本办法规定在其基本存款账户开户许可证上予以登记、签章或通知相关开户银行；

（3）违反规定办理个人银行结算账户转账结算；

（4）为储蓄账户办理转账结算；

（5）违反规定为存款人支付现金或办理现金存入；

(6) 超过期限或未向中国人民银行报送账户开立、变更、撤销等资料。

第四节　票据结算方式

一、票据的概念和种类

票据的概念有广义和狭义之分。广义的票据包括各种有价证券和凭证，如股票、国库券、企业债券、发票、提单等；狭义的票据仅指《票据法》上规定的票据。根据我国《票据法》的规定，票据是由出票人依法签发的、约定自己或者委托付款人在见票时或指定的日期向收款人或持票人无条件支付一定金额并可转让的有价证券。概念中的“有价证券”，是指设定并证明持券人有权取得一定财产权利的书面凭证。在我国，票据包括汇票、本票和支票。其特征主要表现在以下几个方面：

(1) 票据是出票人依法签发的有价证券。法律依据不同的票据种类，规定了不同的形式，出票人必须依照法律规定的要求签发相关票据，否则即不受法律的保护。

(2) 票据以支付一定金额为目的。票据的签发和转让以支付票据上的金额为最终目的，该等金额得到全部支付，票据上的权利义务即为消灭。

(3) 票据所表示的权利与票据不可分离。票据权利的发生，必须作成票据，票据权利的转让，必须交付票据，票据权利的行使，必须提示票据，权利与票据融为一体。

(4) 票据所记载的金额由出票人自行支付或委托他人支付。由出票人自行支付的是本票，由出票人委托他人支付的是汇票和支票。

(5) 票据的持票人只要向付款人提示票据，付款人即应无条件向持票人或收款人支付票据金额。票据是一种无因证券，持票人只要向票据债务人提示票据就可行使票据权利，而不问票据取得的原因是否无效或有瑕疵。

(6) 票据是一种可转让的证券。根据国际上通行的做法，凡记名票据，必须经背书才能交付转让；凡无记名票据，则可直接交付转让。我国《票据法》规定的票据均为记名票据，故其必须通过背书的方式进行转让。

为了更好地掌握票据的有关知识，此处需了解以下有关概念：

(一) 票据当事人

票据当事人，是指票据法律关系中享有票据权利、承担票据义务的当事人，也称票据法律关系主体。票据当事人可分为基本当事人和非基本当事人。

1. 基本当事人。基本当事人是指在票据作成和交付时就业已存在的当事人，是构成票据法律关系的必要主体，包括出票人、付款人和收款人。在汇票及支票中有出票人、付款人与收款人。在本票中有出票人与收款人。其中，出票人，是指依法定方式签发票据并将票据交付给收款人的人；收款人，是指票据到期后有权收取票据所载金额的人，又称票据权利人；付款人，是指由出票人委托付款或自行承担付款责任的人。付款人付款后，票据上的一切债务责任解除。

2. 非基本当事人。非基本当事人是指在票据作成并交付后，通过一定的票据行为加入票据关系而享有一定权利、义务的当事人，包括承兑人、背书人、被背书人、保证人等。票据上的非基本当事人在各种票据行为中都有自己特定的名称，所以，同一当事人可以有两个名称，即双重身份，如汇票中的付款人在承兑汇票后称为承兑人，第一次背书中的被背书人就是第二次背书中的背书人。其中，承兑人，是指接受汇票出票人的付款委托同意承担支付票据义务的人，又称汇票主债务人。背书人，是指在转让票据时，在票据背面或粘单上签字或盖章并将该票据交付给受让人的票据收款人或持有人；被背书人，是指被记名受让票据或接受票据转让的人；保证人，是指为票据债务提供担保的人，由票据债务人以外的他人担当。保证人在被保证人不能履行票据付款责任时，以自己的金钱履行票据付款义务，然后取得持票人的权利，向票据债务人追索。并非所有的票据当事人一定同时出现在某一张票据上，除基本当事人外，非基本当事人是否存在，完全取决于相应票据行为是否发生。不同票据上可能出现的票据当事人也有所不同。

（二）票据权利与责任

票据权利与责任是指票据法律关系主体所享有的权利和应承担的责任，是票据法律关系的重要内容。

1. 票据权利。

（1）票据权利的概念。票据权利是指票据持票人向票据债务人请求支付票据金额的权利，包括付款请求权和追索权。付款请求权，是指持票人向汇票的承兑人、本票的出票人、支票的付款人出示票据要求付款的权利，是第一顺序权利，又称主要票据权利。行使付款请求权的持票人可以是票据记载收款人或最后的被背书人；担负付款请求权付款义务的主要是主债务人。票据追索权，是指票据当事人行使付款请求权遭到拒绝或有其他法定原因存在时，向其前手请求偿还票据金额及其他法定费用的权利，是第二顺序权利，又称偿还请求权利。行使追索权的当事人除票据记载收款人和最后被背书人外，还可能是代为清偿票据债务的保证人、背书人。

（2）票据权利的时效。票据权利在下列期限内不行使而消灭：持票人对票据的出票人和承兑人的权利，自票据到期日起 2 年；见票即付的汇票、本票，自出票日起 2 年；持票人对支票出票人的权利，自出票日起 6 个月；持票人对前手的追索权，自被拒绝承兑或者被拒绝付款之日起 6 个月；持票人对前手的再追索权，自清偿或者被提起诉讼之日起 3 个月。持票人因超过票据权利时效或者因票据记载事项欠缺而丧失票据权利的，仍享有民事权利，可以请求出票人或者承兑人返还其与未支付的票据金额相当的利益。

（3）票据权利的行使。票据权利的行使，是指持票人请求票据的付款人支付票据金额的行为。不同的票据种类，其权利的行使有不同的程序，可包括票据的承兑、提示付款、行使追索权等程序。

提示承兑是指持票人向付款人出示汇票，并要求付款人承诺付款的行为。定日付款或出票后定期付款的汇票持票人要行使票据权利时，首先要在汇票到期日前向付款人提示承兑；见票后定期付款的汇票，持票人应当自出票日起 1 个月内向付款人提示承兑，这是远期汇票持票人行使票据权利的一个必经程序，如果省略此程序就不能请求付款。

提示付款是指持票人在法定期限内向付款人请求付款的行为。其中包括：支票自出票日起 10 日内向付款人提示付款；本票自出票日起两个月内向付款人提示付款；银行汇票，自出票日起 1 个月内向付款人提示付款；定日付款、出票后定期付款或者见票后定期付款的商业汇票，自到期日起 10 天内向承兑人提示付款。

行使追索权。票据到期被拒绝付款的，持票人可以对背书人、出票人以及票据的其他债务人行使追索权；在票据到期日前，如汇票被拒绝承兑或被拒绝付款的，承兑人或者付款人死亡、逃匿的，承兑人或者付款人有被依法宣告破产的以及因违法被责令终止业务活动的，持票人也可行使追索权。

（4）票据权利行使的时间和地点。由于票据具有流通性，法律对票据责任的兑现场所和时间有所规定，以便持票人行使票据权利。票据权利的行使场所一般是银行营业点，其时间就是银行营业的时间，即票据时效的最后期限是以银行的营业结束时间为限，而不能以当日的 24 小时为限。票据当事人无营业场所的，应当在其住所进行。

（5）票据权利的保全。票据权利的保全是指持票人为了防止票据权利丧失而采取的措施。例如，《票据法》规定，按照规定期限提示票据、要求承兑人或付款人提供拒绝承兑或拒绝付款的证明以保全追索权等。

（6）票据权利的抗辩。抗辩是指票据债务人根据《票据法》的规定，对票据债权人拒绝履行义务的行为。票据债务人可以在下列情况下对持票人行使抗辩权：与票据债务人有直接债权债务关系并且不履行约定义务的；以欺诈、偷盗或者胁迫等非法手段取得票据，或者明知有前列情形，出于恶意取得票据的；明知票据债务人与出票人或者与持票人的前手之间存在抗辩事由而取得票据的；因重大过失取得票据的；其他依法不得享有票据权利的。

2. 票据责任。票据责任是指票据债务人向持票人支付票据金额的责任。它是基于债务人特定的票据行为（如出票、背书、承兑等）而应承担的义务，不具有制裁性质，主要包括付款义务和偿还义务。实务中，票据债务人承担票据义务一般有四种情况：一是汇票承兑人因承兑而应承担付款义务；二是本票出票人因出票而承担自己付款的义务；三是支票付款人在与出票人有资金关系时承担付款义务；四是汇票、本票、支票的背书人，汇票、支票的出票人、保证人，在票据不获承兑或不获付款时的付款清偿义务。

（三）票据行为

票据行为是指能够产生票据权利与义务关系的法律行为。我国《票据法》规定的票据行为则是指票据当事人以发生票据债务为目的的、以在票据上签名或盖章为权利义务成立要件的法律行为，包括出票、背书、承兑和保证四种。

出票，是指出票人签发票据并将其交付给收款人的行为。出票包括两个行为：一是出票人依照《票据法》的规定作成票据，即在原始票据上记载法定事项并签章；二是交付票据，即将作成的票据交付给他人占有。这两者缺一不可。

背书，是指收款人或持票人为将票据权利转让给他人或者将一定的票据权利授予他人行使而在票据背面或者粘单上记载有关事项并签章的行为。背书按照目的不同分为转让背书和非转让背书。转让背书是以持票人将票据权利转让给他人为目的；非转让背书是将一定的票据权利授予他人行使，包括委托收款背书和质押背书。无论何种目的，都应当记载背书事项并交付票据。

委托收款背书是委托他人代替自己行使票据权利、收取票据金额的背书，被背书人有权代背书人行使被委托的票据权利。但是，被背书人不得再以背书转让票据权利。

质押背书是以设定质权、提供债务担保为目的而进行的背书。被背书人依法实现其债权时，可以行使票据权利。在质押背书中，背书人为出质人，被背书人为质权人。

以背书转让的汇票，背书应当连续。背书连续是指在票据转让中，转让汇票的背书人与受让汇票的被背书人在汇票上的签章依次前后衔接，即第一次背书的背书人为票据的收款人；第二次背书的背书人为第一次背书的被背书人；以此类推。

承兑，是指汇票付款人承诺在汇票到期日支付汇票金额并盖章的行为。

保证，是指票据债务人以外的人，为担保特定债务人履行票据债务而在票据上记载有关事项并盖章的行为。保证人对合法取得票据的持票人所享有的票据权利承担保证责任。被保证的票据，保证人应当与被保证人对持票人承担连带责任。保证人为两人以上的，保证人之间承担连带责任，票据到期后得不到付款的，持票人有权向保证人请求付款，保证人应当足额付款。保证人清偿票据债务后，可以行使持票人对被保证人及其前手的追索权。

（四）票据签章

票据签章，是指票据有关当事人在票据上签名、盖章或签名加盖章的行为。票据签章是票据行为生效的重要条件，也是票据行为表现形式中必须记载的事项。如果票据缺少当事人的签章，将导致票据无效或该项票据行为无效。票据上的签章因票据行为的性质不同，签章当事人也不相同。票据签发时，由出票人签章；票据转让时，由背书人签章；票据承兑时，由承兑人签章；票据保证时，由保证人签章；持票人行使票据权利时，由持票人签章。一般来讲，出票人在票据上的签章不符合法律规定的，票据无效；背书人在票据上的签章不符合法律规定的，其签章无效，但不影响其前手符合规定签章的效力；承兑人、保证人在票据上的签章不符合法律规定的，其签章无效，但不影响其他符合规定签章的效力。

（五）票据记载事项

票据记载事项，是指依法在票据上记载票据相关内容的行为。票据记载事项一般分为绝对记载事项、相对记载事项和任意记载事项等。绝对记载事项，是指《票据法》明文规定必须记载的，如不记载，票据即为无效的事项。如表明票据种类的事项，必须记明“汇票”、“本票”、“支票”，否则票据无效。相对记载事项，是指《票据法》规定应该记载而未记载，适用法律的有关规定而不使票据失效的事项。如汇票上未记载付款日期的，为见票即付等属于相对记载事项。任意记载事项，是指《票据法》不强制当事人必须记载而允许当事人自行选择，不记载时不影响票据效力，记载时则产生票据效力的事项。如出票人在汇票记载“不得转让”字样的，汇票不得转让。其中的“不得转让”事项即为任意记载事项。

（六）票据丧失的补救

票据丧失，是指票据因灭失、遗失、被盗等原因而使票据权利人脱离其对票据的占有。票据一旦丧失，票据的债权人不通过一定的方法就不能阻止债务人向拾获者履行义务，从而造成正当票据权利人经济上的损失。因此，需要进行票据丧失的补救。票据丧失后，可以采取挂失止付、公示催告、普通诉讼三种形式进行补救。

挂失止付，是指失票人将丧失票据的情况通知付款人或代理付款人，由接受通知的付款人或代理付款人审查后暂停支付的一种方式。只有确定付款人或代理付款人的票据丧失时，才可以进行挂失止付，具体包括商业汇票、支票、填明“现金”字样的银行汇票和银行本票四种。挂失止付并不是票据丧失后采取的必经措施，而只是一种暂时的预防措施，最终要通过申请公示催告或提起普通诉讼。

公示催告，是指在票据丧失后由失票人向人民法院提出申请，请求人民法院以公告方式通知不确定的利害关系人限期申报权利，逾期未申报者，则权利失效，而由法院通过除权判决宣告所丧失的票据无效的一种制度或程序。根据《票据法》的规定，失票人应当在通知挂失止付后的3日内，也可以在票据丧失后，依法向人民法院申请公示催告，或者向人民法院提起诉讼。申请公示催告的主体必须是可以背书转让的票据的最后持票人，失票人不知道票据的下落，利害关系人也不明确。

普通诉讼，是指丧失票据的人为原告，以承兑人或出票人为被告，请求法院判决其向失票人付款的诉讼活动，如果与票据上的权利有利害关系的人是明确的，无须公示催告，可按一般的票据纠纷向法院提起诉讼。

二、支　票

（一）支票的概念

支票是出票人委托银行或者其他金融机构见票时无条件支付一定金额给受款人或者持票人的票据。支票的基本当事人有三个：出票人、付款人和收款人。支票是一种委付证券，与汇票相同，与本票不同。

支票与汇票和本票相比，有两个显著的特点：第一，以银行或者其他金融机构作为付款人；第二，见票即付。

（二）支票的种类

依不同的分类标准，可以对支票作不同的分类，例如记名支票、无记名支票、指示支票；对己支票、指己支票、受付支票、普通支票、特殊支票等。我国《票据法》按照支付票款方式，将支票分为普通支票、现金支票和转账支票。

1. 普通支票。该种支票未印有“现金”或“转账”字样，其既可以用来支取现金，亦可用来转账。根据《票据法》的规定，普通支票用于转账时，应当在支票正面注明，即在普通支票左上角画两条平行线。有该画线标志的支票，亦称为画线支票，画线支票只能用于转账，不得支取现金。

2. 现金支票。《票据法》第八十三条第二款规定，支票中专门用于支取现金的，可以另行制作现金支票，现金支票只能用于支取现金。

3. 转账支票。《票据法》第八十三条第三款规定，支票中专门用于转账的，可以另行制作转账支票，转账支票只能用于转账，不得支取现金。

（三）支票的出票

1. 出票的概念。出票人签发支票并交付的行为即为出票。但是，出票人签发支票必须具备一定的条件，即为在经中国人民银行当地分支行批准办理支票业务的银行机构开立可以使用支票的存款账户的单位和个人。根据《票据法》的规定，“开立支票存款账户，申请人必须使用其本名，并提交证明其身份的合法证件。”“开立支票存款账户和领用支票，应当有可靠的资金，并存入一定的资金。”“开立支票存款账户，申请人应当预留其本名的签名式样和印鉴。”这些规定主要在于保证支付支票票款的安全，保护支票权利义务各方当事人的合法权益。

2. 支票的格式。与汇票一样，支票出票人作成有效的支票，必须按法定要求记载有关事项。该等事项亦可分为绝对应记载事项和相对应记载事项。

（1）绝对应记载事项。支票的绝对应记载事项共有六项内容：①表明“支票”字样。这是支票文句的记载事项，无此内容即为无效。②无条件支付的委托。这是支票有关支付文句的记载事项。我国现行使用的支票记载支付的文句，一般是支票上已印好的“上列款项请从我账户内支付”的字样。③确定的金额。④付款人名称。⑤出票日期。⑥出票人签章。

为了发挥支票灵活便利的特点，我国《票据法》规定了两项绝对应记载事项可以通过授权补记的方式记载：一是关于支票金额的授权补记。支票的金额本是绝对应记载事项，但在使用中，往往发生难以确定支票金额的情况，如果事先就确定一个固定金额，就会发生所载金额与所用金额不一致的情况，给支票使用人造成极大不便。因此，《票据法》第八十五条规定：“支票上的金额可以由出票人授权补记，未补记前的支票，不得使用。”这就是说，出票人可以授权收款人就支票金额补记，收款人以外的其他人不得补记；在支票金额未补记之前，收款人不得背书转让，提示付款。二是关于收款人名称的授权补记。我国《票据法》规定的票据都是记名式票据，故无收款人名称记载，票据即为无效。但是，在实际中，出票人往往不能事先确定收款人，无法在出票时记载收款人名称。为了方便人们的日常生活，《票据法》第八十六条第一款规定：“支票上未记载收款人名称的，经出票人授权，可以补记。”如前所述，未补记这一内容的，支票不得背书转让、提示付款。此外，由于实践中存在出票人兼任收款人的情况，如单位签发支票向其开户银行领取现金，故《票据法》第八十六条第四款规定：“出票人可以在支票上记载自己为收款人。”这是一种例外性规定。

（2）相对应记载事项。该相对应记载事项包括两项内容：①付款地。根据《票据法》的规定，支票上未记载付款地的，付款人的营业场所为付款地。②出票地。根据《票据法》的规定，支票上未记载出票地的，出票人的营业场所、住所或者经常居住地为出票地。此外，根据《票据法》的规定，支票上可以记载非法定记载事项，但这些事项并不发生支票上的效力。

3. 出票的其他法定条件。支票的出票行为取得法律上的效力，必须依法进行，除须按法定格式签发票据外，还须符合其他法定条件。根据《票据法》第八十七条和第八十八条的规定以及有关规定，这些法定条件有：第一，支票的出票人所签发的支票金额不得超过其付款时在付款人处实有的存款金额。如果出票人签发的支票金额超过其付款时在付款人处实有的存款金额，在法律上，该支票称为空头支票。签发空头支票是一种违法行为，对其责任人要给予严厉的处罚和制裁，构成犯罪的，要依法追究其刑事责任。第二，支票的出票人不得签发与其预留本名的签名式样或者印鉴不符的支票，使用支付密码的，出票人不得签发支付密码错误的支票。支票的出票人委托付款人支付票款给收款人或持票人，作为支票付款人的银行并不是支票上的债务人，只是受出票人的委托从其账户支付票款。由于出票人开立支票存款账户时必须预留其本名的签名式样和印鉴或使用了支付密码，为了保障银行支付的票款确系出票人签发支票的票款，故出票人签发支票时，必须使用与其本名的签名式样和印鉴相一致的签章或使用相应的支付密码，否则，该支票即为无效。

4. 出票的效力。出票人作成支票并交付之后，对出票人产生相应的法律效力。依照《票据法》的规定，出票人必须按照签发的支票金额承担保证向该持票人付款的责任。这一责任包括两项：一是出票人必须在付款人处存有足够可处分的资金，以保证支票票款的支付；二是当付款人对支票拒绝付款或者超过支票付款提示期限的，出票人应向持票人承担付款责任。

（四）支票的付款

支票属见票即付的票据，因而没有到期日的规定。支票的出票日实质上就是到期日。我国《票据法》第九十条规定：“支票限于见票即付，不得另行记载付款日期。另行记载付款日期的，该记载无效。”因此，出票人在付款人处的存款足以支付支票金额时，付款人应当在见票当日足额付款。

1. 提示期间。支票为见票即付的票据，但是，为了防止持票人久不提示支票，给出票人在管理上造成不便，以及防止空头支票的出现，《票据法》规定了持票人的提示期间。《票据法》第九十一条第一款规定：“支票的持票人应当自出票日起10日内提示付款；异地使用的支票，其提示付款的期限由中国人民银行另行规定。”目前，我国支票主要在城市票据交换范围内使用和流通，故在同城范围内，支票的提示期间为10天。随着支票使用和流通范围的扩大，在异地使用时，则需延长提示期间，而这一提示期间最终由中国人民银行另行规定。

超过提示付款期限的，付款人可以不予付款，但是付款人不予付款的，出票人仍应当对持票人承担票据责任。由于支票不同于汇票、本票，没有主债务人，出票人处于相当于主债务人的地位，所以必须加重出票人的责任。持票人超过提示付款期限的，并不丧失对出票人的追索权，出票人仍应当对持票人承担支付票款的责任。

2. 付款。持票人在提示期间内向付款人提示票据，付款人在对支票进行审查之后，如未发现有不符规定之处，即应向持票人付款。《票据法》第八十九条第二款规定："出票人在付款人处的存款足以支付支票金额时，付款人应当在当日足额付款。"

3. 付款责任的解除。《票据法》第九十二条规定："付款人依法支付支票金额的，对出票人不再承担受委托付款的责任，对持票人不再承担付款的责任。但是，付款人以恶意或者有重大过失付款的除外。"这是有关付款人付款责任解除的规定。

这里所指的恶意或者有重大过失付款是指付款人在收到持票人提示的支票时，明知持票人不是真正的票据权利人，支票的背书以及其他签章系属伪造，或者付款人不按照正常的操作程序审查票据等情形。在此情况下，付款人不能解除付款责任，由此造成损失的，由付款人承担赔偿责任。

（五）支票的办理要求

1. 签发支票的要求：

（1）要严格做到"九不准"。①不准更改签发日期。②不准更改收款人名称。③不准更改大小写金额。④不准签发空头支票，即签发超过银行存款账户余额的支票。⑤不准签发远期支票。⑥不准签发空白支票。⑦不准签发有缺陷的支票。其表现形式主要有：一是印鉴不符，即支票上的印章与银行预留印鉴不符，或是支票上的印章盖得不全；二是戳记用印油而不用印泥的支票或印章模糊不清的支票；三是污损支票，即票面破碎、污损，无法辨认或字迹不清的支票；四是账号、户名不符或户名简写的支票；五是更改处未盖预留已鉴的支票；六是付款单位已清户的支票；七是未填用途或所填用途不当的支票；八是不按规定用墨汁或碳素墨水书写的支票；九是购买未经批准的专控商品的支票；十是非本行的支票。⑧不准签发用途弄虚作假的支票。签发用途不真实的支票，系套取银行信用行为，银行一经发现按违反结算制度给予经济处罚。⑨不准将盖好印鉴的支票存放于他人处让其代为签发，以防形成空头支票或经济诈骗。

（2）要做到要素齐全、内容真实、数字正确、字迹清晰。①支票要按顺序编号连续签发，不得跳号。②日期中的年份要写完整，不得简写。③收款人必须写全称，不得写简称，防止户名不符，形成退票。④签发人开户银行名称用刻好的银行小条章加盖清楚，不要手写。⑤签发人对本单位账号要写正确，最好也用小条章。⑥注意日期、收款人、大小写金额的准确填写，防止签成无效支票。⑦其他更改的地方也要加盖预留印鉴。⑧金额大写文字要正确，小写数码要规范。⑨印章要齐全，符合预留印鉴，使用印泥。⑩由于现行支票上没有付款单位名称栏目，必须使用预留在银行的印鉴，所以印章一定要清楚。⑪不用蓝墨水填写。

（3）要由专人签发。支票应由财务部门分派专人保管、签发、不要多人插手，以便分清责任。

2. 兑付支票的要求：

（1）持票人可以委托开户银行收款或直接向付款人提示付款。用于支取现金的支票仅限于收款人向付款人提示付款。

（2）持票人委托开户银行收款时，应作委托收款背书，在支票背面背书人签章栏签章，记载“委托收款”字样、背书日期，在被背书人栏记载开户银行名称，并将支票和填制的进账单送交开户银行。

（3）持票人持用于转账的支票向付款人提示付款时，应在支票背面背书人签章栏签章，并将支票和填制的进账单送交出票人开户银行。

收款人持用于支取现金的支票向付款人提示付款时，应在支票背面“收款人签章”处签章，持票人为个人的，还需交验本人身份证件，并在支票背面注明证件名称、号码及发证机关。

三、商业汇票

汇票是出票人签发的、委托付款人在见票时或者在指定日期无条件支付确定的金额给收款人或者持票人的票据。

我国《票据法》将汇票分为银行汇票和商业汇票，前者是指银行签发的汇票，后者则是银行之外的企事业单位、机关、团体等签发的汇票。

（一）商业汇票的概念和种类

商业汇票是指收款人或付款人（或承兑申请人）签发，由承兑人承兑，并于到期日向收款人或被背书人支付款项的票据。商业汇票按承兑人的不同，分为商业承兑汇票和银行承兑汇票，前者指由收款人签发，经付款人承兑，或由付款人签发并承兑的票据，后者指由收款人或承兑申请人签发、并由承兑申请人向开户银行申请，经银行审查同意承兑的票据。商业汇票的收款人、付款人或承兑申请人一般指供货和购货单位。在商业承兑汇票中，汇票上的当事人是：（1）出票人是交易中的收款人，即卖方，或者交易中的付款人，即买方。（2）承兑人，出票人如是卖方，承兑人为买方，出票人如是买方，本人为承兑人。（3）付款人，是买方的开户银行。（4）受款人，是交易中的收款人，即卖方。在银行承兑汇票中，汇票上的当事人是：（1）出票人是承兑申请人。（2）付款人和承兑人是承兑行，即承兑申请人的开户银行。（3）受款人是与出票人签订购销合同的收款人，即卖方。根据有关规定，商业汇票的付款期限，最长不得超过6个月；商业汇票的提示付款期限，自汇票到期日起10日。

（二）商业汇票的出票

1. 出票的概念。出票亦称发票。《票据法》第二十条规定："出票是指出票人签发票据并将其交付给收款人的票据行为。"依此规定，出票实际包括两个行为：一是出票人依照票据法的规定作成票据，即在原始票据上记载法定事项并签章；二是交付票据，即将作成的票据交付给他人占有。这两者相辅相成，缺一不可。

根据《票据法》的规定，汇票的出票人在为出票行为时，必须与付款人具有真实的委托付款关系，并且具有支付汇票金额的可靠资金来源；汇票的出票人不得签发无对价的汇票用以骗取银行或者其他票据当事人的资金。由于汇票是出票人委托付款人向持票人支付票据金额的一种委付证券，故出票人与付款人之间必须存在真实的支付委托关系，即出票人与付款人之间必须存在事实上的资金关系或者其他债权债务关系。与此同时，出票人在出票时，必须确保在汇票不承兑或不获付款时，必须具有足够的清偿能力。《票据法》强调汇票的签发，必须给付对价，即出票人不得与其他当事人相互串通，利用签发没有对价的承兑汇票，通过转让、贴现来骗取银行或其他票据当事人的资金。由于票据是一种无因证券，因此，即使出票人签发没有对价的汇票，出票人等债务人仍应按照汇票上记载的事项承担票据责任。

2. 汇票的格式。汇票是一种要式证券，出票行为是一种要式行为，故汇票的作成必须符合法定的格式。汇票的格式就是作成汇票后表现于汇票之上的内容。该内容可分为绝对应记载事项、相对应记载事项和非法定记载事项。

（1）汇票的绝对应记载事项。汇票的绝对应记载事项是指票据法规定必须在票据上记载的事项，若欠缺记载，票据便为无效。根据《票据法》的规定，汇票的绝对应记载事项包括七个方面的内容：

①表明“汇票”的字样。这是指在票据上必须记载足以表明该票据是汇票的文字。如果没有该等文字，“汇票”则为无效。

②无条件支付的委托。这是汇票的支付文句，即须表明出票人委托付款人支付汇票金额是不附带任何条件的。

③确定的金额。这是指汇票上记载的金额必须是固定的数额。如果汇票上记载的金额是不确定的，如 10 万元以下、5 万元以上等，汇票将无效。

④付款人名称。付款人是指出票人在汇票上的委托支付汇票金

额的人。付款人是汇票的主债务人，如果汇票上未记载付款人的名称，收款人或者持票人将不知道向谁提示承兑或提示付款。因此，汇票上未记载付款人，汇票便为无效。

⑤收款人名称。收款人是指出票人在汇票上记载的受领汇票金额的最初票据权利人。

⑥出票日期。这是指出票人在汇票上记载的签发汇票的日期。

⑦出票人签章。这是指出票人在票据上亲自书写自己的姓名或盖章。

（2）汇票的相对应记载事项。这也是汇票上必须应记载的内容，但是，相对应记载事项未在汇票上记载，并不影响汇票本身的效力，汇票仍然有效。

①付款日期。这是指支付汇票金额的日期。汇票除见票即付外，其金额一般是在签发汇票后一段时间才支付。因此，汇票应记载一个付款日期以作为票据权利人行使票据权利的依据。但是，如果汇票上未记载付款日期的，并不必然导致票据的无效，根据《票据法》第二十三条第二款的规定，此为见票即付。

②付款地。这是指汇票金额的支付地点。此一内容应在票据上加以明确记载，以便于收款人或持票人知道在何地提示付款。但是，如果汇票上未记载付款地的，也不必然导致票据无效，而是依据法律的规定确定付款地。

③出票地。这是指出票人签发票据的地点，此一内容亦应在票据上加以明确记载。如果汇票上未记载出票地的，依照《票据法》第二十三条第四款的规定，出票人的营业场所、住所或者经常居住地为出票地。

（3）汇票的非法定记载事项。这是指法律规定以外的记载事项。根据《票据法》的规定，汇票上可以记载本法规定事项以外的其他出票事项，但是该记载事项不具有汇票上的效力。法律规定以外的事项主要是指与汇票的基础关系有关的事项，如签发票据的原因或用途、该票据项下交易的合同号码等等。

3. 出票的效力。出票是以创设票据权利为目的的票据行为。所以，出票人依照《票据法》的规定完成出票行为之后，即产生票据上的效力。这一效力表现为创设票据权利和引起票据债务的发生，这种权利义务因汇票当事人的地位不同而不相同。

（1）对收款人的效力。收款人取得出票人发出的汇票后，即取得票据权利，一方面就票据金额享有付款请求权；另一方面，在该请求权不能满足时，即享有追索权。

（2）对付款人的效力。出票行为是单方行为，付款人并不因此而有付款义务，只有付款的权限。但基于出票人的付款委托使其具有承兑人的地位，在其对汇票进行承兑后，即成为汇票上的主债务人。

（3）对出票人的效力。出票人委托他人付款，一旦该行为成立，就必须保证该付款能得以实现。如果付款人不予付款，出票人就应该承担票据责任。

（三）商业汇票的承兑

1. 承兑的概念。承兑是指汇票付款人承诺在汇票到期日支付汇票金额的票据行为。承兑是汇票特有的制度。汇票是一种出票人委托他人付款的委付证券。但是出票人的出票行为完成之后，由于其是一种单方法律行为，故对付款人并不当然产生约束力，只有在付款人表示愿意向收款人或持票人支付汇票金额后，持票人才可于汇票到期日向付款人行使付款请求权，承兑就是这样一种明确付款人的付款责任，确定持票人票据权利的制度。

2. 承兑的程序。承兑的程序主要包括两个方面：一是提示承兑；二是承兑成立。

（1）提示承兑。提示承兑是指持票人向付款人出示汇票，并要求付款人承诺付款的行为。根据我国《票据法》的有关规定，因汇票付款日期的形式不同，提示承兑的期限亦不一样。

①定日付款和出票后定期付款汇票的提示承兑期限。《票据法》第三十九条规定："定日付款或者出票后定期付款的汇票，持票人

应当在汇票到期日前向付款人提示承兑”。

②见票后定期付款汇票的提示承兑期限。根据《票据法》第四十条第一款的规定，“见票后定期付款的汇票，持票人应当自出票日起1个月内向付款人提示承兑。”见票后定期付款汇票的付款日期，是以见票日为起算日期来确定的，汇票不经提示承兑，就无法确定见票日，也就无法确定付款日期，从而持票人便无法行使票据权利，因此，该种汇票属于必须提示承兑的汇票。

③见票即付汇票的提示承兑问题。《票据法》第四十条第三款规定：“见票即付的汇票无需提示承兑。”

（2）承兑成立。①承兑时间。持票人向付款人提示承兑后，付款人应即决定是否承兑。我国《票据法》第四十一条第一款规定：“付款人对向其提示承兑的汇票，应当自收到提示承兑的汇票之日起3日内承兑或者拒绝承兑。”一般来说，如果付款人在3日内不作承兑与否表示的，则应视为拒绝承兑，持票人可以请求其作出拒绝承兑证明，向其前手行使追索权。

②接受承兑。这是指持票人向付款人提示承兑时，付款人需要向持票人办理的收取汇票的手续。《票据法》第四十一条第二款规定：“付款人收到持票人提示承兑的汇票时，应当向持票人签发收到汇票的回单。回单上应当记明汇票提示承兑日期并签章。”

③承兑的格式。这是指付款人办理承兑手续时需要在汇票上记载的事项和如何记载该等事项。《票据法》第四十二条规定：“付款人承兑汇票的，应当在汇票正面记载‘承兑’字样和承兑日期并签章；见票后定期付款的汇票，应当在承兑时记载付款日期。”“汇票上未记载承兑日期的，以前条第一款规定期限的最后一日为承兑日期。”根据这一规定，付款人办理承兑手续时，应在汇票上记载承兑的事项包括承兑文句、承兑日期、承兑人签章。在这三个记载事项中，承兑文句和承兑人签章是绝对应记载事项，缺一不可，否则承兑行为无效。

根据《票据法》的上述规定，上列应记载事项必须记载于汇票的正面，而不能记载于汇票的背面或粘单上，当然，更不能以口头方式或电报、传真等书面方式来表示。在实务中，上列应记载事项一般已全部印在正式的标准格式上，因而只需付款人填写即可。

④退回已承兑的汇票。付款人依承兑格式填写完毕应记载事项后，并不意味着承兑生效，只有在其将已承兑的汇票退回持票人才产生承兑的效力。

3. 不单纯承兑。承兑有单纯承兑与不单纯承兑之分。前者是指付款人完全依汇票文义而不附加任何条件的限制或改变原汇票文义所为的承兑；后者系指付款人对原汇票文义或附加限制或予以变更所为的承兑。我国《票据法》不允许不单纯承兑。《票据法》第四十三条规定："付款人承兑汇票，不得附有条件；承兑附有条件的，视为拒绝承兑。"这里所指的附有条件的承兑即是指不单纯承兑。付款人作出的承兑是无条件的，如果附有条件，则应视为拒绝承兑，持票人可以请求作成拒绝证明，向其前手行使追索权。在票据法理论上，部分承兑、变更票据记载事项的承兑都属于不单纯承兑的范畴，如果付款人作出该等承兑，其效力与前相同。

4. 承兑的效力。承兑生效后，即对付款人产生相应的效力。《票据法》第四十四条规定："付款人承兑汇票后，应当承担到期付款的责任。"这就是有关承兑效力的规定。

（四）商业汇票的付款

1. 付款的概念。付款是指付款人依据票据文义支付票据金额，以消灭票据关系的行为。付款是付款人的行为，这与出票人、背书人等偿还义务的行为不同；前者是支付票据金额的行为，并以消灭票据关系为目的；后者则并不以票据金额为依据而支付，不能引起票据关系的消灭。

2. 付款的程序。付款的程序包括提示与支付，以下分别说明：

（1）付款提示。付款提示是指持票人向付款人或承兑人出示票据，请求付款的行为。持票人只有在法定期限内为付款提示的，才产生法律效力。

根据《票据法》第五十三条的规定，持票人提示付款的法定期限如下：第一，见票即付的汇票，自出票日起1个月内向付款人提示付款；第二，定日付款、出票后定期付款或者见票后定期付款的汇票，自到期日起10日内向承兑人提示付款。如果持票人未在上述法定期限内为付款提示的，则丧失对其前手的追索权。但是，持票人丧失的追索权仅限于其前手，而对于承兑人并不发生失权的效果。因为承兑人是汇票的主债务人，所负责任为绝对责任，即使持票人未在法定期内为付款提示，承兑人仍应负责。如果承兑人或者付款人对逾期提示付款的持票人付款的，与按照规定的期限付款具有同等法律效力。《票据法》第五十三条第三款规定："持票人未按照前款规定期限提示付款的，在作出说明后，承兑人或者付款人仍应当继续对持票人承担付款责任。"这是一种例外性规定。

（2）支付票款。这是指持票人向付款人或承兑人进行付款提示后，付款人无条件地在当日按票据金额足额支付给持票人的行为。《票据法》第五十四条规定："持票人依照前条规定提示付款的，付款人必须在当日足额付款。"依此规定，付款人必须在当日向提示人付款，且该支付的款项为票据金额的全部，而非部分。如果付款人或承兑人不能当日足额付款的，依照《票据法》第一百零六条的规定，应承担迟延付款的责任。

3. 付款的效力。根据《票据法》第六十条的规定，付款人依法足额付款后，全体汇票债务人的责任解除。付款人依照票据文义支付票据金额之后，票据关系随之消灭，汇票上的全体债务人的责任便予以解除。但是，如果付款人付款存在瑕疵，即未尽审查义务而对不符法定形式的票据付款，或其存在恶意或重大过失而付款的，则不发生上述法律效力，付款人的义务不能免除，其他债务人也不能免除责任。

（五）商业汇票的背书

1. 汇票转让与背书。汇票的转让是指汇票的持票人以背书或仅凭交付的方式而将票据权利让与他人的一种票据行为。票据权利与票据是不可分的，因而票据的转让也就是票据权利的转让。一般而言，票据转让主要有背书交付和单纯交付两种。单纯交付是指持票人未在票据上作任何转让事项的记载而直接将票据交与他人的一种法律行为；背书交付是指持票人以转让票据权利为目的，按法定的事项和方式记载于票据上的一种票据行为。

2. 背书的形式。背书是一种要式行为，故其必须符合法定的形式，即其必须作成背书并交付，才能有效成立。从背书的记载事项而言，根据《票据法》的有关规定，其应与出票一样，符合有关出票时应记载的事项内容。现就有关汇票记载的事项作一说明：

（1）关于背书签章和背书日期的记载。《票据法》第二十九条规定："背书由背书人签章并记载背书日期。背书未记载日期的，视为在汇票到期日前背书。"背书人背书时，必须在票据上签章，背书才能成立，否则，背书行为无效。

（2）关于被背书人名称的记载。我国《票据法》第三十条规定："汇票以背书转让或者以背书将一定的汇票权利授予他人行使时，必须记载被背书人名称。"这一规定表明，我国票据法不承认不记名背书。如果背书人不作成记名背书，即不记载被背书人名称，汇票转让将不能成立，背书行为无效。因此，被背书人名称是背书应记载之绝对事项。

（3）关于禁止背书的记载。背书人的禁止背书是背书行为的一项任意记载事项，如果背书人不愿意对其后手以后的当事人承担票据责任，即可在背书时记载禁止背书。

（4）关于背书时粘单的使用。《票据法》第二十八条规定："票据凭证不能满足背书人记载事项的需要，可以加附粘单，粘附于票据凭证上。粘单上的第一记载人，应当在汇票和粘单的粘接处签章。"由于票据转让次数较多，票据背面没有记载的余地，背书人可以使用粘单，即因票据不能满足背书记载事项的需要而粘附于票据上的纸张，将背书的事项记载于粘单上。为了保证粘单的有效性和真实性，第一位使用粘单的背书人必须将粘单粘接在票据上，并且在粘接处签章，否则该粘单记载的内容即为无效。

（5）关于背书不得记载的内容。根据我国《票据法》第三十三条的规定，背书不得记载的内容有两项：一是附有条件的背书；二是部分背书。附有条件的背书是指背书人在背书时，记载一定的条件，以限制或者影响背书效力。部分背书是指背书人在背书时，将汇票金额的一部分或者将汇票金额分别转让给两人以上的背书。由于背书人将背书金额的一部分或将背书金额分别转让给两人以上，该背书金额的另一部分权利人或数个权利人对同一背书金额无从行使票据权利。

3. 背书连续。背书连续是指在票据转让中，转让汇票的背书人与受让汇票的被背书人在汇票上的签章依次前后衔接。

背书连续主要是指背书在形式上连续，如果背书在实质上不连续，如有伪造签章等，付款人仍应对持票人付款。但是，如果付款人明知持票人不是真正票据权利人，则不得向持票人付款，否则应自行承担责任。

4. 委托收款背书和质押背书。

（1）委托收款背书。这是指持票人以行使票据上的权利为目的，而授予被背书人以代理权的背书。以此可见，该背书方式不以转让票据权利为目的，而是以授予他人一定的代理权为目的，其确立的法律关系不属于票据上的权利转让与被转让关系，而是背书人（原持票人）与被背书人（代理人）之间在民法上的代理关系，该关系形成后，被背书人可以代理行使票据上的一切权利。在此情形下，被背书人只是代理人，而未取得票据权利，背书人仍是票据权利人。

委托收款背书与其他背书一样，持票人依据法律规定的记载事项作成背书并交付，才能生效。按《票据法》的规定，背书人可以记载“委托收款”字样，但如果记载“因收款”、“托收”、“代理”等字样的，也应该认为有效。

（2）质押背书。这是指持票人以票据权利设定质权为目的而在票据上作成的背书。背书人是原持票人，也是出质人，被背书人则是质权人。质押背书确立的是一种担保关系，即在背书人（原持票人）与被背书人之间产生一种质押关系，而不是一种票据权利的转让与被转让关系。因此质押背书成立后，即背书人作成背书并交付，背书人仍然是票据权利人，被背书人并不因此而取得票据权利。但是，被背书人取得质权人地位后，在背书人不履行其债务的情况下，可以行使票据权利，并从票据金额中按担保债权的数额优先得到偿还。换言之，如果背书人履行了所担保的债务，被背书人则必须将票据返还背书人。

质押背书与其他背书一样，也必须依照法定的形式作成背书并交付。

5. 法定禁止背书。法定禁止背书是指根据《票据法》的规定而禁止背书转让的情形。由于法律规定在某些情况下，汇票不得背书转让，因此，如果背书人将此类汇票以背书方式转让的，应当承担汇票责任。《票据法》第三十六条规定："汇票被拒绝承兑、被拒绝付款或者超过付款提示期限的，不得背书转让；背书转让的，背书人应当承担汇票责任。"根据这一规定，法定禁止背书的情形有三种：

一是被拒绝承兑的汇票。这是指持票人在汇票到期日前，向付款人提示承兑而遭拒绝的汇票。汇票上的付款人只有在汇票承兑后，才是汇票上的主债务人。如果付款人对汇票拒绝承兑的，就不具有汇票上债务人的地位，不承担支付票据金额的责任，因此，收款人或持票人虽然在汇票成立时即已取得付款请求权，但因付款人拒绝承兑，该付款请求权也就无法确定，当然也就不能将这种付款请求权再背书转让。在付款人拒绝承兑的情况下，收款人或持票人只能向其前手行使追索权，取得票据金额；如果其将这种票据转让的，受让人取得该汇票时，也只能通过向其前手行使追索权，取得票据金额。

二是被拒绝付款的汇票，这是指对不需承兑的汇票或者业已经付款人承兑的汇票，持票人于汇票到期日向付款人提示付款而被拒绝的汇票。被拒绝付款的汇票，付款人即使对汇票已作承兑，负有于汇票到期日无条件付款的责任，但是，付款人在汇票到期日拒绝付款的，收款人或者持票人的付款请求权也不能得到实现。如果持票人将该种汇票再行转让，受让人尽管也可以取得付款请求权，但实现的可能性极小。因此，《票据法》便禁止将该种票据再行背书转让，如果背书转让的，背书人应承担汇票责任，受让人有权向其前手行使追索权。

三是超过付款提示期限的汇票。这是指持票人未在法定付款提示期间内向付款人提示付款的汇票。法定付款提示期间是法律规定的由收款人或者持票人行使付款请求权的期限。收款人或者持票人应当在汇票到期日起至法定提示期间届满前行使付款请求权，如果收款人或持票人未在此期间内行使付款请求权的，即丧失对其前手的追索权。因此，《票据法》便规定不允许将该种汇票再行转让，否则，受让人的利益就可能受到损害。背书人以背书将该种票据进行转让，应该承担汇票责任。

（六）商业汇票的保证

1. 保证的概念。这里所指的保证是指票据保证，即为票据债务人以外的第三人，以担保特定债务人履行票据债务为目的，而在票据上所为的一种附属票据行为。保证的作用在于加强持票人票据权利的实现，确保票据付款义务的履行，促进票据流通。

2. 保证的当事人与格式。

（1）保证的当事人。保证的当事人为保证人与被保证人。就保证人而言，根据《票据法》第四十五条第二款的规定，其由汇票债务人以外的他人担当。由此可见，保证人是指票据债务人以外的，为票据债务的履行提供担保而参与票据关系中的第三人。已成为票据债务人的，不得再充当票据上的保证人。

（2）保证的格式。这是指在办理保证手续时需要在汇票上记载的事项和如何记载该等事项。根据《票据法》第四十六条的规定，在办理保证手续时，“保证人必须在汇票或粘单上记载下列事项：(1) 表明‘保证’的字样；(2) 保证人名称和住所；(3) 被保证人的名称；(4) 保证日期；(5) 保证人签章。”有关保证的记载事项和记载方法问题，可以具体分析如下：

(1) 票据保证必须作成于汇票或粘单之上。保证是一种书面行为，并须作成于汇票或粘单之上，如果另行签订保证合同或者保证条款的，不属于票据保证，人民法院应当适用《中华人民共和国担保法》的有关规定。

(2) 票据保证记载的事项，有绝对应记载事项和相对应记载事项。其中绝对应记载事项包括保证文句和保证人签章两项；相对应记载事项包括被保证人的名称、保证日期和保证人住所。关于被保证人的名称，如果不记载这一内容，根据《票据法》第四十七条第一款的规定，已承兑的汇票，承兑人为被保证人；未承兑的汇票，出票人为被保证人。关于保证日期，如果不记载这一内容，根据《票据法》第四十七条第二款的规定，出票日期为保证日期。关于保证人的住所，如果不记载这一内容，依据《票据法》第十六条的规定，可以推定为保证人的营业场所或住所。

(3) 保证的记载方法。《票据法》未规定保证的记载方法，但是，依照《支付结算办法》第三十五条第二款的规定，如果是为出票人、承兑人保证的，则应记载于汇票的正面；如果是为背书人保证，则应记载于汇票的背面或者粘单上。

(4) 保证不得记载的内容。《票据法》第四十八条规定：“保证不得附有条件；附有条件的，不影响对汇票的保证责任。”这一规定表明，保证是无条件的，即不得附加任何条件。如果保证附加条件，不论是作为停止条件，还是作为解除条件都会使票据保证的效力具有不确定性，从而使保证人的票据债务人地位不能得到明确，这就不能达到设立票据保证的目的。因此，《票据法》便规定保证附有条件的，所附条件无效，保证本身仍然具有效力，保证人应向持票人承担保证责任。

3. 保证的效力。保证一旦成立，即在保证人与被保证人之间产生法律效力，保证人必须对保证行为承担相应的责任。

(1) 保证人的责任。《票据法》第四十九条规定："保证人对合法取得汇票的持票人所享有的汇票权利，承担保证责任。但是，被保证人的债务因汇票记载事项欠缺而无效的除外。"这是有关保证人责任的规定。根据这一规定，保证行为成立之后，保证人就成为票据上的债务人，必须向被保证人的一切后手承担票据责任，即满足被保证人票据权利的实现。

(2) 共同保证人的责任。共同保证是指保证人为两人以上的保证。《票据法》第五十一条规定："保证人为两人以上的，保证人之间承担连带责任。"这就是说，在共同保证的情况下，持票人可以不分先后向保证人中的一人或者数人或者全体就全部票据金额及有关费用行使票据权利，共同保证人不得拒绝。

(3) 保证人的追索权。这是指保证人在向持票人清偿债务后，依照法律规定取得持票人对被保证人及被保证人之前手的偿还请求权。这一偿还请求权不是从持票人处获得的，而是根据法律规定而获得。

四、信用卡

(一) 信用卡的概念和种类

信用卡是指发卡银行给予持卡人一定的信用额度，持卡人可在信用额度内先消费，后还款，或者先按发卡银行的要求交存一定金额的备用金，当备用金账户余额不足支付时，可在发卡银行规定的信用额度内透支的银行卡。

信用卡依据不同的划分方式可有不同的分类。如：信用卡按币种不同分为人民币卡、外币卡；按信息载体不同分为磁条卡、芯片(IC)卡；按使用对象分为单位卡和个人卡；按信誉等级分为金卡和普通卡；按是否向发卡银行交存备用金分为贷记卡和准贷记卡。

信用卡是指发卡银行给予持卡人一定的信用额度，持卡人可在信用额度内先消费，后还款，或者先按发卡银行的要求交存一定金额的备用金，当备用金账户余额不足支付时，可在发卡银行规定的信用额度内透支的银行卡。信用卡分为贷记卡、准贷记卡两类。

1. 贷记卡是指发卡银行给予持卡人一定的信用额度，持卡人可在信用额度内先消费、后还款的信用卡。

2. 准贷记卡是指持卡人须先按发卡银行要求交存一定金额的备用金，当备用金账户余额不足支付时，可在发卡银行规定的信用额度内透支的信用卡。

（二）信用卡的申领与销户

1. 信用卡的申领。凡申领单位卡的单位，必须在中国境内金融机构开立基本存款账户，凭中国人民银行核发的开户许可证申领单位卡，并按规定填制申请表，连同有关资料一并送交发卡银行。该单位符合条件并按银行要求交存一定金额的备用金以后，银行为申领人开立银行卡存款账户，并发给银行卡。单位卡可以申领若干张，持卡人的资格由申领单位法定代表人或其委托的代理人书面指定和注销。单位卡有单位人民币卡和单位外币卡之分，单位申领单位外币卡以及使用单位外币卡应当遵守国家有关外汇管理的有关规定。

凡具有完全民事行为能力的公民可申领个人卡，个人申领银行卡（储值卡除外），应当向发卡银行提供公安部门规定的本人有效身份证件，经发卡银行审查合格后，为其开立记名账户。个人卡的主卡持卡人可为其配偶及年满 18 周岁的亲属申领附属卡，申领的附属卡最多不得超过两张，也有权要求注销其附属卡。申领人应按规定填制申请表，连同有关资料一并送交发卡银行。申领人符合条件并按银行要求交存一定金额的备用金之后，银行为申领人开立银行卡存款账户，并发给银行卡。

2. 信用卡的销户。持卡人不需要继续使用银行卡的，应持银行卡主动到发卡银行办理销户。持卡人办理销户时，如果账户内还有余额，属单位卡的，则应将该账户内的余额转入其基本存款账户，不得提取现金；个人卡账户可以转账结清，也可以提取现金。

持卡人透支之后，只有在还清透支本息后，在下列情况下，可以办理销户：（1）银行卡有效期满45天后，持卡人不更换新卡的；（2）银行卡挂失满45天后，没有附属卡又不更换新卡的；（3）银行卡被列入止付名单，发卡银行已收回其银行卡45天的；（4）持卡人死亡，发卡银行已收回其银行卡45天的；（5）持卡人要求销户或担保人撤销担保，并已交回全部银行卡45天的；（6）银行卡账户两年（含）以上未发生交易的；（7）持卡人违反其他规定，发卡银行认为应该取消资格的。发卡银行办理销户，应当收回银行卡。有效银行卡无法收回的，应当将其止付。

（三）信用卡的资金来源

在单位卡的使用过程中，其账户的资金一律从其基本存款账户转账存入，不得交存现金，不得将销货收入的款项存入其账户。

个人卡账户的资金以其持有的现金存入或以其工资性款项、属于个人的劳务报酬、投资回报等收入转账存入。严禁将单位的款项存入个人卡账户。

（四）信用卡使用的主要规定

1. 单位卡的持卡人不得用于10万元以上的商品交易、劳务供应款项的结算，并一律不得支取现金。

2. 个人卡在使用过程中仅限于合法持卡人使用，不得转借或出租。个人卡的持卡人可以在银行支取现金，其在支取现金时，应将银行卡和身份证件一并交发卡银行或代理银行。

3. 持卡人用信用卡提取现金的，发卡银行对贷记卡的取现应当每笔授权，每卡每日累计取现不得超过2 000元人民币；对持卡人在自动柜员机（ATM机）上取款设定交易上限，每卡每日累计取款不得超过5 000元人民币。

4. 发卡银行对准贷记卡账户内的存款，按照中国人民银行规定的同期同档次存款利率及计息办法计付利息；对贷记卡账户的存款内的币值不计付利息。贷记卡持卡人非现金交易享受如下优惠条件：

（1）免息还款期待遇。银行记账日至发卡银行规定的到期还款日之间为免息还款期。免息还款期最长为60天。持卡人在到期还款日前偿还所使用全部银行款项即可享受免息还款期待遇，无须支付非现金交易的利息。

（2）最低还款额待遇。持卡人在到期还款日前偿还所使用全部银行款项有困难的，可按照发卡银行规定的最低还款额还款。

但是，贷记卡持卡人选择最低还款额方式或超过发卡银行批准的信用额度用卡时，不再享受免息还款期待遇，应当支付未偿还部分自银行记账日起，按规定利率计算的透支利息。贷记卡持卡人支取现金、准贷记卡透支，不享受免息还款期和最低还款额待遇，应当支付现金交易额或透支额自银行记账日起，按规定利率计算的透支利息。

此外，发卡银行对贷记卡持卡人未偿还最低还款额和超信用额度用卡的行为，应当分别按最低还款额未还部分、超过信用额度部分的5%收取滞纳金和超限费；贷记卡透支按月计收复利，准贷记卡透支按月计收单利，透支利率为日利率0.05%，并根据中国人民银行的此项利率调整而调整。

5. 商业银行办理银行卡收单业务应当按下列标准向商户收取结算手续费：（1）宾馆、餐饮、娱乐、旅游等行业不得低于交易金额的2%；（2）其他行业不得低于交易金额的1%。

6. 同一持卡人单笔透支发生额个人卡不得超过2万元（含等值外币）、单位卡不得超过5万元（含等值外币）；同一账户月透支余额个人卡不得超过5万元（含等值外币），单位卡不得超过发卡银行对该单位综合授信额度的3%。无综合授信额度可参照的单位，其月透支余额不得超过10万元（含等值外币）；外币卡的透支额度不得超过持卡人保证金（含储蓄存单质押金额）的80%；从《银行卡业务管理办法》施行之日起新发生的180天（含180天，下同）以上的月均透支余额不得超过月均总透支余额的15%。

此外，准贷记卡的透支期限最长为60天。贷记卡的首月最低还款额不得低于其当月透支余额的10%。

五、汇 兑

（一）汇兑的概念和分类

汇兑是指汇款人委托银行将其款项支付给收款人的结算方式。汇兑便于汇款人向异地的收款人主动付款，适用范围十分广泛。汇兑分为信汇和电汇两种。

汇兑适用于单位和个人的各种款项的结算。一般来说，信汇是以邮寄方式将汇款凭证转给外地收款人指定的汇入行，而电汇则是以电报方式将汇款凭证转发给收款人指定的汇入行，后者的汇款速度比前者快捷，汇款人可根据实际需要选择。

（二）办理汇兑的程序

当事人应按以下程序办理汇兑：

1. 汇款人按要求签发汇兑凭证。根据《支付结算办法》的规定，汇款人签发汇兑凭证时，必须记载下列事项：（1）表明“信汇”或“电汇”的字样；（2）无条件支付的委托；（3）确定的金额；（4）收款人名称；（5）汇款人名称；（6）汇入地点、汇入行名称；（7）汇出地点、汇出行名称；（8）委托日期；（9）汇款人签章。汇兑凭证上记载收款人为个人的，收款人需要到汇入银行领取汇款，汇款人应在汇兑凭证上注明“留行待取”字样；留行待取的汇款，需要指定单位的收款人领取汇款的，应注明收款人的单位名称；信汇凭收款人签章支取的，应在信汇凭证上预留其签章。如果汇款人确定不得转汇的，应在汇兑凭证备注栏注明“不得转汇”字样。

汇款人和收款人均为个人，需要在汇入银行支取现金的，应在信、电汇凭证的“汇款金额”大写栏，先填写“现金”字样，后填写汇款金额。

2. 汇出银行受理汇兑凭证，并进行认真审查。汇出银行审查汇兑凭证的内容有：汇兑凭证填写的各项内容是否齐全、正确；汇款人账户内是否有足够支付的余额；汇款人的印章是否与预留银行印鉴相符。

3. 汇入银行接收汇出银行的汇兑凭证之后，应审查汇兑凭证上联行专用章与联行报单印章是否一致，无误后，根据收款人的不同情况进行审查并办理付款手续。汇入银行对开立存款账户的收款人，应将汇给其的款项直接转入收款人账户，并向其发出收账通知，收账通知是银行将款项确已收入收款人账户的凭据。未在银行开立存款账户的收款人，凭信、电汇的取款通知或“留行待取”的，向汇入银行支取款项，必须交验本人的身份证件，在信、电汇凭证上注明证件名称、号码及发证机关，并在“收款人盖章”处签章；信汇凭签章支取的，收款人的签章必须与预留信汇凭证上的签章相符，银行审查无误后，以收款人的姓名开立应解汇款及临时存款账户，该账户只付不收，付完清户，不计付利息。

根据《支付结算办法》的规定，如果收款人需要委托他人向汇入银行支取款项的，应在取款通知上签章，注明本人身份证件的名称、号码、发证机关和“代理”字样以及代理人姓名。代理人代理取款时，也应在取款通知上签章，注明其身份证件的名称、号码及发证机关，并同时交验代理人和被代理人的身份证件。此规定是对原汇兑结算方式的进一步完善。

如果收款人转账支付的，应由原收款人向银行填制支款凭证，并由本人交验其身份证件办理支付款项。但该账户的款项只能转入单位或个体工商户的存款账户，严禁转入储蓄和银行卡账户。

如果转汇的，应由原收款人向银行填制信、电汇凭证，并由本人交验其身份证件。转汇的收款人必须是原收款人。原汇入银行必须在信、电汇凭证上加盖“转汇”戳记。

（三）汇兑的撤销和退汇

1. 汇兑的撤销。这是指汇款人对汇出银行尚未汇出的款项，向汇出银行申请撤销的行为。汇款人申请撤销汇款必须是该款项尚未从汇出银行汇出。在申请撤销时，汇款人应出具正式函件或本人身份证件及原信、电汇回单；汇出银行只有在查明确未汇出款项，并收回原信、电汇回单时，方可办理撤销手续。但转汇银行不得受理汇款人或汇出银行对汇款的撤销。

2. 汇兑的退汇。这是指汇款人对汇出银行已经汇出的款项申请退回汇款的行为。汇款人申请退汇必须是该汇款已从汇出银行汇出。对在汇入银行开立存款账户的收款人，由汇款人与收款人自行联系退汇。换言之，如果汇款人与收款人不能达成一致退汇的意见，不能办理退汇。

对在汇入银行未开立存款账户的收款人，汇款人应出具正式函件或本人身份证件以及原信、电汇回单，由汇出银行通知汇入银行，经汇入银行核实汇款确未支付，并将款项退回汇出银行，方可办理退汇；否则，不能办理退汇。但转汇银行不得受理汇款人或汇出银行对汇款的退汇。

汇入银行对于收款人拒绝接受的汇款，应立即办理退汇。汇入银行对于向收款人发出取款通知，经过两个月无法交付的汇款，应主动办理退汇。

第三章 税收法律制度

第一节 税收概述

一、税收的概念与分类

（一）税收概念与分类

1. 税收的概念。税收是政府为了满足社会公共需要，凭借政治权力，强制、无偿地取得财政收入的一种形式。

税收概念有以下几个方面的含义：

（1）税收是国家取得财政收入的一种重要工具。征税的主体是国家，除了国家之外，任何机构和团体，都无权征税；

（2）国家征税依据的是其政治权力，它有别于按要素进行的分配。这种政治权力凌驾于财产权力之上，没有国家的政治权力为依托，征税就无法实现；

（3）征税的基本目的是满足国家的财政需要，以实现其进行阶级统治和满足社会公共需要的职能；

（4）税收具有强制性、无偿性、固定性的特征。

2. 税收的作用。

（1）税收是国家组织财政收入的主要形式。税收在保证和实现财政收入方面起着重要的作用。为了维护国家机器的正常运转以及促进国民经济健康发展，必须筹集大量的资金，即组织国家财政收入。为了保证税收组织财政收入职能的发挥，必须通过制定税法，以法律的形式确定企业、单位和个人履行纳税义务的具体项目、数额和纳税程序，惩治偷逃税款的行为，防止税款流失，保证国家依法征税，及时足额地取得税收收入。由于税收具有强制性、无偿性和固定性，因而能保证收入的稳定；同时，税收的征收十分广泛，能从多方筹集财政收入。

（2）税收是国家调控经济运行的重要手段。税收作为国家宏观调控的重要手段，通过制定税法，以法律的形式确定国家与纳税人之间的利益分配关系，调节社会成员的收入水平，调整产业结构和社会资源的优化配置，使之符合国家的宏观经济政策；同时，以法律的平等原则，公平纳税人的税收负担，鼓励平等竞争，为市场经济的发展创造良好的条件。通过税种的设置以及在税目、税率、加成征收或减免税等方面的规定，可以调节社会生产、交换、分配和消费，促进社会经济的健康发展。

（3）税收具有维护国家政权的作用。国家政权是税收产生和存在的必要条件，而国家政权的存在又依赖于税收的存在。没有税收，国家机器就不可能有效运转。同时，税收分配不是按照等价原则和所有权原则分配的，而是凭借政治权利，对物质利益进行调节，体现国家支持什么、限制什么，从而达到维护和巩固国家政权的目的。

（4）税收是国际经济交往中维护国家利益的可靠保证。在国际经济交往中，任何国家对在本国境内从事生产、经营的外国企业或个人都拥有税收管辖权，这是国家权益的具体体现。

（二）税收的特征

税收特征是指税收分配形式区别于其他财政分配形式的质的规定性。税收特征是由税收的本质决定的，是税收本质属性的外在表现，是区别税与非税的外在尺度和标志，也是古今中外税收的共性特征。税收的形式特征通常概括为税收“三性”，即强制性、无偿性和固定性。

1. 强制性。税收的强制性是指税收是国家凭借政治权力，通过法律形式对社会产品进行的强制性分配，而非纳税人的一种自愿交纳，纳税人必须依法纳税，否则会受到法律制裁。强制性是国家的权力在税收上的法律体现，是国家取得税收收入的根本前提。它也是与税收的无偿性特征相对应的一个特征。正因为税收具有无偿性，才需要通过税收法律的形式规范征纳双方的权利和义务。对纳税人而言，依法纳税既是一种权利，更是一种义务。

2. 无偿性。税收的无偿性是指国家征税以后对具体纳税人既不需要直接偿还，也不付出任何直接形式的报酬，纳税人从政府支出所获的利益通常与其支付的税款不完全成一一对应的比例关系。无偿性是税收的关键特征，它使税收明显地区别于国债等财政收入形式，决定了税收是国家筹集财政收入的主要手段，并成为调节经济和矫正社会分配不公的有力工具。

3. 固定性。税收的固定性是指税收是国家通过法律形式预先规定了对什么征税及其征收比例等税制要素，并保持相对的连续性和稳定性。基于法律的税收固定性始终是税收的固有形式特征，税收固定性对国家和纳税人都具有十分重要的意义。对国家来说，可以保证财政收入的及时、稳定和可靠，可以防止国家不顾客观经济条件和纳税人的负担能力，滥用征税权力；对于纳税人来说，可以保护其合法权益不受侵犯，增强其依法纳税的法律意识，同时也有利于纳税人通过税收筹划选择合理的经营规模、经营方式和经营结构等，降低经营成本。

（三）税收的分类

1. 按征税对象分类。税收按征税对象分类，可将全部税收划分为流转税类、所得税类、财产税类、资源税类和行为税类五种类型。

（1）流转税类。流转税是以流转额为征税对象的税种。流转额具体包括两种：一是商品流转额，它是指商品交换的金额。对销售方来说，是销售收入额；对购买方来说，是商品的采购金额。二是非商品流转额，即各种劳务收入或者服务性业务收入的金额。流转税以商品流转额和非商品流转额为计税依据，在生产经营及销售环节征收，收入不受成本费用变化的影响，而对价格变化较为敏感。我国现行的增值税、消费税、营业税、关税都属于这类税种。

流转税的特征主要是：流转税是间接税；流转税是对物税；流转税的计税依据是商品或劳务的流转额；流转税是比例税。

（2）所得税类。所得税是以纳税人的各种应纳税所得额为征税对象的税种，对纳税人的应纳税所得额征税。所得税类的征税对象不是一般收入，而是总收入减除各种成本费用及其他允许扣除项目以后的应纳税所得额；征税数额受成本、费用、利润高低的影响较大。主要包括企业所得税、个人所得税等税法。

所得税的特点是可以直接调节纳税人收入，发挥其公平税负、调整分配关系的作用。

（3）财产税类。财产税是以纳税人所拥有或支配的某些财产为征税对象的一类税，它主要是对财产的价值或某种行为课税。财产税的课税对象一般可分为不动产和动产两大类。包括房产税、车船税等税法。

财产税的特点主要有：财产税可以为地方财政提供稳定的收入来源；征收财产税可以防止财产过分集中于社会少数人，便于调节财富的分配，体现社会分配的公正性；纳税人的财产分布地不尽一致，当地政府易于了解，能够因地制宜地进行征收管理。

（4）资源税税法。资源税是指对在我国境内从事资源开发的单位和个人征收的一类税，主要是为保护和合理使用国家自然资源而课征的税。我国现行的资源税、土地增值税、城镇土地使用税等税种均属于资源课税的范畴。

资源税的特点主要有：只对特定资源征税；具有级差收入税的特点；实行从量定额征收；资源税属于中央和地方共享税。

（5）行为税税法。行为税是指以某些特定行为为征税对象的一类税，主要是对某种行为课税。包括印花税、城市维护建设税等。

行为税的特点主要有：特殊的目的性；较强的政策性；临时性和偶然性；税源的分散性。

2. 按征收管理的分工体系分类。税收按照征收管理的分工体系进行分类，可以分为工商税和关税类。

（1）工商税类。工商税由税务机关负责征收管理。工商税是指以从事工业、商业和服务业的单位和个人为纳税人的各税种的总称，是我国现行税制的主体部分。具体包括增值税、消费税、营业税、资源税、企业所得税、个人所得税、城市维护建设税、房产税、城市房地产税、车船税、土地增值税、城镇土地使用税、印花税等税种。工商税的征收范围较广，既涉及社会再生产的各个环节，也涉及生产、流通、分配、消费的各个领域，是筹集国家财政收入，调节宏观经济最主要的工具。

（2）关税类。关税类的税种由海关负责征收管理。关税是对进出境的货物、物品征收的税种的总称，主要是指进出口关税，以及对入境旅客行李物品和个人邮递物品征收的进口税，不包括由海关代征的进口环节增值税、消费税和船舶吨税。关税是中央财政收入的重要来源，也是国家调节进出口贸易的主要手段。

3. 按照税收征收权限和收入支配权限分类。税收按照税收征收权限和收入支配权限分类，可分为中央税、地方税和中央地方共享税。

（1）中央税。中央税是指由中央政府征收和管理使用或由地方政府征收后全部划解中央政府所有并支配使用的一类税。如我国现行的关税和消费税等。这类税一般收入较大，征收范围广泛。

（2）地方税。地方税是指由地方政府征收和管理使用的一类税。如我国现行的个人所得税、屠宰税和筵席税等（严格来讲，我国的地方税目前只有屠宰税和筵席税）。这类税一般收入稳定，并与地方经济利益关系密切。

（3）中央与地方共享税。中央与地方共享税是指税收的管理权和使用权属中央政府和地方政府共同拥有的一类税。如我国现行的增值税和资源税等。这类税直接涉及到中央与地方的共同利益。

4. 按照计税标准不同分类。税收按照计税标准的不同进行分类，可分为从价税、从量税和复合税。

（1）从价税。从价税是指以课税对象的价格为依据，按一定比例计征的一种税。

从价税实行比例税率和累进税率，其应纳税额随商品价格的变化而变化，能充分体现合理负担的税收政策。如我国现行的增值税、营业税、关税和各种所得税等税种。

(2) 从量税。从量税是指以课税对象的数量（重量、面积、件数）为依据，按固定税额计征的一类税。从量税一般采用定额税率，其课税数额只与课税对象数量相关，与价格无关。

从量税实行定额税率，具有计算简便等优点。如我国现行的资源税、车船税和土地使用税等。

(3) 复合税。又称混合税，是对某一进出口货物或物品既征收从价税，又征收从量税。即采用从量税和从价税同时征收的一种方法。复合税可以分为两种：一种是以从量税为主加征从价税；另一种是以从价税为主加征从量税。

二、税法及构成要素

（一）税收与税法的关系

1. 税法的概念。税法是国家制定的用以调整国家与纳税人之间在征纳税方面的权利及义务关系的法律规范的总称。它是国家及纳税人依法征税、依法纳税的行为准则，其目的是保障国家利益和纳税人的合法权益，维护正常的税收秩序，保证国家的财政收入。税法具有义务性法规和综合性法规的特点。从法律性质上来看，税法属于义务性法规，以规定纳税人的义务为主。税法属于义务性法规，并不是指税法没有规定纳税人的权利，而是指纳税人的权利是建立在其纳税义务的基础之上，处于从属地位。税法属义务性法规的这一特点是由税收的无偿性和强制性特点所决定的。税法的另一特点是具有综合性，它是由一系列单行税收法律及行政规章制度组成的复杂体系，其内容涉及课税的基本原则、征纳双方的权利和义务、税收管理规则、法律责任、解决税务争议的法律规范等。税法的综合性特点是由税收制度所调整的税收分配关系和税收法律关系的复杂性所决定的。税法内容十分丰富，涉及范围也极为广泛，各单行税收法律法规结合起来，形成了完整配套的税法体系，共同规范和制约税收分配的全过程，是实现依法治税的前提和保证。

税法是我国法律体系的重要组成部分。在我国法律体系中，税法的地位是由税收在国家经济活动中的重要性决定的。第一，税收收入是政府取得财政收入的基本来源，而财政收入是维持国家机器正常运转的经济基础。第二，税收是国家宏观调控的重要手段。因为它是调整国家与企业和公民个人分配关系的最基本、最直接的方式。特别是在市场经济条件下，税收的上述两项作用表现得非常明显。税收与法密不可分，有税必有法，无法不成税。现代国家大多奉行立宪征税、依法治税的原则，即政府的征税权由宪法授予，税收法律须经议会批准，税务机关履行职责必须依法办事，税务争讼要按法定程序解决。简而言之，国家的一切税收活动，均以法定方式表现出来。

2. 税收与税法的关系。税收和税法的关系密不可分。

（1）两者的联系：税法是税收制度的法律表现形式，税收制度则是税法所确定的具体内容。税收必须依照税法的规定进行，税法是税收制度的法律依据和法律保障；税法必须以保障税收活动有序进行为其存在的理由和依据。

（2）两者的区别：税收作为一种经济活动，属于经济基础范畴。而税法则是一种法律制度，属于上层建筑范畴。

（二）税法的分类

1. 按照税法功能作用的不同，可以将税法分为税收实体法和税收程序法。

（1）税收实体法。税收实体法是规定税收法律关系主体的实体权利、义务的法律规范的总称。其主要内容包括纳税主体、征税客体、计税依据、税目、税率、减税免税等，是国家向纳税人行使征税权和纳税人负担纳税义务的要件，只有具备这些要件时，纳税人才负有纳税义务，国家才能向纳税人征税。税收实体法直接影响到国家与纳税人之间权利义务的分配，是税法的核心部分，没有税收实体法，税法体系就不能成立。

（2）税收程序法。税收程序法是税收实体法的对称，是指以国家税收活动中所发生的程序关系为调整对象的税法，是规定国家征税权行使程序和纳税人纳税义务履行程序的法律规范的总称。其内容主要包括税收确定程序、税收征收程序、税收检查程序和税务争议的解决程序。税收程序法是指如何具体实施税法的规定，是税法体系的基本组成部分。

2. 按照主权国家行使税收管辖权的不同，可以将税法分为国内税法、国际税法、外国税法。

（1）国内税法。国内税法一般是按照属人或属地原则，规定一个国家的内部税收制度。

（2）国际税法。国际税法是指国家间形成的税收制度，主要包括双边或多边国家间的税收协定、条约和国际惯例等，一般而言，其效力高于国内税法。

（3）外国税法。外国税法是指外国各个国家制定的税收制度。

3. 按照税法法律级次划分，可以将税法分为税收法律、税收行政法规、税收规章和税收规范性文件。

（1）税收法律。税收法律是指享有国家立法权的国家最高权力机关全国人民代表大会及其常务委员会，依照法律程序制定的规范性税收文件。其法律地位和法律效力仅次于宪法，而高于税收法规、规章。税收法律由全国人大及其常委会制定。

我国现行税法体系中属于税收法律的有《中华人民共和国企业所得税法》、《中华人民共和国个人所得税法》、《中华人民共和国税收征收管理法》等。

（2）税收行政法规。税收法规是指国家最高行政机关根据其职权或国家最高权力机关的授权，依据宪法和税收法律，通过一定法律程序制定的有关税收活动的实施规定或办法。税收行政法规由国务院根据有关法律的规定制定。税收法规的法律地位和法律效力低于宪法和税收法律。

目前，我国的税收法规主要有《中华人民共和国个人所得税法实施细则》、《中华人民共和国税收征收管理法实施细则》、《中华人民共和国企业所得税法暂行条例》、《中华人民共和国增值税暂行条例》、《中华人民共和国消费税暂行条例》、《中华人民共和国营业税暂行条例》等。

（3）税收规章。税收规章分为税收部门规章和地方税收规章。

税收部门规章由财政部、国家税务总局、海关总署和国务院关税税则委员会等部门、机构根据有关法律、行政法规制定。税收部门规章在全国范围内具有普遍适用效力，但不得与税收法律、行政法规相抵触。例如，财政部颁发的《增值税暂行条例实施细则》、国家税务总局颁发的《税务代理试行办法》和海关总署制定的《中华人民共和国海关进出口货物征税管理办法》等都属于税收部门规章。

地方税收规章是省、自治区、直辖市和较大的市的人民政府，根据法律、行政法规和本省（自治区、直辖市）的地方性法规制定的。地方政府制定税收规章，都必须在税收法律、法规明确授权的前提下进行，并且不得与税收法律、行政法规相抵触。没有税收法律、法规的授权，地方政府是无权自定税收规章的，凡越权自定的税收规章没有法律效力。例如，根据国务院发布的《中华人民共和国城镇土地使用税暂行条例》的规定，各省、自治区和直辖市人民政府可以制定本地区实施该条例的具体办法。

（4）税收规范性文件。税收规范性文件，是指县以上（含本级）税务机关依照法定职权和规定程序制定并公布的，规定纳税人、扣缴义务人及其他税务行政相对人（以下简称税务行政相对人）的权利、义务，在本辖区内具有普遍约束力并反复适用的文件。

制定税收规范性文件，应当符合法律、法规、规章及上级税收规范性文件的规定，坚持公开、统一、效能的原则，并遵循国家税务总局《税收规范性文件制定管理办法》规定的制定规则和制定程序。

（三）税法的构成要素

税法的构成要素是指各种单行税法具有的共同的基本要素的总称。税法构成要素是所有完善的单行税法都共同具备的，仅为某一税法所单独具有而非普遍性的内容，不构成税法要素，如扣缴义务人。税法的构成要素一般包括征税人、纳税义务人、征税对象、税目、税率、计税依据、纳税环节、纳税期限、纳税地点、减免税、法律责任等。

1. 征税人。征税人又叫征税主体，是指在税收法律关系中行使税收征管权，依法进行税款征收行为的一方当事人。判断和认定某一主体是否为征税主体，主要应看其行使的权利和实施的行为的性质。

征税主体在税收征纳活动中行使的税权的内容是税收征管权，具体包括税收征收权、税收管理权和税收入库权；征税主体在税收征纳活动中实施的行为是征税行为，即依法将应收税款及时、足额征收入库。从国际上征税机关设置的通行体制来看，一般是由税务机关和海关代表国家具体承担征税主体的角色。由于税收是以国家为主体的特殊分配形式，所以征税主体只能是国家，而不是其他主体。在我国，征税主体的具体部门有税务部门、财政部门和海关。

2. 纳税义务人。纳税人又叫纳税主体，是税法规定的直接负有纳税义务的单位和个人。任何一个税种首先要解决的就是国家对谁征税的问题，如我国个人所得税法、增值税、消费税、营业税、资源税以及印花税等暂行条例的第一条规定的都是该税种的纳税义务人。

税法中规定的纳税人有自然人和法人两种最基本的形式，按照不同的目的和标准，还可以对自然人和法人进行多种详细的分类。如自然人可划分为居民纳税人和非居民纳税人，个体经营者和其他个人等；法人可划分为居民企业和非居民企业，还可按企业的不同所有制性质来进行分类等。

3. 征税对象。征税对象又叫课税对象、征税客体，指税法规定对什么征税，是征纳税双方权利义务共同指向的客体或标的物，是区别一种税与另一种税的重要标志。如消费税的征税对象是消费税条例所列举的应税消费品，房产税的征税对象是房屋等。

征税对象是税法最基本的要素，因为它体现着征税的最基本界限，决定着某一种税的基本征税范围，同时，征税对象也决定了各个不同税种的名称。如消费税、土地增值税、个人所得税等，这些税种因征税对象不同，性质不同，税名也就不同。征税对象按其性质的不同，通常可划分为流转额、所得额、财产、资源、特定行为等五大类，通常也因此将税收分为相应的五大类，即流转税或称商品和劳务税、所得税、财产税、资源税和特定行为税。

4. 税目。税目是在税法中对征税对象分类规定的具体的征税项目，反映具体的征税范围，是对课税对象质的界定。设置税目的目的首先是明确具体的征税范围，凡列入税目的即为应税项目，未列入税目的，则不属于应税项目。其次，划分税目也是贯彻国家税收调节政策的需要，国家以不同项目的利润水平以及国家经济政策等为依据制定高低不同的税率，以体现不同的税收政策。并非所有税种都需规定税目，有些税种不分课税对象的具体项目，一律按照课税对象的应税数额采用同一税率计征税款，因此一般无须设置税目，如企业所得税。有些税种具体课税对象比较复杂，需要规定税目，如消费税、营业税等，一般都规定有不同的税目。

5. 税率。税率是对征税对象的征收比例或征收额度。税率是计算税额的尺度，也是衡量税负轻重与否的重要标志。我国现行的税率主要有：

（1）比例税率。即对同一征税对象，不分数额大小，规定相同的征收比例。我国的增值税、营业税、城市维护建设税、企业所得税等采用的是比例税率。比例税率在使用中又可分为以下三种具体形式：

①单一比例税率，是指对同一征税对象的所有纳税人都适用同一比例税率。

②差别比例税率，是指对同一征税对象的不同纳税人适用不同的比例征税。我国现行税法又分别按产品、行业和地区的不同将差别比例税率划分为以下三种类型：一是产品差别比例税率，即对不同产品分别适用不同的比例税率，同一产品采用同一比例税率，如消费税、关税等；二是行业差别比例税率，即对不同行业分别适用不同的比例税率，同一行业采用同一比例税率，如营业税等；三是地区差别比例税率，即区分不同的地区分别适用不同的比例税率，同一地区采用同一比例税率，如我国城市维护建设税等。

③幅度比例税率，是指对同一征税对象，税法只规定最低税率和最高税率，各地区在该幅度内确定具体的适用税率。

比例税率具有计算简单、税负透明度高、有利于保证财政收入、有利于纳税人公平竞争、不妨碍商品流转额或非商品营业额扩大等优点，符合税收效率原则。但比例税率不能针对不同的收入水平实施不同的税收负担，在调节纳税人的收入水平方面难以体现税收的公平原则。

（2）定额税率。即按征税对象确定的计算单位，直接规定一个固定的税额。目前采用定额税率的有资源税、城镇土地使用税、车船税等。

（3）累进税率。累进税率是指随着征税对象数量增大而随之提高的税率，即按征税对象数额的大小划分为若干等级，不同等级的课税数额分别适用不同的税率，课税数额越大，适用税率越高。累进税率一般在所得课税中使用，可以充分体现对纳税人收入多的多征、收入少的少征、无收入的不征的税收原则，从而有效地调节纳税人的收入，正确处理税收负担的纵向公平问题。

这种税率能够适应纳税人的负担能力，可以有效地调节收益水平，税收负担较为合理，缺点是计算征收较为复杂。累进税率又分为全额累进税率、超额累进税率和超率累进税率三种。

①全额累进税率，是指对征税对象的全部数额都按照与此相适应的等级税率计算征税的一种累进税率，即将课税对象的金额划分

若干个等级，课税对象的金额达到哪一个等级，就全部按相应的等级税率征税。目前，我国的税收法律制度中已不采用这种税率。

②超额累进税率，是对课税对象的全部数额分别按规定的各个等级的适用税率计算征税的一种累进税率，即把课税对象数额划分为若干个等级，各等级分别适用相应等级税率征税，最后汇总计算全部应纳税额。其计算公式为：

应纳税额 = 应税所得额 × 适用税率 − 速算扣除数

③超率累进税率，是以征税对象数额的相对率为依据，按累进方式计算应纳税额的税率。采用这种税率，需要确定课税对象数额的相对率，并将其从低到高划分为若干等级，分别规定不同的累进税率。我国的土地增值税采用超率累进税率。

6. 计税依据。计税依据又叫税基，是据以计算征税对象应纳税款的直接数量依据，它解决对征税对象课税的计算问题，是对课税对象的量的规定。多数情况下，计税依据和征税对象是一致的，如营业税，其计税依据和征税对象都是营业额。

计税依据可分为从价计征、从量计征和复合计征三种类型。

(1) 从价计征。是指按照课税对象的价值即货币单位计算，计税金额是从价计征应纳税额的计税依据。如企业所得税是以应纳税所得额的多少为计税依据，消费税中的大部分应税消费品以销售数量和单位销售价格的乘积为计税依据。主要包括收入额、收益额、财产额、资金额等。

(2) 从量计征。是指按照课税对象的自然计量单位计算，计税数量是从量计征应纳税额的计税依据，计税数量因征税对象不同，所包含的内容也不同，有重量、体积、面积等。如中国的屠宰税以屠宰应税牲畜的头数为计税依据，消费税中的黄酒、啤酒以吨数为计税依据，汽油、柴油以升数为计税依据。

(3) 复合计征。是指同时按照从量、从价两种计税依据计算纳税人应交纳的税额，以两种计税依据计算的税额之和作为课税对象的税额。目前我国卷烟、粮食白酒、薯类白酒采取的就是从量定额与从价定率相结合的复合计税方法。

7. 纳税环节。纳税环节，是指税法规定的商品从生产到消费的流转过程中缴纳税款的环节。商品流转环节包括工业生产、农业生产、货物进出口、农产品采购或发运、商业批发、商业零售等，在税收上只选择其中一定环节规定为缴纳税款的环节，如现行的增值税实行多次课征制，从商品生产环节到商业零售环节，每一个环节都要就其增值额部分交税。流转税在生产和流通环节纳税、所得税在分配环节纳税等。

8. 纳税期限。纳税期限是指纳税人在发生纳税义务后，应向税务机关申报纳税的起止时间。我国税法对不同税种依据不同情况规定了各自的纳税期限。超过纳税期限未缴税的，属于欠税，应依法加收滞纳金。

税法关于纳税期限的规定有三个概念：一是纳税义务发生时间，二是纳税期限，三是缴库期限。

（1）纳税义务发生时间。纳税义务发生时间是指应税行为发生的时间。如增值税条例规定采取预收货款方式销售货物的，其纳税义务发生时间为货物发出的当天。

（2）纳税期限。纳税人每次发生纳税义务后，不可能马上去缴纳税款。税法规定了每种税的纳税期限，即每隔固定时间汇总一次纳税义务的时间。纳税人的具体纳税期限，由主管税务机关根据纳税人应纳税额的大小分别核定；不能按照固定期限纳税的，可以按次纳税。

（3）缴库期限。即税法规定的纳税期满后，纳税人将应纳税款缴入国库的期限。

9. 纳税地点。纳税地点主要是指根据各个税种纳税对象的纳税环节和有利于对税款的源泉控制而规定的纳税人（包括代征、代扣、代缴义务人）的具体纳税地点。

我国税法上规定的纳税地点主要有：机构所在地、经济活动发生地、财产所在地、报关地等。

10. 减免税。减免税是指国家对某些纳税人和课税对象给予鼓励和照顾的一种特殊规定。制定这种特殊规定，一方面是为了鼓励和支持某些行业或项目的发展，另一方面是为了照顾某些纳税人的特殊困难。减免税主要包括以下三个方面的内容：

（1）减税和免税。减税是指对应征税款减少征收一部分。免税是对按规定应征收的税款全部免除。

（2）起征点。起征点也称征税起点，是指对课税对象开始征税的数额界限。课税对象的数额没有达到规定起征点的不征税；达到或超过起征点的，就其全部数额征税。其目的是为了照顾收入较少的纳税人，贯彻税收合理负担原则。

（3）免征额。免征额是指对课税对象总额中免予征税的数额。即对课税对象中的一部分给予减免，只就超过免征额部分征税。其目的是为了照顾纳税人的最低需要，体现税收合理负担的原则。

11. 法律责任。法律责任是指对违反国家税法规定的行为人采取的惩罚性措施。一般包括违法行为和因违法而应承担的法律责任两部分内容。这里讲的违法行为是指违反税法规定的行为，包括作为和不作为。税法中的法律责任包括行政责任和刑事责任。纳税人和税务人员违反税法规定，都将依法承担法律责任。

第二节 主要税种

我国现行税种主要包括增值税、营业税、消费税、企业所得税、个人所得税、关税、契税、资源税、车船税、印花税、城市维护建设税、车辆购置税以及土地、房产相关税等。

一、增值税

（一）增值税的概念与分类

1. 增值税的概念。增值税是对在我国境内销售货物，提供加工、修理修配劳务及进口货物的单位和个人，就其应税货物和应税劳务的增值额为计税依据计算征收的一种流转税。增值税具有价外计税、多环节不重复征税等特点。

增值税是对销售货物和提供劳务的过程中增加的价值征收的，是目前各国普遍征收的一种税收。1993 年 12 月 13 日，国务院发布《中华人民共和国增值税暂行条例》，从 1994 年 1 月 1 日起施行。2008 年 11 月 10 日，国务院对该条例作了修订，同日公布，从 2009 年 1 月 1 日起施行。

2. 增值税的分类。各国在增值税立法中，出于财政收入或者投资政策的考虑，在确定法定增值额时，除了对一般性外购生产资料（即非固定资产项目）普遍实行扣除外，对于某一纳税人的外购生产资料中的固定资产的价值扣除，规定不完全相同。根据税基和购进固定资产的进项税额是否扣除及如何扣除的不同，各国增值税可以分为生产型、收入型和消费型三种类型。

（1）生产型增值税，是指计算应纳税额时，只允许从当期销项税额中扣除原材料等劳动对象的已纳税款，而不允许扣除固定资产所含税款的增值税。

生产型增值税以销售收入总额减去所购中间产品价值后的余额为税基。

（2）收入型增值税，是指在计算应纳税额时，除扣除中间产品已纳税款，还允许在当期销项税额中扣除折旧部分所含税金。

收入型增值税以销售收入总额减去所购中间产品价值与固定资产折旧额后的余额为税基。

（3）消费型增值税，是指在计算应纳税额时，除扣除中间产品已纳税款，对纳税人购入固定资产的已纳税款，允许一次性地从当期销项税额中全部扣除，从而使纳税人用于生产应税产品的全部外购生产资料都不负担税款。

消费型增值税以销售收入总额减去所购中间产品价值与固定资产投资额后的余额为税基。

相比之下，生产型增值税的税基最大，消费型增值税的税基最小，但纳税人的税负最小。我国原来开征的是生产型增值税，2009

年1月1日后全面改征消费型增值税，实现了“增值税转型”。由于外购生产经营用固定资产的成本可以凭增值税专用发票一次性全部扣除，有利于鼓励投资，加速设备更新。

（二）增值税一般纳税人

增值税的纳税人包括在中国境内销售、进口货物，提供加工、修理、修配劳务（以下简称应税劳务）的企业、行政单位、事业单位、军事单位、社会团体、其他单位、个体工商户和其他个人。增值税纳税人按规模大小和会计核算是否健全，分为一般纳税人和小规模纳税人。

增值税一般纳税人是指年应税销售额超过财政部规定标准的企业和企业性单位。即企业规模较大，会计核算较为健全、能够提供完整的核算资料的纳税人。一般纳税人需要办理认定手续。

1. 属于一般纳税人的情况：

（1）年应税销售额超过小规模纳税人标准的企业和企业性单位。即：工业性及主营工业（工业销售额占50%以上）的企业，年应税销售额不低于50万元的；商业性企业及主营商业的企业，年应税销售额不低于80万元的。

（2）会计核算健全，年应税销售额不低于30万元的工业小规模企业。

（3）总机构为一般纳税人的工业性分支机构。

（4）新开业的符合一般纳税人条件的企业。

（5）已开业的小规模纳税人满足一般纳税人标准后，于次年1月底前申请变成一般纳税人。

（6）个体经营者符合条件的，可以向省级国税局申请，经批准后成为一般纳税人。

2. 不属于一般纳税人的情况：

除个体经营者以外的个人、销售免税货物的企业、不经常发生应税行为的企业，都不能认定为一般纳税人。下列纳税人不属于一般纳税人：

（1）年应税销售额未超过小规模纳税人标准的企业（以下简称小规模企业）。

（2）个人（除个体经营者以外的其他个人）。

（3）非企业性单位。

（4）不经常发生增值税应税行为的企业。

（三）增值税税率

我国增值税是采用比例税率，按照一定的比例征收。增值税的税率分为三档：基本税率（17%），低税率（13%）、零税率。

1. 基本税率。增值税一般纳税人销售或者进口货物，提供加工、修理修配劳务，除低税率适用范围和销售个别旧货适用低税率外，税率一律为17%，这就是通常所说的基本税率。

2. 低税率。增值税一般纳税人销售或者进口下列货物，按低税率计征增值税，低税率为13%。

（1）粮食、食用植物油、鲜奶。

（2）自来水、暖气、冷气、热水、煤气、石油液化气、天然气、沼气、居民用煤炭制品。

（3）图书、报纸、杂志。

（4）饲料、化肥、农药、农机、农膜。

（5）国务院及其有关部门规定的其他货物。

3. 零税率。纳税人出口货物，税率为零；但是，国务院另有规定的除外。

零税率是指对出口货物除了在出口环节不征增值税外，还要对该产品在出口前已经缴纳的增值税进行退税，使该出口产品在出口时完全不含增值税税款，从而以无税产品进入国际市场。税率为零不是简单地等同于免税。

（四）增值税应纳税额

增值税一般纳税人销售货物或者提供劳务的应纳税额为纳税人当期销项税额抵扣当期进项税额后的余额。其计算公式为：

$$增值税应纳税额 = 当期销项税额 - 当期进项税额$$

1. 销项税额。销项税额是指纳税人销售货物或者提供应税劳务，按照销售额或提供应税劳务收入和规定的税率计算并向购买方收取的增值税税额。销项税额的计算公式为：

销项税额 = 当期销售额 × 适用税率

一般纳税人因销货退回或折让而退还给购买方的增值税税额，应从发生销货退回或折让当期的销项税额中冲减。

2. 销售额。销售额是指纳税人销售货物或者提供应税劳务向购买方收取的全部价款和价外费用，但不包括向购买方收取的销项税额。即销售额为不含增值税的销售额和价外费用。

价外费用，包括价外向购买方收取的手续费、补贴、基金、集资费、返还利润、奖励费、违约金、滞纳金、延期付款利息、赔偿金、代收款项、代垫款项、包装费、包装物租金、储备费、优质费、运输装卸费以及其他各种性质的价外收费。但不包括下列项目：

(1) 向购买方收取的销项税额。

(2) 受托加工应征消费税的消费品所代收代缴的消费税。

(3) 同时符合以下条件的代垫运费：①承运部门将运费发票开具给购货方的；②纳税人将该项发票转交给购货方的。

凡随同销售货物或提供应税劳务向购买方收取的价外费用，无论其会计制度如何核算，均应并入销售额计算应纳税额。

我国增值税是价外税，计税依据中不含增值税本身的数额。为了符合增值税作为价外税的要求，一般纳税人在对销售货物或者应税劳务取得的含税销售额计算销项税额时，必须将其换算为不含税的销售额。对于一般纳税人销售货物或者应税劳务，采用销售额和销项税额合并定价方法的，按照下列公式计算销售额：

销售额 = 含税销售额 ÷ (1 + 税率)

纳税人销售货物或者提供应税劳务价格明显偏低并无正当理由的，或者视同销售货物行为而无销售额的，由税务机关核定销售额。

3. 进项税额。进项税额是指纳税人购进货物或应税劳务，所支付或所负担的增值税额。进项税额是与销项税额相对应的另一个概念，在开具增值税专用发票的情况下，它们之间的对应关系是，销售方收取的销项税额，就是购买方支付的进项税额。增值税的核心就是用纳税人收取的销项税额抵扣其支付的进项税额，其余额为纳税人实际应缴纳的增值税税额。

根据税法规定，准予从销项税额中抵扣的进项税额主要有：

（1）从销售方取得的增值税专用发票上注明的增值税额。

（2）从海关取得的海关进口增值税专用缴款书上注明的增值税额。

（3）购进农产品，除取得增值税专用发票或者海关进口增值税专用缴款书外，按照农产品收购发票或者销售发票上注明的农产品买价和13%的扣除率计算的进项税额。

（4）购进或者销售货物（除规定不准抵扣进项税额的外购固定资产、免税货物外）以及在生产经营过程中支付运输费用（不包括装卸费、保险费等其他杂费）的，按照运输费用结算单据（普通发票）上注明的运输费用金额和7%的扣除率计算的进项税额。

纳税人因进货退回或折让而收回的增值税税额，应当从当期发生的进项税额中冲减。经税务机关确定为混合销售行为或兼营非应税劳务，应当征收增值税的，非应税劳务所用外购货物或应税劳务的进项税额，准予计入当期进项税额之中。

（五）增值税小规模纳税人

小规模纳税人是指年销售额在规定标准以下，并且会计核算不健全，不能按规定报送有关税务资料的增值税纳税人。所称会计核算不健全是指不能正确核算增值税的销项税额、进项税额和应纳税额。

根据税法规定，小规模纳税人的认定标准是：

1. 从事货物生产或者提供应税劳务的纳税人，以及以从事货物生产或者提供应税劳务为主，并兼营货物批发或者零售的纳税人，年应征增值税销售额（以下简称应税销售额）在50万元以下（含本数，下同）的；“以从事货物生产或者提供应税劳务为主”是指纳税人的年货物生产或者提供应税劳务的销售额占年应税销售额的比重在50%以上。

2. 对上述规定以外的纳税人，年应税销售额在80万元以下的。

3. 年应税销售额超过小规模纳税人标准的其他个人按小规模纳税人纳税。

4. 非企业性单位、不经常发生应税行为的企业可选择按小规模纳税人纳税。

小规模纳税人销售货物或提供应税劳务，实行按销售额与征收率计算应纳税额的简易办法，其增值税征收率为3%。

小规模纳税人与增值税一般纳税人在征税和管理上的主要区别有三点：一是小规模纳税人销售货物或提供应税劳务不得使用增值税专用发票；二是小规模纳税人购进货物或接受应税劳务不能使用增值税专用发票等扣税凭证抵扣税款，即小规模纳税人不享有税款抵扣权；三是小规模纳税人应纳税额采用简易征收办法计算。

（六）增值税征收管理

1. 纳税义务发生的时间，是纳税人发生应税行为应当承担纳税义务的起始时间。销售货物或者应税劳务的纳税义务发生时间可以分为一般规定和具体规定。

（1）一般规定。

①纳税人销售货物或者应税劳务，其纳税义务发生时间为收讫销售款项或者取得索取销售款项凭据的当天；先开具发票的，为开具发票的当天。

②纳税人进口货物，其纳税义务发生时间为报关进口的当天。

③增值税扣缴义务发生时间为纳税人增值税纳税义务发生的当天。

（2）具体规定。纳税人收讫销售款项或者取得索取销售款项凭据的当天，按销售结算方式的不同，具体规定如下：

①采取直接收款方式销售货物，不论货物是否发出，均为收到销售款或者取得索取销售款凭据的当天；

②采取托收承付和委托银行收款方式销售货物，为发出货物并办妥托收手续的当天；

③采取赊销和分期收款方式销售货物，为书面合同约定的收款日期的当天，无书面合同的或者书面合同没有约定收款日期的，为货物发出的当天；

④采取预收货款方式销售货物，为货物发出的当天，但销售生产工期超过 12 个月的大型机械设备、船舶、飞机等货物，为收到预收款或者书面合同约定的收款日期的当天；

⑤委托其他纳税人代销货物，为收到代销单位的代销清单或者收到全部或者部分货款的当天，未收到代销清单及货款的，为发出代销货物满 180 天的当天；

⑥销售应税劳务，为提供劳务同时收讫销售款或者取得索取销售款的凭据的当天；

⑦纳税人发生税收法规中所列视同销售货物行为，为货物移送的当天。

2. 纳税期限。根据《增值税暂行条例》的规定，增值税的纳税期限分别为 1 日、3 日、5 日、10 日、15 日、1 个月或者 1 个季度。

纳税人的具体纳税期限，由主管税务机关根据纳税人应纳税额的大小分别核定；不能按照固定期限纳税的，可以按次纳税。

纳税人以 1 个月或者 1 个季度为 1 个纳税期的，自期满之日起 15 日内申报纳税；以 1 日、3 日、5 日、10 日或者 15 日为 1 个纳税期的，自期满之日起 5 日内预缴税款，于次月 1 日起 15 日内申报纳税并结清上月应纳税款。

纳税人进口货物，应当自海关填发税款缴纳书之日起 15 日内缴纳税款。纳税人出口适用税率为零的货物，可以按月向税务机关申报办理该项出口货物的退税。

3. 纳税地点。税法规定的增值税纳税地点主要有：

（1）固定业户应当向其机构所在地的主管税务机关申报纳税。总机构和分支机构不在同一县（市）的，应当分别向各自所在地的主管税务机关申报纳税；经国务院财政、税务主管部门或者其授权的财政、税务机关批准，可以由总机构汇总向总机构所在地的主管税务机关申报纳税。

（2）固定业户到外县（市）销售货物或者应税劳务，应当向其机构所在地的主管税务机关申请开具外出经营活动税收管理证明，并向其机构所在地的主管税务机关申报纳税；未开具证明的，应当向销售地或者劳务发生地的主管税务机关申报纳税；未向销售地或者劳务发生地的主管税务机关申报纳税的，由其机构所在地的主管税务机关补征税款。

（3）非固定业户销售货物或者应税劳务，应当向销售地或者劳务发生地的主管税务机关申报纳税；未向销售地或者劳务发生地的主管税务机关申报纳税的，由其机构所在地或者居住地的主管税务机关补征税款。

（4）进口货物，应当向报关地海关申报纳税。

扣缴义务人应当向其机构所在地或者居住地的主管税务机关申报缴纳其扣缴的税款。

二、消费税

（一）消费税的概念与计税方法

1. 消费税的概念。消费税是指对消费品和特定的消费行为按消费流转额征收的一种商品税。消费税可分为一般消费税和特别消费税，前者主要指对所有消费品包括生活必需品和日用品普遍课税，后者主要指对特定消费品或特定消费行为如奢侈品等课税。我国现行消费税是对在我国境内从事生产、委托加工和进口应税消费品的单位和个人就其应税消费品征收的一种税。由于其选择部分消费品征税，因而属于特别消费税。

2. 消费税的计税。消费税的计税方法，主要采用从价定率、从量定额以及从价定率和从量定额复合征收三种计税方法。

（1）从价定率计税。在从价定率征收情况下，根据不同的应税消费品确定不同的比例税率，以应税消费品的销售额为基数乘以比例税率计算应纳税额。实行从价定率计税的消费品，其消费税税基和增值税税基是一致的，即都是以含增值税而不含增值税的销售额作为计税基数。

（2）从量定额计税。在从量定额征收情况下，根据不同的应税消费品确定不同的单位税额，以应税消费品的数量为基数乘以单位税额计算应纳税额。

（3）从价定率和从量定额复合征收。在从价定率和从量定额复合征收情况下，基本与前两种征收方法相同，只不过是对同一应税消费品同时采用两种计税方法计算税额，以两种方法计算的应纳税额之和为该应税消费品的应纳税额。我国目前只对烟和酒采用复合征收方法。

（二）消费税纳税人

在中国境内从事生产、委托加工和进口应税消费品的单位和个人，为消费税的纳税人。

中国境内，是指生产、委托加工和进口属于应当缴纳消费税的消费品的起运地或者所在地在境内。

单位，是指企业、行政单位、事业单位、军事单位、社会团体及其他单位。

个人，是指个体工商户及其他个人。

（三）消费税税目与税率

1. 消费税税目。现行消费税共有 14 个税目，包括烟（包括卷烟、雪茄烟和烟丝等子目）、酒及酒精（包括白酒、黄酒、啤酒、其他酒和酒精等子目）、化妆品、贵重首饰及珠宝玉石、鞭炮和焰火、成品油（包括汽油、柴油、航空煤油、石脑油、溶剂油、润滑油、燃料油等子目）、汽车轮胎、摩托车、小汽车（包括乘用车、中轻型商用客车等子目）、高尔夫球及球具、高档手表、游艇、木制一次性筷子、实木地板等。

2. 消费税税率。消费税采用比例税率和定额税率两种形式，以适应不同应税消费品的实际情况。

消费税根据不同的税目或子目确定相应的税率或单位税额。如粮食白酒税率为20%加0.5元/500克，摩托车税率为3%等；黄酒、啤酒、汽油、柴油等分别按单位重量或单位体积确定单位税额。

（四）消费税应纳税额

1. 销售额的确认。销售额为纳税人销售应税消费品向购买方收取的全部价款和价外费用，但不包括向购货方收取的增值税款。价外费用，是指价外向购买方收取的手续费、违约金、包装费、包装物租金、储备费、运输装卸费等。对于销售额中包含的增值税则应该进行价税分离。

2. 销售量的确认。销售数量是指纳税人生产、加工和进口应税消费品的数量。具体规定为：

（1）销售应税消费品的，为应税消费品的销售数量。

（2）自产自用应税消费品的，为应税消费品的移送使用数量。

（3）委托加工应税消费品的，为纳税人收回的应税消费品数量。

（4）进口的应税消费品，为海关核定的应税消费品进口征税数量。

3. 从价从量复合计征。从价从量复合计征是从量定额和从价定率相结合的一种计税方法。其消费税应纳税额等于从价定率计算的应纳税额和从量定额计算的应纳税额相加之和。

现行消费税的征税范围中，只有卷烟、白酒采用复合计征方法。

4. 应税消费品已纳税款扣除。为了避免重复征税，现行消费税规定，将外购应税消费品和委托加工收回的应税消费品继续生产应税消费品销售的，可以将外购应税消费品和委托加工收回应税消费品已缴纳的消费税给予扣除。

（1）外购应税消费品已纳税款的扣除。由于某些应税消费品是用外购已缴纳消费税的应税消费品连续生产出来的，在对这些连续生产出来的应税消费品计算征税时，税法规定应按当期生产领用数量计算准予扣除外购的应税消费品已纳的消费税税款。

（2）委托加工收回的应税消费品已纳税款的扣除。委托加工的应税消费品因为已由受托方代收代缴消费税。因此，委托方收回货物后用于连续生产应税消费品的，其已纳税款准予按照规定从连续生产的应税消费品应纳消费税税额中抵扣。

（五）消费税征收管理

1. 纳税义务发生时间。纳税人生产的应税消费品应于销售时纳税，进口消费品应当于应税消费品报关进口环节纳税，但金银首饰、钻石及钻石饰品在零售环节纳税。消费税纳税义务发生的时间，以货款结算方式或行为发生时间分别确定。

（1）纳税人销售的应税消费品，其纳税义务的发生时间为：

①纳税人采取赊销和分期收款结算方式的，其纳税义务的发生时间，为销售合同规定的收款日期的当天。

②纳税人采取预收货款结算方式的，其纳税义务的发生时间，为发出应税消费品的当天。

③纳税人采取托收承付和委托银行收款方式销售的应税消费品，其纳税义务的发生时间，为发出应税消费品并办妥托收手续的当天。

④纳税人采取其他结算方式的，其纳税义务的发生时间，为收讫销售款或者取得索取销售款的凭据的当天。

（2）纳税人自产自用的应税消费品，其纳税义务的发生时间，为移送使用的当天。

（3）纳税人委托加工的应税消费品，其纳税义务的发生时间，为纳税人提货的当天。

（4）纳税人进口的应税消费品，其纳税义务的发生时间，为报关进口的当天。

2. 纳税期限。消费税的纳税期限分别为1日、3日、5日、10日、15日、1个月或者1个季度。纳税人的具体纳税期限，由主管税务机关根据纳税人应纳税额的大小分别核定；不能按照固定期限纳税的，可以按次纳税。

纳税人以1个月或以1个季度为一期纳税的，自期满之日起15日内申报纳税；以1日、3日、5日、10日或者15日为一期纳税的，自期满之日起5日内预缴税款，于次月1日起15日内申报纳税并结清上月应纳税款。

纳税人进口应税消费品，应当自海关填发海关进口消费税专用缴款书之日起15日内缴纳税款。

3. 纳税地点。消费税具体纳税地点有：

（1）纳税人销售的应税消费品，以及自产自用的应税消费品，除国家另有规定的外，应当向纳税人核算地主管税务机关申报纳税。

（2）委托个人加工的应税消费品，由委托方向其机构所在地或者居住地主管税务机关申报纳税。除此之外，由受托方向所在地主管税务机关代收代缴消费税税款。

（3）进口的应税消费品，由进口人或者其代理人向报关地海关申报纳税。

（4）纳税人到外县（市）销售或者委托外县（市）代销自产应税消费品的，于应税消费品销售后，向机构所在地或者居住地主管税务机关申报纳税。

纳税人的总机构与分支机构不在同一县（市）的，应当分别向各自机构所在地的主管税务机关申报纳税；经财政部、国家税务总局或者其授权的财政、税务机关批准，可以由总机构汇总向总机构所在地的主管税务机关申报纳税。

（5）纳税人销售的应税消费品，如因质量等原因由购买者退回时，经所在地主管税务机关审核批准后，可退还已征收的消费税税款，但不能自行直接抵减应纳税款。

三、营业税

（一）营业税的概念

营业税是以在我国境内提供应税劳务、转让无形资产或销售不动产所取得的营业额为课税对象而征收的一种商品劳务税。

（二）营业税纳税人

在中华人民共和国境内提供应税劳务、转让无形资产或者销售不动产的单位和个人，为营业税的纳税义务人。

上述应税劳务是指属于交通运输业、建筑业、金融保险业、邮电通信业、文化体育业、娱乐业、服务业税目征收范围的劳务。加工和修理修配劳务属于增值税的征税范围，不属于营业税的应税劳务。单位或个体工商户聘用的员工为本单位或雇主提供的劳务，也不属于营业税的应税劳务。

（三）营业税的税目、税率

1. 营业税税目。营业税的税目按照行业、类别的不同分别设置。我国现行营业税共设置了 9 个税目，分别是：交通运输业、建筑业、金融保险业、邮电通信业、文化体育业、娱乐业、服务业、转让无形资产、销售不动产。

2. 营业税税率。营业税按照行业、类别的不同分别采用不同的比例税率，具体规定为：

（1）交通运输业、建筑业、邮电通信业、文化体育业，税率为 3%。

（2）服务业、销售不动产、转让无形资产，税率为 5%。

（3）金融保险业税率为 5%。

（4）娱乐业执行 5% ~20% 的幅度税率，具体适用的税率，由各省、自治区、直辖市人民政府根据当地的实际情况在税法规定的幅度内决定。

（四）营业税应纳税额

现行营业税以营业额作为计税依据。营业额为纳税人提供应税劳务、转让无形资产或者销售不动产向对方收取的全部价款和价外费用。价外费用，包括收取的手续费、补贴、基金、集资费、返还利润、奖励费、违约金、滞纳金、延期付款利息、赔偿金、代收款项、代垫款项、罚息及其他各种性质的价外收费。

纳税人提供应税劳务、转让无形资产或者销售不动产，按照营业额和规定的适用税率计算应纳税额。其计算公式为：

应纳税额 = 营业额 × 税率

营业额以人民币计算。纳税人以人民币以外的货币结算营业额的，应当折合成人民币计算。

（五）营业税征收管理

1. 纳税义务发生时间。营业税的纳税义务发生时间为纳税人收讫营业收入款项或者取得索取营业收入款项凭据的当天，所称取得索取营业收入款项凭据的当天，为书面合同确定的付款日期的当天；未签订书面合同或者书面合同未确定付款日期的，为应税行为完成的当天。

具体规定如下：

（1）纳税人转让土地使用权或者销售不动产，采取预收款方式的，其纳税义务发生时间为收到预收款的当天。

（2）纳税人提供建筑业或者租赁业劳务，采取预收款方式的，其纳税义务发生时间为收到预收款的当天。

（3）纳税人将不动产或者土地使用权无偿赠送其他单位或者个人的，其纳税义务发生时间为不动产所有权、土地使用权转移的当天。

（4）纳税人发生自建行为的，其纳税义务发生时间为销售自建建筑物并收讫营业收入款项或取得索取营业收入款项凭据的当天。

纳税人将自建建筑物对外赠与，其建筑业应税劳务的纳税义务发生时间为该建筑物产权转移的当天。

2. 纳税期限。营业税的纳税期限，分别为 5 日、10 日、15 日、1 个月或 1 个季度。纳税人的具体纳税期限，由主管税务机关根据纳税人应纳税额的大小分别核定；不能按照固定期限纳税的，可以按次纳税。

纳税人以1个月或者1个季度为一个纳税期的，自期满之日起15日内申报纳税；以5日、10日或者15日为一个纳税期的，自期满之日起5日内预缴税款，于次月1日起15日内申报纳税并结清上月应纳税款。

3. 纳税地点。营业税的纳税地点主要有：

（1）纳税人提供应税劳务应当向其机构所在地或者居住地的主管税务机关申报纳税。但是纳税人建筑业劳务以及国务院财政、税务主管部门规定的其他应税劳务，应当向应税劳务发生地主管税务机关申报纳税。

（2）纳税人转让无形资产，应当向其机构所在地或者居住地的主管税务机关申报纳税。

但是，纳税人转让、出租土地使用权，应当向土地所在地的主管税务机关申报纳税。

（3）纳税人销售、出租不动产，应当向不动产所在地的主管税务机关申报纳税。

扣缴义务人应当向其机构所在地或者居住地的主管税务机关申报缴纳其扣缴的税款。

四、企业所得税

（一）企业所得税的概念

企业所得税是指对我国境内的企业和其他取得收入的组织的生产经营所得和其他所得征收的所得税。其中，企业分为居民企业和非居民企业。居民企业是指依法在中国境内成立，或者依照外国（地区）法律成立但实际管理机构在中国境内的企业；非居民企业是指依照外国（地区）法律成立且实际管理机构不在中国境内，但在中国境内设立机构、场所的，或者在中国境内未设立机构、场所，但有来源于中国境内所得的企业。

（二）企业所得税征税对象

企业所得税的征税对象是指企业的生产经营所得、其他所得和清算所得。

1. 居民企业的征税对象。居民企业应就来源于中国境内、境外的所得作为征税对象。所得，包括销售货物所得、提供劳务所得、转让财产所得、股息红利等权益性投资所得，以及利息所得、租金所得、特许权使用费所得、接受捐赠所得和其他所得。

2. 非居民企业的征税对象。非居民企业在中国境内设立机构、场所的，应当就其所设机构、场所取得的来源于中国境内的所得，以及发生在中国境外但与其所设机构、场所有实际联系的所得缴纳企业所得税。非居民企业在中国境内未设立机构、场所的，或者虽设立机构、场所但取得的所得与其所设机构、场所没有实际联系的，应当就其来源于中国境内的所得缴纳企业所得税。

实际联系，是指非居民企业在中国境内设立的机构、场所拥有的据以取得所得的股权、债权，以及拥有、管理、控制据以取得所得的财产。

（三）企业所得税税率

企业所得税实行比例税率。现行规定是：

1. 基本税率为25%。适用于居民企业和在中国境内设有机构、场所且所得与机构、场所有关联的非居民企业。

2. 低税率为20%。适用于在中国境内未设立机构、场所的，或者虽设立机构、场所但取得的所得与其所设机构、场所没有实际联系的非居民企业。

（四）企业所得税应纳税所得额

应纳税所得额是企业所得税的计税依据。根据税法规定，应纳税所得额为企业每一个纳税年度的收入总额，减除不征税收入、免税收入、各项扣除，以及允许弥补的以前年度亏损后的余额。

1. 收入总额。企业的收入总额是指以货币形式和非货币形式从各种来源取得的收入。收入总额具体包括销售货物收入、提供劳务收入、转让财产收入、股息、红利等权益性投资收益，以及利息收入、租金收入、特许权使用费收入、接受捐赠收入、其他收入。

2. 不征税收入。不征税收入是指根据企业所得税法规定的不征企业所得税的财政性资金的收入。主要包括：

（1）财政拨款，是指各级人民政府对纳入预算管理的事业单位、社会团体等组织拨付的财政资金，但国务院和国务院财政、税务主管部门另有规定的除外。

（2）依法收取并纳入财政管理的行政事业性收费、政府性基金，是指依照法律法规等有关规定，按照国务院规定程序批准，在实施社会公共管理，以及在向公民、法人或者其他组织提供特定公共服务的过程中，向特定对象收取并纳入财政管理的费用。

（3）国务院规定的其他不征税收入，是指企业取得的，由国务院财政、税务主管部门规定专项用途并经国务院批准的财政性资金。

3. 免税收入。

（1）国债利息收入。为鼓励企业积极购买国债，支援国家建设，税法规定，企业因购买国债所得的利息收入，免征企业所得税。

（2）符合条件的居民企业之间的股息、红利等权益性收益，是指居民企业直接投资于其他居民企业取得的投资收益。

（3）在中国境内设立机构、场所的非居民企业从居民企业取得与该机构、场所有实际联系的股息、红利等权益性投资收益。

（4）符合条件的非营利组织的收入。

4. 准予扣除的项目。企业实际发生的与取得收入有关的、合理的支出，包括成本、费用、税金、损失和其他支出，准予在计算应纳税所得额时扣除。

（1）成本。成本是指企业在生产经营活动中发生的销售成本、销货成本、业务支出以及其他耗费，即企业销售商品（产品、材料、下脚料、废料、废旧物资等）、提供劳务、转让固定资产、无形资产（包括技术转让）的成本。

（2）费用。费用是指企业每一个纳税年度为生产、经营商品和提供劳务等所发生的销售（经营）费用、管理费用和财务费用。已经计入成本的有关费用除外。

（3）税金。税金是指企业发生的除企业所得税和允许抵扣的增值税以外的企业缴纳的各项税金及其附加。即企业按规定缴纳的消费税、营业税、城市维护建设税、关税、资源税、土地增值税、房产税、车船税、土地使用税、印花税、教育费附加等产品销售税金及附加。

（4）损失。损失是指企业在生产经营活动中发生的固定资产和存货的盘亏、毁损、报废损失，转让财产损失，呆账损失，坏账损失，自然灾害等不可抗力因素造成的损失以及其他损失。企业发生的损失，减除责任人赔偿和保险赔款后的余额，依照国务院财政、税务主管部门的规定扣除。

（5）其他支出。其他支出是指除成本、费用、税金、损失外，企业在生产经营活动中发生的与生产经营活动有关的、合理的支出。

5. 不得扣除的项目。在计算应纳税所得额时，下列支出不得扣除：

（1）向投资者支付的股息、红利等权益性投资收益款项。

（2）企业所得税税款。

（3）税收滞纳金，是指纳税人违反税收法规，被税务机关处以的滞纳金。

（4）罚金、罚款和被没收财物的损失，是指纳税人违反国家有关法律、法规规定，被有关部门处以的罚款，以及被司法机关处以的罚金和被没收财物。

（5）超过规定标准的捐赠支出。

（6）赞助支出，是指企业发生的与生产经营活动无关的各种非广告性质支出。

（7）未经核定的准备金支出，是指不符合国务院财政、税务主管部门规定的各项资产减值准备、风险准备等准备金支出。

（8）企业之间支付的管理费、企业内营业机构之间支付的租金和特许权使用费，以及非银行企业内营业机构之间支付的利息。

（9）与取得收入无关的其他支出。

6. 亏损弥补。税法规定，企业某一纳税年度发生的亏损可以用下一年度的所得弥补，下一年度的所得不足以弥补的，可以逐年延续弥补，但最长不得超过 5 年。

（五）企业所得税征收管理

1. 纳税地点。

（1）除税收法律、行政法规另有规定外，居民企业以企业登记注册地为纳税地点；但登记注册地在境外的，以实际管理机构所在地为纳税地点。

居民企业在中国境内设立不具有法人资格的营业机构的，应当汇总计算并缴纳企业所得税。

（2）非居民企业在中国境内设立机构、场所的，应当就其所设机构、场所取得的来源于中国境内的所得，以及发生在中国境外但与其所设机构、场所有实际联系的所得，以机构、场所所在地为纳税地点。非居民企业在中国境内设立两个或者两个以上机构、场所的，经税务机关审核批准，可以选择由其主要机构、场所汇总缴纳企业所得税。

（3）非居民企业在中国境内未设立机构、场所的，或者虽设立机构、场所但取得的所得与其所设机构、场所没有实际联系的所得，以扣缴义务人所在地为纳税地点。

（4）除国务院另有规定外，企业之间不得合并缴纳企业所得税。

2. 纳税期限。企业所得税按年计征，分月或者分季预缴，年终汇算清缴，多退少补。

企业所得税的纳税年度，自公历 1 月 1 日起至 12 月 31 日止。企业在一个纳税年度的中间开业，或者由于合并、关闭等原因终止经营活动，使该纳税年度的实际经营期不足 12 个月的，应当以其实际经营期为一个纳税年度。企业清算时，应当以清算期间作为一个纳税年度。

3. 纳税申报。按月或按季预缴的，应当自月份或者季度终了之日起 15 日内，向税务机关报送预缴企业所得税纳税申报表，预缴税款。

依照企业所得税法缴纳的企业所得税，以人民币计算。所得以人民币以外的货币计算的，应当折合成人民币计算并缴纳税款。

五、个人所得税

（一）个人所得税概念

个人所得税是以自然人取得的各类应税所得为征税对象而征收的一种所得税，是政府利用税收对个人收入进行调节的一种手段。个人所得税的征税对象不仅包括个人还包括具有自然人性质的企业。

（二）个人所得税纳税义务人

个人所得税的纳税义务人，包括中国公民、个体工商户（个人独资企业和合伙企业的投资者），以及在中国境内有所得的外籍人员和香港、澳门、台湾同胞。上述纳税义务人依据住所和居住时间两个标准，可分为居民纳税人和非居民纳税人。

1. 居民纳税人。居民纳税人是指在中国境内有住所，或者无住所而在中国境内居住满一年的个人。居民纳税人负无限纳税义务，应就其来源于中国境内、境外的全部所得，依法缴纳个人所得税。

2. 非居民纳税人。非居民纳税人是指在中国境内无住所又不居住，或者无住所而在境内居住不满一年的个人。非居民纳税人负有限纳税义务，仅就其来源于中国境内的所得向中国缴纳个人所得税。

（三）个人所得税的应税项目和税率

1. 个人所得税应税项目。我国个人所得税共有 11 个应税项目，分别如下：

（1）工资、薪金所得，是指个人因任职或受雇而取得的工资、薪金、奖金、年终加薪、劳动分红、津贴、补贴以及与任职或者受雇有关的其他所得。

（2）个体工商户的生产、经营所得，是指：

①个体工商户从事工业、手工业、建筑业、交通运输业、商业、饮食业、服务业、修理业及其他行业取得的所得。

②个人经政府有关部门批准，取得执照，从事办学、医疗、咨询以及其他有偿服务活动取得的所得。

③上述个体工商户和个人取得的与生产、经营有关的各项应税所得。

④其他个人从事个体工商业生产、经营取得的所得。

（3）对企事业单位的承包经营、承租经营所得，是指个人承包经营、承租经营以及转包、转租取得的所得。

（4）劳务报酬所得，是指个人从事设计、装潢、安装、制图、化验、测试、医疗、法律、会计、咨询、讲学、新闻、广播、翻译、审稿、书画、雕刻、影视、录音、录像、演出、表演、广告、展览、技术服务、介绍服务、经纪服务、代办服务以及其他劳务取得的所得。

（5）稿酬所得，是指个人因其作品以图书、报刊形式出版、发表而取得的所得。

（6）特许权使用费所得，是指个人提供专利权、商标权、著作权、非专利技术以及其他特许权的使用权取得的所得；提供著作权的使用权取得的所得，不包括稿酬所得。

（7）利息、股息、红利所得，是指个人拥有债权、股权而取得的利息、股息、红利所得。

（8）财产租赁所得，是指个人出租建筑物、土地使用权、机器设备、车船以及其他财产取得的所得。

（9）财产转让所得，是指个人转让有价证券、股权、建筑物、土地使用权、机器设备、车船以及其他财产取得的所得。

（10）偶然所得，是指个人得奖、中奖、中彩以及其他偶然性质的所得。

（11）经国务院财政部门确定征税的其他所得。

2. 个人所得税税率。我国的个人所得税采用分类所得税制，对不同的所得项目分别确定不同的适用税率和不同的税率形式。其采用的税率形式分别为比例税率和超额累进税率。具体规定如下：

（1）工资、薪金所得，适用超额累进税率，税率为5%～45%。

（2）个体工商户的生产、经营所得和对企事业单位的承包经营、承租经营所得，适用5%～35%的超额累进税率。

（3）稿酬所得，适用比例税率，税率为20%，并按应纳税额减征30%。故其实际税率为14%。

（4）劳务报酬所得，适用比例税率，税率为20%。对劳务报酬所得一次收入畸高的，可以实行加成征收，具体办法由国务院规定。

（5）特许权使用费所得，利息、股息、红利所得，财产租赁所得，财产转让所得，偶然所得和其他所得，适用比例税率，税率为20%。

（四）个人所得税应纳税所得额

1. 工资、薪金所得。工资、薪金所得，以每月收入额减除费用2 000元后的余额，为应纳税所得额。

应纳税所得额＝每月收入额－2 000元或4 800元

上述公式中提及的“4 800元”，包括了附加减除费用。

我国《个人所得税法实施条例》中对附加减除费用的范围和标准作了具体规定。

（1）附加减除费用适用的范围包括：

①在中国境内的外商投资企业和外国企业中工作取得工资、薪金所得的外籍人员。

②应聘在中国境内的企业、事业单位、社会团体、国家机关中工作取得工资、薪金所得的外籍专家。

③在中国境内有住所而在中国境外任职或者受雇取得工资、薪金所得的个人。

④财政部确定的取得工资、薪金所得的其他人员。

（2）附加减除费用标准：上述适用范围内的人员每月工资、薪金所得在减除 2 000 元费用的基础上，再减除 2 800 元。

（3）华侨和香港、澳门、台湾同胞参照上述附加减除费用标准执行。

2. 个体工商户的生产经营所得。个体工商户的生产、经营所得，以每一纳税年度的收入总额，减除成本、费用以及损失后的余额，为应纳税所得额。

3. 对企事业单位的承包经营、承租经营所得。对企事业单位的承包经营、承租经营所得，以每一纳税年度的收入总额，减除必要费用后的余额，为应纳税所得额。

4. 劳务报酬所得。劳务报酬所得，每次收入不超过 4 000 元的，减除费用 800 元；4 000 元以上的，减除 20% 的费用，其余额为应纳税所得额。

特许权使用费所得、财产租赁所得应纳税所得额，同上。

5. 财产转让所得。财产转让所得，以转让财产的收入额减除财产原值和合理费用后的余额，为应纳税所得额。

6. 稿酬所得。稿酬所得，每次收入不超过 4 000 元的，减除费用 800 元；4 000 元以上的，减除 20% 的费用，其余额为应纳税所得额。

7. 利息、股息、红利所得。利息、股息、红利所得，偶然所得和其他所得，以每次收入额为应纳税所得额。

（五）个人所得税征收管理

个人所得税的纳税办法，有自行申报纳税和代扣代缴两种。

1. 自行申报纳税义务人。自行申报纳税，是由纳税人自行在税法规定的纳税期限内，向税务机关申报取得的应税所得项目和数额，如实填写个人所得税纳税申报表，并按照税法规定计算应纳税额，据此缴纳个人所得税的一种方法。自行申报纳税的纳税义务人主要有：

（1）自2006年1月1日起，年所得12万元以上的。

（2）从中国境内两处或者两处以上取得工资、薪金所得的。

（3）从中国境外取得所得的。

（4）取得应税所得，没有扣缴义务人的。

（5）国务院规定的其他情形。

对于年所得12万元以上的纳税人，无论取得的各项所得是否已足额缴纳了个人所得税，均应按照规定，于纳税年度终了后3个月内向主管税务机关办理纳税申报。

2. 代扣代缴。代扣代缴，是指按照税法规定负有扣缴税款义务的单位或者个人，在向个人支付应纳税所得时，应计算应纳税额，从其所得中扣除并缴入国库，同时向税务机关报送扣缴个人所得税报告表。

凡支付个人应纳税所得的企业（公司）、事业单位、机关、社团组织、军队、驻华机构、个体户等单位或者个人，为个人所得税的扣缴义务人。

扣缴义务人向个人支付下列所得，应代扣代缴个人所得税：

（1）工资、薪金所得。

（2）对企事业单位的承包经营、承租经营所得。

（3）劳务报酬所得。

（4）稿酬所得。

（5）特许权使用费所得。

（6）利息、股息、红利所得。

（7）财产租赁所得。

（8）财产转让所得。

（9）偶然所得。

（10）经国务院财政部门确定征税的其他所得。

第三节　税收征管

一、税务登记

税务登记又称纳税登记，是税务机关依据税法规定，对纳税人的生产、经营活动进行登记管理的一项法定制度，也是纳税人依法履行纳税义务的法定手续。

根据《税务登记管理办法》的规定，凡有法律、法规规定的应税收入、应税财产或应税行为的各类纳税人，均应当办理税务登记；扣缴义务人应当在发生扣缴义务时，到税务机关申报登记，领取扣缴税款凭证。税务登记包括：开业登记，变更登记，停业、复业登记，注销登记，外出经营报验登记等。

（一）开业登记

开业登记是指从事生产经营的纳税人，经国家工商行政管理部门批准开业后办理的纳税登记。

1. 开业登记的对象。根据有关规定，开业登记的纳税人分以下两类：

（1）领取营业执照从事生产、经营的纳税人，包括：

①企业，即从事生产经营的单位或组织，包括国有、集体、私营企业，中外合资合作企业、外商独资企业，以及各种联营、联合、股份制企业等。

②企业在外地设立的分支机构和从事生产、经营的场所。

③个体工商户。

④从事生产、经营的事业单位。

（2）其他纳税人。根据有关法规规定，不从事生产、经营，但依照法律、法规的规定负有纳税义务的单位和个人，除临时取得应税收入或发生应税行为以及只缴纳个人所得税、车船税的外，都应按规定向税务机关办理税务登记。

2. 开业登记的时间和地点。

（1）从事生产、经营的纳税人，应当自领取营业执照之日起30日内，向生产、经营地或者纳税义务发生地的主管税务机关申报办理税务登记，如实填写税务登记表并按照税务机关的要求提供有关证件、资料。

（2）除上述以外的其他纳税人，除国家机关和个人外，应当自纳税义务发生之日起30日内，持有关证件向所在地主管税务机关申报办理税务登记。

以下几种情况应比照开业登记办理：

（1）扣缴义务人应当自扣缴义务发生之日起30日内，向所在地的主管税务机关申报办理扣缴税款登记，领取扣缴税款登记证件；税务机关对已办理税务登记的扣缴义务人，可以只在其税务登记证件上登记扣缴税款事项，不再发给扣缴税款登记证件。

（2）跨地区的非独立核算分支机构应当自设立之日起30日内，向所在地税务机关办理注册税务登记。

（3）从事生产、经营的纳税人到外县（市）临时从事生产、经营活动的，应当持税务登记证副本和所在地税务机关填开的外出经营活动税收管理证明，向营业地税务机关报验登记，接受税务管理。

从事生产、经营的纳税人外出经营，在同一地累计超过180天的，应当在营业地办理税务登记手续。在同一地累计超过180天，是指纳税人在同一县（市）实际经营或提供劳务之日起，在连续的12个月内累计超过180天。自期满之日起，向生产经营所在地税务机关申报办理税务登记证，税务机关核发临时税务登记证。

3. 开业登记的内容。

（1）单位名称、法定代表人或业主姓名及其居民身份证、护照或者其他证明身份的合法证件；

（2）住所、经营地点；

（3）登记注册类型及所属主管单位；

(4) 核算方式;

(5) 行业、经营范围、经营方式;

(6) 注册资金(资本)、投资总额、开户银行及账号;

(7) 经营期限、从业人数、营业执照号码;

(8) 财务负责人、办税人员;

(9) 其他有关事项。

企业在外地的分支机构或者从事生产、经营的场所,还应当登记总机构名称、地址、法人代表、主要业务范围、财务负责人。

4. 开业登记程序。

(1) 税务登记的申请。

办理税务登记是为了建立正常的征纳秩序,是纳税人履行纳税义务的第一步。为此,纳税人必须严格按照规定的期限,向当地主管税务机关及时申报办理税务登记手续,实事求是地填报登记项目,并如实回答税务机关提出的问题。纳税人所属的本县(市)以外的非独立经济核算的分支机构,除由总机构申报办理税务登记外,还应当自设立之日起30日内,向分支机构所在地税务机关申报办理注册税务登记。在申报办理税务登记时,纳税人应认真填写《税务登记表》。

(2) 纳税人办理税务登记时应提供的证件、资料。

①营业执照或其他核准执业证件及工商登记表,或其他核准执业登记表复印件;

②有关机关、部门批准设立的文件;

③有关合同、章程、协议书;

④法定代表人和董事会成员名单;

⑤法定代表人(负责人)或业主居民身份证、护照或者其他证明身份的合法证件;

⑥组织机构统一代码证书;

⑦住所或经营场所证明;

⑧委托代理协议书复印件;

⑨属于享受税收优惠政策的企业，还应包括需要提供的相应证明、资料，税务机关需要的其他资料、证件。

企业在外地的分支机构或者从事生产、经营的场所，在办理税务登记时，还应当提供由总机构所在地税务机关出具的在外地设立分支机构的证明。

（3）税务登记表的种类、适用对象。

①内资企业税务登记表。适用于核发税务登记证的国有企业、集体企业、股份合作企业、国有联营企业、集体联营企业、国有与集体联营企业、其他联营企业、国有独资公司、其他有限责任公司、股份有限公司、私营独资企业、私营合作企业、私营有限责任公司、私营股份有限公司、其他企业填用。

②分支机构税务登记表。主要适用于核发注册税务登记证的各种类型企业的非独立核算分支机构填用。

③个体经营税务登记表。主要适用于核发税务登记证的个体工商业户填用。

④其他单位税务登记表。主要适用于除工商行政管理机关外，其他部门批准登记核发税务登记证的纳税人。

⑤涉外企业税务登记表。主要适用于中外合资经营企业、合作经营企业和外国企业填用。

（4）税务登记表的受理、审核。

①受理。税务机关对申请办理税务登记的单位和个人所提供的《申请税务登记报告书》，及要求报送的各种附列资料、证件进行查验，对手续完备、符合要求的，方可受理登记，并根据其经济类型发给相应的税务登记表。

②审核。税务登记审核工作，既是税务机关税务登记工作的开始，也是税务登记管理工作的关键。为此，加强税务登记申请的审核就显得十分必要。通过税务登记申请的审核，可以发现应申报办理税务登记户数，实际办理税务登记户数，进而掌握申报办理税务登记户的行业构成等税务管理信息。

为此，税务机关对纳税人填报的《税务登记表》、提供的证件和资料，应当在收到之日起 30 日内审核完毕，符合规定的，予以登记；对不符合规定的不予登记，也应在 30 日内予以答复。

（5）税务登记证的核发。

根据《征管法》第十五条的规定："税务机关应当自收到申报之日起 30 日内审核并发给税务登记证件。"因此，税务机关对纳税人填报的税务登记表及附送资料、证件审核无误的，应在 30 日内发给税务登记证件。具体规定：

①对从事生产、经营并经工商行政管理部门核发营业执照的纳税人，核发税务登记证及其副本。

②对未取得营业执照或工商登记核发临时营业执照从事生产经营的纳税人，暂核发税务登记证及其副本，并在正副本右上角加盖"临时"章。

③对纳税人非独立核算的分支机构及非从事生产经营的纳税人（除临时取得应税收入或发生应税行为以及只缴纳个人所得税、车船使用税的外），核发注册税务登记证及其副本。

④对外商投资企业、外国企业及外商投资企业分支机构，分别核发外商投资企业税务登记证及其副本、外国企业税务登记证及其副本、外商投资企业分支机构税务注册证及其副本。

对既没有税收纳税义务又不需领用收费（经营）票据的社会团体等，可以只登记不发证。

（二）变更登记

变更登记是指纳税人在办理税务登记后，原登记的内容发生变化时向原税务机关申报办理的税务登记。

1. 变更税务登记的范围及时间要求。

（1）适用范围。纳税人办理税务登记后，如发生下列情形之一，应当办理变更税务登记：发生改变名称、改变法定代表人、改变经济性质或经济类型、改变住所和经营地点（不涉及主管税务机关变动的）、改变生产经营或经营方式、增减注册资金（资本）、改变隶属关系、改变生产经营期限、改变或增减银行账号、改变生产经营权属以及改变其他税务登记内容的。

（2）时间要求。纳税人税务登记内容发生变化的，应当自工商行政管理机关或者其他机关办理变更登记之日起30日内，持有关证件向原税务登记机关申报办理变更税务登记。

纳税人税务登记内容发生变化，不需要到工商行政管理机关或者其他机关办理变更登记的，应当自发生变化之日起30日内，持有关证件向原税务登记机关申报办理变更税务登记。

2. 变更税务登记的程序、方法。

（1）申请。纳税人申请办理变更税务登记时，应向主管税务机关领取《税务登记变更表》，如实填写变更登记事项、变更登记前后的具体内容。

（2）提供相关证件、资料。

（3）税务登记变更表的内容。主要包括纳税人名称、变更项目、变更前内容、变更后内容、上缴的证件情况。

（4）受理。税务机关对纳税人填报的表格及提交的附列资料、证件要进行认真审阅，在符合要求及资料证件提交齐全的情况下，予以受理。

（5）审核。主管税务机关对纳税人报送的已填登完毕的变更表及相关资料，进行分类审核。

（6）发证。对需变更税务登记证内容的，主管税务机关应收回原《税务登记证》（正、副本），按变更后的内容，重新制发《税务登记证》（正、副本）。

（三）停业、复业登记

停业、复业登记是纳税人暂停和恢复生产经营活动而办理的纳税登记。

实行定期定额征收方式的纳税人在营业执照核准的经营期限内需要停业的，应当向税务机关提出停业登记，说明停业的理由、时间、停业前的纳税情况和发票的领、用、存情况，并如实填写申请停业登记表。税务机关经过审核，应当责成申请停业的纳税人结清税款并收回其税务登记证件、发票领购簿和发票，办理停业登记。纳税人的发票不便收回的，税务机关应当就地予以封存。

纳税人应当于恢复生产、经营之前，向税务机关提出复业登记申请，经确认后办理复业登记，领回或启用税务登记证件和发票领购簿及其领购的发票，纳入正常管理。纳税人停业期满不能及时恢复生产、经营的，应当在停业期满前向税务机关提出延长停业登记。纳税人停业期满未按期复业又不申请延长停业的，税务机关应当视为已恢复营业，实施正常的税收征收管理。纳税人停业期间发生纳税义务，应当及时向主管税务机关申报，依法补缴应纳税款。

（四）注销登记

注销登记是指纳税人在发生解散、破产、撤销以及依法终止履行纳税义务的其他情形时，向原登记税务机关申请办理的登记。

1. 注销税务登记的适用范围及时间要求。

（1）适用范围。纳税人因经营期限届满而自动解散；企业由于改组、分级、合并等原因而被撤销；企业资不抵债而破产；纳税人住所、经营地址迁移而涉及改变原主管税务机关的；纳税人被工商行政管理部门吊销营业执照；以及纳税人依法终止履行纳税义务的其他情形。

（2）时间要求。纳税人发生解散、破产、撤销以及其他情形，依法终止纳税义务的，应当在向工商行政管理机关办理注销登记前，持有关证件向原税务登记管理机关申报办理注销税务登记；按照规定不需要在工商管理机关办理注销登记的，应当自有关机关批准或者宣告终止之日起 15 日内，持有关证件向原税务登记管理机关申报办理注销税务登记。

纳税人因住所、生产、经营场所变动而涉及改变主管税务登记机关的，应当在向工商行政管理机关申请办理变更或注销登记前，或者住所、生产、经营场所变动前，向原税务登记机关申报办理注销税务登记，并在 30 日内向迁达地主管税务登记机关申报办理税务登记。

纳税人被工商行政管理机关吊销营业执照的，应当自营业执照被吊销之日起 15 日内，向原税务登记机关申报办理注销税务登记。

2. 注销税务登记的程序、方法。

（1）纳税人办理注销税务登记时，应向原税务登记机关领取《注销税务登记申请审批表》，如实填写注销登记事项内容及原因。

（2）提供有关证件、资料。纳税人如实填写《注销税务登记申请审批表》，连同下列资料、证件报税务机关：

①注销税务登记申请书；

②主管部门批文或董事会、职代会的决议及其他有关证明文件；

③营业执照被吊销的应提交工商机关发放的注销决定；

④主管税务机关原发放的税务登记证件（税务登记证正、副本及登记表等）；

⑤其他有关资料。

（3）注销税务登记申请审批表的内容。由纳税人填写的项目主要包括纳税人名称（含分支机构名称）、注销原因、批准机关名称、批准文号及日期。

由税务机关填写的项目主要包括纳税人实际经营期限、纳税人已享受税收优惠、发票缴销情况、税款清缴情况、税务登记证件收回情况。

（4）受理。税务机关受理纳税人填写完毕的表格，审阅其填报内容是否符合要求，所附资料是否齐全后，督促纳税人做好下列事宜：

纳税人持《注销税务登记申请审批表》、未经税务机关查验的发票和《发票领购簿》到发票管理环节申请办理发票缴销；发票管理环节按规定清票后，在《注销税务登记申请审批表》上签署发票缴销情况，同时将审批表返还纳税人。

纳税人向征收环节清缴税款；征收环节在纳税人缴纳税款后，

在《注销税务登记申请审批表》上签署意见，同时将审批表返还纳税人。

（5）核实。纳税人持由上述两个环节签署意见后的审批表交登记管理环节；登记管理环节审核确认后，制发《税务文书领取通知书》给纳税人，同时填制《税务文书传递单》，并附《注销税务登记申请审批表》送稽查环节。

若稽查环节确定需对申请注销的纳税人进行实地稽查的，应在《税务文书传递单》上注明的批复期限内稽查完毕，在《注销税务登记申请审批表》上签署税款清算情况，及时将《税务文书传递单》和《注销税务登记申请审批表》返还税务登记环节，登记部门在纳税人结清税款（包括滞纳金、罚款）后据以办理注销税务登记手续。

纳税人因生产、经营场所发生变化需改变主管税务登记机关的，在办理注销税务登记时，原税务登记机关在对其注销税务登记的同时，应向迁达地税务登记机关递交《纳税人迁移通知书》，并附有《纳税人档案资料移交清单》，由迁达地税务登记机关重新办理税务登记。如遇纳税人已经或正在享受税收优惠待遇的，迁出地税务登记机关应当在《纳税人迁移通知书》上注明。

（五）外出经营报验登记

从事生产、经营的纳税人到外县（市）进行生产经营的，应当向主管税务机关申请开具外出经营活动税收管理证明。主管税务机关对纳税人的申请进行审核后，按照一地（县、市）一证的原则，核发《外出经营活动税收管理证明》。纳税人应当在到达经营地进行生产、经营前向经营地税务机关申请报验登记，并按规定提交有关证件、资料。外出经营活动结束，纳税人应当向经营地税务机关填报《外出经营活动情况申报表》，并按规定结清税款、缴销未使用完的发票。

（六）纳税人税种登记

纳税人在办理开业或变更税务登记的同时，应当申请填报税种登记，由税务机关根据其生产、经营范围以及拥有的财产等情况，确定录入纳税人所适用的税种、税目、税率、报缴税款期限、征收方式等。税务机关根据《纳税人税种登记表》所填写的项目，自受理之日起3日内进行税种登记。

（七）扣缴义务人扣缴税款登记

扣缴税款登记是指根据税收法律、行政法规的规定负有扣缴税款义务的扣缴义务人（国家机关除外），应当如实向税务机关提供与代扣代缴、代收代缴税款有关的信息，办理扣缴税款登记。

已办理税务登记的扣缴义务人应当自扣缴义务发生之日起30日内，向税务登记地税务机关申报办理扣缴税款登记，税务机关在其税务登记证件上登记扣缴税款事项，不单独发放扣缴税款登记证件；根据税收法律、行政法规的规定可不办理税务登记的扣缴义务人也应当自扣缴义务发生之日起30日内，向机构所在地的主管税务机关申报办理扣缴税款登记，税务机关核发扣缴税款登记证件。

二、发票开具与管理

发票是指在购销商品、提供或者接受服务以及从事其他经营活动中，开具、收取的收付款的书面证明。它是确定经营收支行为发生的法定凭证，是会计核算的原始依据，也是税务稽查的重要证据。

发票一般分为存根联、发票联、记账联三个联次。增值税专用发票还包括一个抵扣联。发票的基本内容一般包括：发票的名称、字轨号码、联次和用途、客户名称、开户银行和账号、商品名称或经营项目、计量单位、数量、单价、金额、开票人、开票日期、开票单位、名称等。

税务机关是发票的主管机关，负责发票的印制、领购、开具、取得、保管、缴销的管理和监督。

（一）发票的种类

发票分为增值税专用发票、普通发票和专业发票三大类。

1. 增值税专用发票。增值税专用发票（以下简称专用发票）

只限于增值税一般纳税人领购使用，增值税小规模纳税人和非增值税纳税人不得领购使用。从行业划分来讲，它是工业、商业企业用于结算销售货物和加工修理修配劳务使用的发票。

2. 普通发票。普通发票主要是由营业税纳税人和增值税小规模纳税人使用，增值税一般纳税人在不能开具专用发票的情况下也可使用普通发票，所不同的是具体种类要按适用范围选择。如普通发票中的商业批发零售发票、加工修理修配发票等普通发票是由增值税纳税人使用的，而属于结算服务收入、运输收入等普通发票主要由营业税纳税人使用。普通发票由行业发票和专用发票组成，前者适用于某个行业的经营业务，后者仅适用于某一经营项目。

3. 专业发票。专业发票是指国有金融、保险企业的存货、汇兑、转账凭证、保险凭证；国有邮政、电信企业的邮票、邮单、话务、电报收据；国有铁路、民用航空企业和交通部门、国有公路、水上运输企业的客票、货票等。经国家税务总局或者省、自治区税务机关批准，专业发票可由政府和主管部门自行管理，不套印税务机关的统一发票监制章，也可根据税收征管的需要纳入统一发票管理。

（二）发票的开具要求

单位、个人在购销商品、提供或者接受经营服务以及从事其他经营活动中，应当按照规定开具发票。销售商品、提供劳务以及从事其他经营活动的单位和个人，对外发生经营业务收取款项，收款方应向付款方开具发票。发票的开具必须符合国家的有关规定，具体包括以下几个方面：

1. 单位和个人应在发生经营业务、确认营业收入时，才能开具发票。未发生经营业务一律不得开具发票。

2. 开具发票时应按号码顺序填开，填写项目齐全、内容真实、字迹清楚、全部联次一次性复写或打印，内容完全一致，并在发票联和抵扣联加盖单位财务印章或者发票专用章。

3. 填写发票应当使用中文。民族自治地区可以同时使用当地通用的一种民族文字；外商投资企业和外资企业可以同时使用一种外国文字。

4. 使用电子计算机开具发票必须报主管税务机关批准，并使用税务机关统一监制的机打发票。

5. 开具发票时限、地点应符合规定。

6. 任何单位和个人不得转借、转让、代开发票。未经税务机关批准，不得拆本使用发票，不得自行扩大专业发票的使用范围。

开具发票的单位和个人应当建立发票使用登记制度，并定期向主管税务机关报告发票使用情况；应当按照税务机关的规定存放和保管发票，不得损毁。已开具的发票存根联和发票登记簿应当保存5年。

三、纳税申报

纳税申报是纳税人、扣缴义务人按照法律、行政法规的规定，在申报期内就纳税事项向税务机关书面申报的一种法定手续。

纳税人应依照法律、法规规定的申报期限、申报内容如实填写纳税申报表，办理纳税申报手续。纳税人、扣缴义务人办理纳税申报时，可以直接到税务机关办理纳税申报或者报送代扣代缴、代收代缴税款报告表，也可以按照规定采取邮寄、数据电文或者其他方式办理纳税申报、报送事项。目前，纳税申报的形式主要有以下几种：

（一）直接申报

直接申报，即上门申报。纳税人直接到税务机关办理纳税申报。根据申报的地点不同，直接申报又可分为直接到办税服务厅申报、到巡回征收点申报和到代征点申报三种。直接申报是一种传统申报方式。

（二）邮寄申报

邮寄申报，是指经税务机关批准的纳税人使用统一规定的纳税申报特快专递专用信封，通过邮政部门办理交寄手续，并向邮政部门索取收据作为申报凭据的方式。

纳税人采取邮寄方式办理纳税申报的，应当使用统一的纳税申报专用信封，并以邮政部门收据作为申报凭据。邮寄申报以寄出的邮戳日期为实际申报日期。

（三）数据电文申报

数据电文，是指经税务机关确定的电话语音、电子数据交换和网络传输等电子方式。例如目前纳税人的网上申报，就是数据电文申报方式的一种。

纳税人采取电子方式办理纳税申报的，应当按照税务机关规定的期限和要求保存有关资料，并定期书面报送主管税务机关。纳税人、扣缴义务人采取数据电文方式办理纳税申报的，其申报日期以税务机关计算机网络系统收到该数据电文的时间为准。

（四）简易申报

简易申报是指实行定期定额的纳税人，经税务机关批准，通过以缴纳税款凭证代替申报或简并征期的一种申报方式。

简易申报方式的实现有两种途径：一是纳税人按照税务机关核定的税款按期缴纳入库，以完税凭证代替纳税申报，从而简化纳税人纳税申报的行为；二是纳税人按照税务机关核定的税款和纳税期或3个月或半年或1年申报纳税，从而达到便利纳税的目的。

（五）其他方式

其他方式是指除上述集中申报方式外的符合主管税务机关要求的其他申报方式。如纳税人和扣缴义务人委托他人代理向税务机关办理纳税申报或报送代扣代缴、代收代缴报告表等。

四、税款征收

税款征收是指税务机关依照税收法律、法规规定，将纳税人依法应纳的税款以及扣缴义务人代扣代缴、代收代缴的税款通过不同的方式组织征收入库的活动。税款征收是税收征收管理的核心内容和中心环节，是实现税收职能的最关键环节，在整个税收征收管理工作中占有极其重要的地位。税务机关应当依照法律、行政法规的规定征收税款，不得违反法律、行政法规的规定开征、停征、多征、少征、提前征收、延缓征收或者摊派税款。除税务机关、税务人员以及经税务机关依照法律、行政法规委托的单位和人员外，任何单位和个人不得进行税款的征收活动。

目前，税款征收的方式主要有以下几种：

（一）查账征收

查账征收是指税务机关按照纳税人提供的账表所反映的经营情况，依照适用税率计算缴纳税款的方式。这种方式一般适用于财务会计制度较为健全，能够认真履行纳税义务的纳税单位。

（二）查定征收

查定征收是指税务机关根据纳税人的从业人员、生产设备、采用原材料等因素，对其产制的应税产品查实核定产量、销售额并据以征收税款的方式。这种方式一般适用于账册不够健全，但是能够控制原材料或进销货的纳税单位。

（三）查验征收

查验征收是指税务机关对纳税人的应税商品，通过查验数量，按市场一般销售单价计算其销售收入并据以征税的方式。这种方式一般适用于经营品种比较单一，经营地点、时间和商品来源不固定的纳税单位。

（四）定期定额征收

定期定额征收是指税务机关通过典型调查，逐户确定营业额和所得额并据以征税的方式。这种方式一般适用于无完整考核依据的小型纳税单位。

（五）代扣代缴

代扣代缴是指按照税法规定，负有扣缴税款义务的法定义务人，在向纳税人支付款项时，从所支付的款项中直接扣收税款的方式。这种方式有利于对零星分散的税源实行控管。

（六）代收代缴

代收代缴是指负有代收代缴义务的法定义务人，对纳税人应纳的税款进行代收代缴的方式。即由与纳税人有经济业务往来的单位和个人在向纳税人收取款项时，依照税收的规定收取税款并代为缴入国库。

（七）委托征收

委托征收是指受托单位按照税务机关核发的代征证书的要求，以税务机关的名义向纳税人征收一些零散税款的一种税款征收方式。根据国家法律、行政法规授权，将国家赋予其的部分征税权，委托其他部门和单位代为行使，并通过部门和单位的代征行为将税款缴入国库。

（八）其他征收方式

其他征收方式如邮寄申报纳税、自计自填自缴、自报核缴方式等。邮寄申报纳税是指纳税人在邮寄纳税申报表的同时，经税务机关审核，汇寄并解缴税款的方式。另外还有利用网络申报、用 IC 卡纳税等方式。

五、税务代理

（一）税务代理的概念

税务代理是指税务代理人在国家税法规定的代理范围内，接受纳税人、扣缴义务人的委托，代为办理各项税务行为的总称。它是社会中介服务的一部分。

（二）税务代理的特点

1. 中介性。税务代理业是一个独立的社会中介服务行业，其业务的开展、经营管理都属于社会中介服务的一部分，税务代理机构与税务机关不存在任何隶属关系。

2. 法定性。税务代理机构的设立法定、业务范围法定、业务的开展法定，税务代理必须按国家有关法律的规定进行，并受到法律的保护。

3. 自愿性。委托税务代理人代为办理税务事宜是纳税人、扣缴义务人自愿采取的一种办税方式，无论是税务代理人还是任何国家机关，都不能强制纳税人、扣缴义务人进行税务代理，是否委托税务代理是纳税人、扣缴义务人的权利。

4. 公正性。税务代理作为一种社会中介服务，必须站在公正、客观的立场，按照国家的税收法律、行政法规的规定，以及税务机关依照税务法律、法规的规定作出决定，代为纳税人、扣缴义务人办理税务事宜，并要符合委托人的合法意愿，既不能损害纳税人、扣缴义务人的合法权益，也不能损害国家的利益。

（三）税务代理的法定业务范围

税务代理的业务范围主要是纳税人、扣缴义务人所委托的各项涉税事宜。

税务代理人可以接受纳税人、扣缴义务人的委托，从事下列范围内的业务代理：

1. 办理税务登记、变更税务登记和注销税务登记手续。

2. 办理纳税、退税和减免税申报。

3. 建账建制，办理账务。

4. 办理除增值税专用发票外的发票领购手续。

5. 办理纳税申报或扣缴税款报告。

6. 制作涉税文书。

7. 开展税务咨询（顾问）、税收筹划、涉税培训等涉税服务业务。

8. 税务行政复议手续。

9. 审查纳税情况。

10. 办理增值税一般纳税人资格认定申请。

11. 利用主机共享服务系统为增值税一般纳税人代开增值税专用发票。

12. 国家税务总局规定的其他业务。

六、税收检查及法律责任

（一）税收检查

税收检查是税务机关依照税收法律、行政法规的规定，对纳税人、扣缴义务人履行纳税义务或者扣缴义务及其他有关税务事项进行审查、核实、监督活动的总称。它是税收征收管理工作的一项重要内容。

1. 税收保全措施。税收保全措施是指税务机关在规定的纳税期之前，对有逃避纳税义务行为的纳税人，限制其处理可用作缴纳税款的存款、商品、货物等财产的一种行政强制措施，其目的是预防纳税人逃避税款缴纳义务，防止以后税款的征收不能保证或难以保证，以保证国家税款的及时、足额入库。征管法及其实施细则对税务机关适用税收保全措施的相关问题作了具体规定。

2. 税收强制执行。税收强制执行是指税务机关对未按规定的期限履行纳税义务的纳税人、扣缴义务人、纳税担保人等税收管理相对人，依法采取法定的强制手段，以迫使其履行法定义务的一种征管制度。税收强制执行措施，是税务机关依法采取的强制追缴手段。它是保障税收安全，维护国家税法尊严的重要措施。现行《税收征管法》对强制执行措施进行了明确规定。

（二）法律责任

税收法律责任是指税收法律关系主体即征税主体和纳税主体违犯税法行为所引起的不利法律后果。税收法律责任的确认必须依照税法规定，追究税收法律责任应以税收违法行为的存在为基本前提，必须按照法定的程序进行。

税收法律责任的形式主要有行政法律责任和刑事法律责任。

1. 税务违法行政处罚。税务行政处罚是指从事生产经营的纳税人和其他税务当事人违反税收征收管理秩序的行为，尚未构成犯罪，依法应当承担行政法律责任的，由税务机关依法对其实施一定的制裁措施。税务行政处罚是保障税务机关实施税务征收管理，维持税收征收管理秩序的一种行为方式。

税务行政处罚是税务机关依照税收法律、法规的有关规定，依法对纳税人、扣缴义务人、纳税担保人以及其他与税务行政处罚有直接利害关系的当事人（以下简称当事人）违反税收法律、法规、规章的规定进行处罚的具体行政行为。包括各类罚款以及税收法律、法规、规章规定的其他行政处罚，都属于税务行政处罚的范围。税务行政处罚的种类主要有：

（1）责令限期改正。这是税务机关对违反法律、行政法规所规定义务的当事人的谴责和申诫。责令限期改正主要适用于情节轻微或尚未构成实际危害后果的违法行为，是一种较轻的处罚形式。

（2）罚款。罚款是对违反税收法律、法规，不履行法定义务的当事人的一种经济上的处罚。由于罚款既不影响被处罚人的人身自由及其合法活动，又能起到对违法行为的惩戒作用。因而是税务行政处罚中应用最广的一种。

（3）没收财产。没收财产是对行政管理相对一方当事人的财产权予以剥夺的处罚。具体有两种情况：一是对相对人非法所得的财物的没收。就性质而言，这些财物并非相对人所有，而是被其非法占有。二是财物虽系相对人所有，但因其用于非法活动而被没收。

（4）收缴未用发票和暂停供应发票。税法规定，从事生产、经营的纳税人、扣缴义务人有本法规定的税收违法行为，拒不接受税务机关处理的，税务机关可以收缴其发票或者停止向其发售发票。

（5）停止出口退税权。税法规定，纳税人以假报出口或者其他欺骗手段，骗取国家出口退税款的，税务机关可以在规定期间内停止为其办理出口退税。

2. 税务违法刑事处罚。税法中的刑事法律责任是对违反法律情节严重，构成犯罪的责任人给予的刑事制裁。其形式从人身罚到财产罚，从拘役、有期徒刑到死刑。

根据税法规定，对于下列行为，情节严重构成犯罪的，应当依法追究刑事责任：

（1）纳税人伪造、变造、隐匿、擅自销毁账簿、记账凭证，或者在账簿上多列支出或者不列、少列收入，或者经税务机关通知申报而拒不申报或者进行虚假的纳税申报，不缴或者少缴应纳税款的。

（2）纳税人欠缴应纳税款，采取转移或者隐匿财产的手段，妨碍税务机关追缴欠缴的税款的。

（3）以假报出口或者其他欺骗手段，骗取国家出口退税款的。

（4）以暴力、威胁方法拒不缴纳税款的。

（5）非法印制发票的。

（6）税务人员徇私舞弊，对依法应当移送司法机关追究刑事责任的不移送，情节严重的。

（7）税务人员与纳税人、扣缴义务人勾结，唆使或者协助纳税人、扣缴义务人有偷逃税款行为的，以及税务人员私分扣押、查封的商品、货物或者其他财产的。

（8）税务人员利用职务上的便利，收受或者索取纳税人、扣缴义务人财物或者谋取其他不正当利益的。

（9）税务人员徇私舞弊或者玩忽职守，不征收或者少征应征税款，致使国家税收遭受重大损失的。

（10）税务人员对控告、检举税收违法违纪行为的纳税人、扣缴义务人以及其他检举人进行打击报复的。

（11）违反法律、行政法规的规定，擅自作出税收的开征、停征或者减税、免税、退税、补税以及其他同税收法律、行政法规相抵触的决定的。

3. 税务行政复议。税务行政复议是指当事人（纳税人、扣缴义务人、纳税担保人及其他税务当事人）不服税务机关及其工作人员作出的税务具体行政行为，依法向上一级税务机关（复议机关）提出申请，复议机关经审理对原税务机关具体行政行为依法作出维持、变更、撤销等决定的活动。

复议机关受理申请人对下列具体行政行为不服提出的行政复议申请：

（1）税务机关作出的征税行为。

（2）税务机关作出的税收保全措施。

（3）税务机关未及时解除保全措施，使纳税人及其他当事人合法权益遭受损失的行为。

（4）税务机关作出的强制执行措施。

（5）税务机关作出的行政处罚行为。

（6）税务机关不予依法办理或者答复的行为。

（7）税务机关作出的取消增值税一般纳税人资格的行为。

（8）收缴发票、停止发售发票。

（9）税务机关责令纳税人提供纳税担保或者不依法确认纳税担保有效的行为。

（10）税务机关不依法给予举报奖励的行为。

（11）税务机关作出的通知出境管理机关阻止出境行为。

（12）税务机关作出的其他具体行政行为。

当事人对各级税务机关作出的具体行政行为不服的，向其上一级税务机关申请行政复议。对省、自治区、直辖市地方税务局作出的具体行政行为不服的，可以向国家税务总局或者省、自治区、直辖市人民政府申请行政复议。

对国家税务总局作出的具体行政行为不服的，向国家税务总局申请行政复议。对行政复议决定不服，申请人可以向人民法院提起行政诉讼，也可以向国务院申请裁决，国务院的裁决为终局裁决。

第四章 财政法律制度

第一节 预算法律制度

一、预算法律制度的构成

（一）《预算法》

为了强化国家预算的分配和监督职能，健全国家对预算的管理，加强宏观调控，保障经济和社会的健康发展，根据宪法制定《中华人民共和国预算法》（以下简称预算法），1994 年 3 月 22 日第八届全国人民代表大会第二次会议通过。全文共 11 章 79 条，包括总则、预算管理职权、预算收支范围、预算编制、预算审查和批准、预算执行、预算调整、决算、监督、法律责任、附则。

（二）《预算法实施条例》

依据《预算法》，制定预算法实施条例，1995 年 11 月 2 日国务院第三十七次常务会议通过，1995 年 11 月 22 日国务院令第 186 号发布，自发布之日起施行。条例共 8 章 79 条，包括总则、预算收支范围、预算编制、预算执行、预算调整、决算、监督、附则。

二、国家预算的概念与作用

（一）国家预算的概念

国家预算是国家财政发展到一定阶段适应加强财政管理和监督的需要而产生的。所谓国家预算，是经法定程序批准的国家年度财政收支计划，是实现财政职能的基本手段，反映国家的施政方针和社会经济政策，规定政府活动的范围和方向。现实中，国家预算的编制必须遵循一定的原则：

1. 公开性。国家预算反映政府的活动范围、方向和政策，与全体公民的切身利益息息相关。因此，国家预算及其执行情况必须采取一定的形式公开，为人民所了解并置于人民的监督之下。

2. 可靠性。每一收支项目的数字指标必须运用科学的方法，依据充分确实的资料，并总结出规律性，进行计算，不得假定或估算，更不能任意编造。

3. 完整性。应列入国家预算的一切财政收支都要列在预算中，不得打埋伏、造假账、预算外另列预算。国家允许的预算外收支，也应在预算中有所反映。

4. 统一性。虽然一级政府设立一级预算，但所有地方预算连同中央预算一起共同组成统一的国家预算。因此，要求设立统一的预算科目，每个科目都应按统一的口径、程序计算和填列。

5. 年度性。政府必须按照法定预算年度编制国家预算，这一预算要反映全年的财政收支活动，同时不允许将不属于本年度财政收支的内容列入本年度的国家预算之中。

上述预算原则是就一般意义而言的，不是绝对的。一个国家的预算原则一般是依据预算本身的属性，并与本国的经济实践相结合，通过制定预算法来体现。

（二）国家预算的作用

国家预算作为财政分配和宏观调控的主要手段，具有分配、调控和监督职能。国家预算的作用是国家预算职能在经济生活中的具体体现，它主要包括以下三个方面的内容：

1. 财力保证作用。国家预算既是保障国家机器运转的物质条件，又是政府实施各项社会经济政策的有效保证。

2. 调节制约作用。国家预算作为国家的基本财政计划，是国家财政实行宏观控制的主要依据和主要手段。国家预算的收支规模可调节社会总供给和总需求的平衡，预算支出的结构可调节国民经济结构，因而国家预算的编制和执行情况对国民经济和社会发展都有直接的制约作用。

3. 反映监督作用。国家预算是国民经济的综合反映，预算收入反映国民的经济发展规模和经济效益水平，预算支出反映各项事业发展的基本情况。因此，通过国家预算的编制和执行便于掌握国民经济的运行状况、发展趋势以及出现的问题，从而采取对策措施，促进国民经济稳定协调地发展。

（三）国家预算的级次划分

我国的国家预算实行一级政府一级财政，每级财政都建立一级总预算。建国初期，国家财政分为中央、大行政区和省（市）三级财政（大行政区于1954年由政权机构变为中央的派出机构，大行政区一级财政同年被撤销）。同时，为适应地方工作发展的需要，逐步建立起县、市级财政和民族自治地方财政。1954—1985年，就全国而言，基本上划分为中央，省、自治区、直辖市，县、市、自治县三级财政。1982年宪法实施之后，开始实行市管县。1985年，国家决定县以下的乡、镇建立一级财政。至此开始，我国国家预算现设立中央、省（自治区、直辖市），市（自治州）、县（不设区的市、市辖区）、乡（镇）五级预算。不具备设立预算条件的乡、民族乡、镇，经省、自治区、直辖市政府确定，可以暂不设立预算。

（四）国家预算的构成

我国国家预算由中央预算和地方预算组成。

1. 中央预算。中央预算由中央各部门（含直属单位，下同）的预算组成，包括地方向中央上解的收入数额和中央对地方返还或者给予补助的数额。

2. 地方预算。地方预算由各省、自治区、直辖市总预算组成，包括下级政府向上级政府上解的收入数额和上级政府对下级政府返还或者给予补助的数额。

3. 总预算。总预算由本级政府预算和汇总的下一级总预算组成。没有下一级预算的，总预算即指本级预算。地方各级总预算由本级政府预算和汇总的下一级总预算组成。下一级只有本级预算的，下一级总预算即指下一级的本级预算。

4. 部门单位预算。各部门预算由本部门所属各单位预算组成。单位预算是指列入部门预算的国家机关、社会团体和其他单位的收支预算。

三、预算管理的职权

（一）各级人民代表大会的职权

1. 全国人民代表大会的职权。全国人民代表大会审查中央和地方预算草案及中央和地方预算执行情况的报告；批准中央预算和中央预算执行情况的报告；改变或者撤销全国人民代表大会常务委员会关于预算、决算的不适当的决议。

全国人民代表大会常务委员会监督中央和地方预算的执行；审查和批准中央预算的调整方案；审查和批准中央决算；撤销国务院制定的同宪法、法律相抵触的关于预算、决算的行政法规、决定和命令；撤销省、自治区、直辖市人民代表大会及其常务委员会制定的同宪法、法律和行政法规相抵触的关于预算、决算的地方性法规和决议。

2. 县级以上地方各级人民代表大会的职权。县级以上地方各级人民代表大会审查本级总预算草案及本级总预算执行情况的报告；批准本级预算和本级预算执行情况的报告；改变或者撤销本级人民代表大会常务委员会关于预算、决算的不适当的决议；撤销本级政府关于预算、决算的不适当的决定和命令。

县级以上地方各级人民代表大会常务委员会监督本级总预算的执行；审查和批准本级预算的调整方案；审查和批准本级政府决算；撤销本级政府和下一级人民代表大会及其常务委员会关于预算、决算的不适当的决定、命令和决议。

3. 乡、民族乡、镇的人民代表大会的职权。设立预算的乡、民族乡、镇的人民代表大会审查和批准本级预算和本级预算执行情况的报告；监督本级预算的执行；审查和批准本级预算的调整方案；审查和批准本级决算；撤销本级政府关于预算、决算的不适当的决定和命令。

（二）各级财政部门的职权

1. 国务院财政部门的职权。国务院负责编制中央预算、决算草案；向全国人民代表大会作关于中央和地方预算草案的报告；将省、自治区、直辖市政府报送备案的预算汇总后报全国人民代表大会常务委员会备案；组织中央和地方预算的执行；决定中央预算预备费的动用；编制中央预算调整方案；监督中央各部门和地方政府的预算执行；改变或者撤销中央各部门和地方政府关于预算、决算的不适当的决定、命令；向全国人民代表大会、全国人民代表大会常务委员会报告中央和地方预算的执行情况。

国务院财政部门负责具体编制中央预算、决算草案；具体组织中央和地方预算的执行；提出中央预算预备费动用方案；具体编制中央预算的调整方案；定期向国务院报告中央和地方预算的执行情况。

2. 地方各级政府财政部门的职权。县级以上地方各级政府负责编制本级预算、决算草案；向本级人民代表大会作关于本级总预算草案的报告；将下一级政府报送备案的预算汇总后报本级人民代表大会常务委员会备案；组织本级总预算的执行；决定本级预算预备费的动用；编制本级预算的调整方案；监督本级各部门和下级政府的预算执行；改变或者撤销本级各部门和下级政府关于预算、决算的不适当的决定、命令；向本级人民代表大会、本级人民代表大会常务委员会报告本级总预算的执行情况。

乡、民族乡、镇政府编制本级预算、决算草案；向本级人民代表大会作关于本级预算草案的报告；组织本级预算的执行；决定本级预算预备费的动用；编制本级预算的调整方案；向本级人民代表大会报告本级预算的执行情况。

地方各级政府财政部门负责具体编制本级预算、决算草案；具体组织本级总预算的执行；提出本级预算预备费动用方案；具体编制本级预算的调整方案；定期向本级政府和上一级政府财政部门报告本级总预算的执行情况。

（三）各部门、各单位的职权

1. 各部门的职权。各部门具体负责编制本部门预算、决算草案；组织和监督本部门预算的执行；定期向本级政府财政部门报告预算的执行情况。

2. 各单位的职权。各单位负责编制本单位预算、决算草案；按照国家规定上缴预算收入，安排预算支出，并接受国家有关部门的监督。

四、预算收入与预算支出

（一）预算收入

从来源上来看，预算收入包括税收收入、国有资产收益、专项收入、其他收入等。其中，国有资产收益，是指各部门和各单位占有、使用和依法处分境内外国有资产产生的收益，按照国家有关规定应当上缴预算的部分；专项收入，是根据特定需要由国务院批准或者经国务院授权由财政部批准，设置、征集和纳入预算管理、有专项用途的收入。

从归属上看，预算收入划分为中央预算收入、地方预算收入、中央和地方预算共享收入。其中，中央预算收入是指按照分税制财政管理体制，纳入中央预算、地方不参与分享的收入，包括中央本级收入和地方按照规定向中央上解的收入；地方预算收入是指按照分税制财政管理体制，纳入地方预算、中央不参与分享的收入，包括地方本级收入和中央按照规定返还或者补助地方的收入；中央和地方预算共享收入是指按照分税制财政管理体制，中央预算和地方预算对同一税种的收入，按照一定划分标准或者比例分享的收入。

（二）预算支出

从内容上来看，预算支出包括经济建设支出、事业发展支出、国家管理费用支出、国防支出、各项补贴支出、其他支出等。其中，经济建设支出是用于经济建设的基本建设投资支出，支持企业的挖潜改造支出，拨付的企业流动资金支出，拨付的生产性贷款贴息支出，专项建设基金支出，支持农业生产支出以及其他经济建设支出；事业发展支出是指用于教育、科学、文化、卫生、体育、工业、交通、商业、农业、林业、环境保护、水利、气象等方面事业的支出，具体包括公益性基本建设支出、设备购置支出、人员费用支出、业务费用支出以及其他事业发展支出。

从主体上讲，预算支出划分为中央预算支出和地方预算支出。其中，中央预算支出是指按照分税制财政管理体制，由中央财政承担并列入中央预算的支出，包括中央本级支出和中央返还或者补助地方的支出；地方预算支出是指按照分税制财政管理体制，由地方财政承担并列入地方预算的支出，包括地方本级支出和地方按照规定上解中央的支出。

五、预算组织程序

（一）预算的编制

1. 预算的年度。我国国家预算年度自公历 1 月 1 日起，至 12 月 31 日止。各级政府、各部门、各单位应当按照国务院规定的时间编制预算草案。

2. 预算草案的编制依据。中央预算和地方各级政府预算，应当参考上一年预算执行情况和本年度收支预测进行编制。各级政府编制年度预算草案的依据如下：（1）法律、法规；（2）国民经济和社会发展计划、财政中长期计划以及有关的财政经济政策；（3）本级政府的预算管理职权和财政管理体制确定的预算收支范围；（4）上一年度预算执行情况和本年度预算收支变化因素；（5）上级政府对编制本年度预算草案的指示和要求。各部门、各单位编制年度预算草案的依据如下：（1）法律、法规；（2）本级政府的指示和要求以及本级政府财政部门的部署；（3）本部门、本单位的职责、任务和事业发展计划；（4）本部门、本单位的定员定额标准；（5）本部门、本单位上一年度预算执行情况和本年度预算收支变化因素。

3. 预算草案的编制内容。中央预算和地方各级政府预算按照复式预算编制，分为政府公共预算、国有资本经营预算、社会保障预算和其他预算。其中，政府公共预算是国家以社会管理者身份取得的收入和用于维持公共需要、保障国家安全、维护社会稳定和秩序、发展社会公共事业的预算；国有资本经营预算是国家以所有者身份取得企业国有资本收益，用于支持实施产业发展规划、国有经济布局和结构调整、企业技术进步，补偿国有企业改革成本以及补充社会保障而编制的预算；社会保障预算是国家为保证社会成员的基本生活权利而提供救助和补给，以便实现国家社会保障职能、建立社会保障制度而编制的预算。

具体来看，中央预算的编制内容包括：（1）本级预算收入和支出；（2）上一年度结余用于本年度安排的支出；（3）返还或者补助地方的支出；（4）地方上解的收入。此外，中央财政本年度举借的国内外债务和还本付息数额应当在本级预算中单独列示。地方各级政府预算的编制内容包括：（1）本级预算收入和支出；（2）上一年度结余用于本年度安排的支出；（3）上级返还或者补助的收入；（4）返还或者补助下级的支出；（5）上解上级的支出；（6）下级上解的收入。

编制预算草案的具体事项，由国务院财政部门部署。国务院于每年 11 月 10 日前向省、自治区、直辖市政府和中央各部门下达编制下一年度预算草案的指示，提出编制预算草案的原则和要求。财政部根据国务院编制下一年度预算草案的指示，部署编制预算草案的具体事项，规定预算收支科目、报表格式、编报方法，并安排财政收支计划。中央各部门根据国务院的指示和财政部的部署，结合本部门的具体情况，提出编制本部门预算草案的要求，具体布置所属各单位编制预算草案。省、自治区、直辖市政府根据国务院的指示和财政部的部署，结合本地区的具体情况，提出本行政区域编制预算草案的要求。县级以上地方各级政府财政部门审核本级各部门的预算草案，编制本级政府预算草案，汇编本级总预算草案，经本级政府审定后，按照规定期限报上一级政府。县级以上各级政府财政部门审核本级各部门的预算草案时，发现不符合编制预算要求的，应当予以纠正；汇编本级总预算时，发现下级政府预算草案不符合国务院和本级政府编制预算要求的，应当及时向本级政府报告，由本级政府予以纠正。省、自治区、直辖市政府财政部门汇总的本级总预算草案，应当于下一年1月10日前报财政部。中央各部门负责本部门所属各单位预算草案的审核，并汇总编制本部门的预算草案，于每年12月10日前报财政部审核。财政部审核中央各部门的预算草案，编制中央预算草案，汇总地方预算草案，汇编中央和地方预算草案。

各级预算收入的编制，应当与国民生产总值的增长率相适应。按照规定必须列入预算的收入，不得隐瞒、少列，也不得将上年的非正常收入作为编制预算收入的依据。各级预算支出的编制，应当贯彻厉行节约、勤俭建国的方针。各级预算支出的编制，应当统筹兼顾，确保重点，在保证政府公共支出合理需要的前提下，妥善安排其他各类预算支出。中央预算和有关地方政府预算中安排必要的资金，用于扶助经济不发达的民族自治地方、革命老根据地、边远、贫困地区发展经济文化建设事业。各级政府预算应当按照本级政府预算支出额的1%～3%设置预备费，用于当年预算执行中的自然灾害救灾开支及其他难以预见的特殊开支。各级政府预算应当按照国务院的规定设置预算周转金。各级政府预算的上年结余，可以在下年用于上年结转项目的支出；有余额的，可以补充预算周转金；再有余额的，可以用于下年必需的预算支出。预算周转金是指各级政府为调剂预算年度内季节性收支差额，保证及时用款而设置的周转资金。各级政府预算的上年度专项结余，应当用于上年度结转项目的支出；上年度净结余，应当用于补充预算周转金和下年度需要安排的预算支出。

（二）预算的审批

1. 人民代表大会审批。中央预算由全国人民代表大会审查和批准，地方各级政府预算由本级人民代表大会审查和批准。国务院财政部门在每年全国人民代表大会会议举行的一个月前，将中央预算草案的主要内容提交全国人民代表大会财政经济委员会进行初步审查。省、自治区、直辖市、设区的市、自治州政府财政部门在本级人民代表大会会议举行的一个月前，将本级预算草案的主要内容提交本级人民代表大会有关的专门委员会或者根据本级人民代表大会常务委员会主任会议的决定提交本级人民代表大会常务委员会有关的工作委员会进行初步审查。县、自治县、不设区的市、市辖区政府财政部门在本级人民代表大会会议举行的一个月前，将本级预算草案的主要内容提交本级人民代表大会常务委员会进行初步审查。国务院在全国人民代表大会举行会议时，向大会作关于中央和地方预算草案的报告。地方各级政府在本级人民代表大会举行会议时，向大会作关于本级总预算草案的报告。

2. 政府财政部门及各部门的批复。各级政府预算经本级人民代表大会批准后，本级政府财政部门应当及时向本级各部门批复预算，各部门应当及时向所属各单位批复预算。中央预算草案经全国人民代表大会批准后，为当年中央预算。财政部自全国人民代表大会批准中央预算之日起 30 日内，批复中央各部门预算。中央各部门自财政部批复本部门预算之日起 15 日内，批复所属各单位预算。地方各级政府预算草案经本级人民代表大会批准后，为当年本级政府预算。县级以上地方各级政府财政部门自本级人民代表大会批准本级政府预算之日起 30 日内，批复本级各部门预算。地方各部门自本级财政部门批复本部门预算之日起 15 日内，批复所属各单位预算。

3. 预算上报备案。乡、民族乡、镇政府将经本级人民代表大会批准的本级预算报上一级政府备案。县级以上地方各级政府将经本级人民代表大会批准的本级预算及下一级政府报送备案的预算汇总，报上一级政府备案。县级以上地方各级政府将下一级政府报送备案的预算汇总后，报本级人民代表大会常务委员会备案。国务院将省、自治区、直辖市政府报送备案的预算汇总后，报全国人民代表大会常务委员会备案。国务院和县级以上地方各级政府对下一级政府报送备案的预算，认为有同法律、行政法规相抵触或者有其他不适当之处，需要撤销批准预算的决议的，要提请本级人民代表大会常务委员会审议决定。

（三）预算的执行

1. 政府财政部门的任务。预算经本级人民代表大会批准后，按照批准的预算执行。预算年度开始后，各级政府预算草案在本级人民代表大会批准前，本级政府可以先按照上一年同期预算安排用于各部门、各单位正常运转的人员经费、业务经费等必需的支出数额安排支出。各级预算由本级政府组织执行，具体工作由本级政府财政部门负责。政府财政部门的主要任务是：（1）研究落实财政税收政策的措施，支持经济和社会的健康发展；（2）制定组织预算收入和管理预算支出的制度和办法；（3）督促各预算收入征收部门、各预算缴款单位完成预算收入任务；（4）根据年度支出预算和季度用款计划，合理调度、拨付预算资金，监督检查各部门、各单位管好用好预算资金，节减开支，提高效率；（5）指导和监督各部门、各单位建立健全财务制度和会计核算体系，按照规定使用预算资金；（6）编报、汇总分期的预算收支执行数字，分析预算收支执行情况，定期向本级政府和上一级政府财政部门报告预算执行情况，并提出增收节支的建议；（7）协调预算收入征收部门、国库和其他有关部门的业务工作。

2. 预算收入执行。各级财政、税务、海关等预算收入征收部门依照有关法律、行政法规和财政部的有关规定，组织预算收入，按照财政管理体制的规定及时将预算收入缴入中央国库和地方国库，不得截留、占用、挪用或者拖欠。未经财政部批准，不得将预算收入存入在国库外设立的过渡性账户。各项预算收入的减征、免征或者缓征，必须按照有关法律、行政法规和财政部的有关规定办理，任何单位和个人不得擅自决定减征、免征、缓征应征的预算收入。

3. 预算支出执行。各级政府财政部门依照法律、行政法规和国务院财政部门的规定，及时、足额地拨付预算支出资金，加强对预算支出的管理和监督。政府财政部门遵循下列三项原则对预算拨款实施严格管理：（1）按照预算拨款，即按照批准的年度预算和用款计划拨款，不得办理无预算、无用款计划、超预算、超计划的拨款，不得擅自改变支出用途；（2）按照规定的预算级次和程序拨款，即根据用款单位的申请，按照用款单位的预算级次和审定的用款计划，按期核拨，不得越级办理预算拨款；（3）按照进度拨款，即根据各用款单位的实际用款进度和国库库款情况拨付资金。

各级政府、各部门、各单位的支出必须按照预算执行，加强对预算支出的管理，不得擅自扩大支出范围、提高开支标准；严格按照预算规定的支出用途使用资金；建立健全财务制度和会计核算体系，按照标准考核、监督，提高资金使用效益。

4. 国库的设置与管理。国库是办理预算收入的收纳、划分、留解和库款支拨的专门机构，分为中央国库和地方国库。县级以上各级预算必须设立国库；具备条件的乡、民族乡、镇也应当设立国库。中央国库业务由中国人民银行经理，接受财政部的指导和监督，对中央财政负责。未设中国人民银行分支机构的地区，由中国人民银行商财政部后，委托有关银行办理。地方国库业务依照国务院的有关规定办理，接受本级政府财政部门的指导和监督，对地方财政负责，并报财政部和中国人民银行备案。未设中国人民银行分支机构的地区，由上级中国人民银行分支机构商有关的地方政府财政部门后，委托有关银行办理。

各级国库必须按照有关法律、行政法规和财政部、中国人民银行的有关规定，加强对国库业务的管理，及时准确地办理预算收入的收纳、划分、留解和预算支出的拨付。各级国库库款的支配权属于本级政府财政部门。除法律、行政法规另有规定外，未经本级政府财政部门同意，任何部门、单位和个人都无权动用国库库款或者以其他方式支配已入国库的库款。各级国库凭本级政府财政部门签发的拨款凭证于当日办理库款拨付，并将款项及时转入用款单位的存款账户，不得延解、占压应当缴入国库的预算收入和国库库款。有关银行必须遵守国家有关预算收入缴库的规定，不得占压财政部门拨付的预算资金。中央预算收入、中央和地方预算共享收入退库的审批权属于本级政府财政部门。地方预算收入的退库，由地方政府财政部门或者其授权的机构批准，具体退库程序按照财政部的有关规定办理。办理预算收入退库，应当直接退给申请单位或者申请个人，按照国家规定用途使用。任何部门、单位和个人不得截留、挪用退库款项。

各级政府应加强对本级国库的管理和监督，加强对预算执行的领导，依据法定权限作出的决定和规定的行政措施，凡涉及财政减收增支的，应当在预算批准前提出并在预算中作出相应安排。在预算执行中一般不制定新的减收增支政策和措施；确需制定的，应当采取相应的增收节支措施。国务院各部门制定的规章，凡涉及减免应缴预算收入，设立和改变收费项目，罚没财物处理，企业成本、费用开支标准和范围，国有资产处置、收益分配，会计核算以及行政事业经费开支标准的，必须符合国家统一的规定。地方政府依据法定权限制定的规章和规定的行政措施，不得涉及减免中央预算收入、中央和地方预算共享收入，不得影响中央预算收入、中央和地方预算共享收入的征收；违反规定的，有关预算收入征收部门有权拒绝执行，并应当向上级预算收入征收部门和财政部报告。各级政府财政部门负责协调本级预算收入征收部门与国库的业务工作，有权对本级各预算收入征收部门征收预算收入的情况进行监督检查，对各部门预算收支的情况和效果进行考核，对擅自减征、免征、缓征及退还预算收入的，责令改正。

5. 预算执行情况的报告。政府财政部门每月向本级政府报告预算执行情况。省、自治区、直辖市政府财政部门按照下列期限和方式向财政部报告本行政区域预算执行情况：（1）预算收支旬报，按照财政部规定的内容编制，于每旬终了后 3 日内报送财政部；（2）预算收支月报，按照财政部规定的内容编制，于每月终了后 5 日内报送财政部；（3）每月预算收支执行情况文字说明材料，于每月终了后 10 日内报送财政部；每季预算收支执行情况的全面分析材料于季度终了后 15 日内报送财政部；（4）年报即年度决算的编报事项，依照预算法和本条例的有关规定执行。设区的市、自治州政府和县级政府的财政部门和乡、民族乡、镇政府向上一级政府财政部门编报预算收支执行情况的内容和报送期限，由上一级政府财政部门规定。

税务、海关等部门在预算执行中，应当加强对预算执行的分析；发现问题时应当及时建议本级政府采取措施予以解决。中央国库与地方国库按照有关规定向财政部门编报预算收入入库、解库及库款拨付情况的日报、旬报、月报和年报。政府财政部门、预算收入征收部门和国库建立健全相互之间的预算收入对账制度，在预算执行中按月、按年核对预算收入的收纳及库款拨付情况，保证预算收入的征收入库和库存金额准确无误。各部门、各单位加强对预算收入和支出的管理，不得截留或者动用应当上缴的预算收入，也不得将不应当在预算内支出的款项转为预算内支出。各级政府预算预备费的动用方案，由本级政府财政部门提出，报本级政府决定。各级政府预算周转金由本级政府财政部门管理，用于预算执行中的资金周转，不得挪作他用。政府财政部门对要求追加预算支出、减少预算收入的事项应当严格审核；对需要动用预备费的，必须经本级政府批准。财政部负责制定与预算执行有关的财务会计制度。各部门、各单位按照政府财政部门的要求，加强对预算收入和预算支出的管理核算。

（四）预算的调整

预算调整是指经全国人民代表大会批准的中央预算和经地方各级人民代表大会批准的本级预算，在执行中因特殊情况需要增加支出或者减少收入，使原批准的收支平衡的预算的总支出超过总收入，或者使原批准的预算中举借债务的数额增加的部分变更。各级政府对于必须进行的预算调整，应当由政府财政部门负责编制预算调整方案，列明调整的原因、项目、数额、措施及有关说明，经本级政府审定后，提请本级人民代表大会常务委员会审查和批准。地方各级政府预算的调整方案经批准后，由本级政府报上一级政府备案。未经批准，不得调整预算。未经批准调整预算，各级政府不得作出任何使原批准的收支平衡的预算的总支出超过总收入或者使原批准的预算中举借债务的数额增加的决定。对违反前款规定作出的决定，本级人民代表大会、本级人民代表大会常务委员会或者上级政府应当责令其改变或者撤销。

在预算执行中，因上级政府返还或者给予补助而引起的预算收支变化，不属于预算调整。接受返还或者补助款项的县级以上地方各级政府应当向本级人民代表大会常务委员会报告有关情况，按照上级政府规定的用途使用款项，不得擅自改变用途；接受返还或者补助款项的乡、民族乡、镇政府应当向本级人民代表大会报告有关情况。政府有关部门以本级预算安排的资金拨付给下级政府有关部门的专款，必须经本级政府财政部门同意并办理预算划转手续。各部门、各单位的预算支出，必须按照本级政府财政部门批复的预算科目和数额执行，不得挪用；确需作出调整的，必须经本级政府财政部门同意。年度预算确定后，企业、事业单位改变隶属关系，引起预算级次和关系变化的，应当在改变财务关系的同时，相应办理预算划转。

六、决　算

决算是指各级政府、各部门、各单位编制的未经法定程序审查和批准的预算收支的年度执行结果。决算草案由各级政府、各部门、各单位，在每一预算年度终了后按照国务院规定的时间编制。编制决算草案，必须符合法律、行政法规，做到收支数额准确、内容完整、报送及时。政府财政部门、各部门、各单位在每一预算年度终了时，应当清理核实全年预算收入、支出数字和往来款项，做好决算数字的对账工作。不得把本年度的收入和支出转为下年度的收入和支出，不得把下年度的收入和支出列为本年度的收入和支出；不得把预算内收入和支出转为预算之外，不得随意把预算外收入和支出转为预算之内。决算各项数字应当以经核实的基层单位汇总的会计数字为准，不得以估计数字替代，不得弄虚作假。

财政部在每年第四季度部署编制决算草案的原则、要求、方法和报送期限，制发中央各部门决算、地方决算及其他有关决算的报表格式。县级以上地方政府财政部门根据财政部的部署，部署编制本级政府各部门和下级政府决算草案的原则、要求、方法和报送期限，制发本级政府各部门决算、下级政府决算及其他有关决算的报表格式。地方政府财政部门根据上级政府财政部门的部署，制定本行政区域决算草案和本级各部门决算草案的具体编制办法。各部门根据本级政府财政部门的部署，制定所属各单位决算草案的具体编制办法。各单位应当按照主管部门的布置，认真编制本单位决算草案，在规定期限内上报。

各部门在审核汇总所属各单位决算草案基础上，连同本部门自身的决算收入和支出数字，汇编成本部门决算草案并附决算草案详细说明，经部门行政领导签章后，在规定期限内报本级政府财政部门审核。各级预算收入征收部门应当按照财政部门的要求，及时编报收入年报及有关资料。财政部根据中央各部门决算草案汇总编制中央决算草案，报国务院审定后，由国务院提请全国人民代表大会常务委员会审查和批准。县级以上地方各级政府财政部门根据本级各部门决算草案汇总编制本级决算草案，报本级政府审定后，由本级政府提请本级人民代表大会常务委员会审查和批准。乡、民族乡、镇政府根据财政部门提供的年度预算收入和支出的执行结果，编制本级决算草案，提请本级人民代表大会审查和批准。

县级以上各级政府决算草案经本级人民代表大会常务委员会批准后，本级政府财政部门应当自批准之日起20日内向本级各部门批复决算。各部门应当自本级政府财政部门批复本部门决算之日起15日内向所属各单位批复决算。县级以上地方各级政府自本级人民代表大会常务委员会批准本级政府决算之日起30日内，将本级政府决算及下一级政府上报备案的决算汇总，报上一级政府备案。国务院和县级以上地方各级政府对下一级政府报送备案的决算，认为有同法律、行政法规相抵触或者有其他不适当之处，需要撤销批准该项决算的决议的，应当提请本级人民代表大会常务委员会审议决定；经审议决定撤销的，该下级人民代表大会常务委员会应当责成本级政府依照本法规定重新编制决算草案，提请本级人民代表大会常务委员会审查和批准。对于年度预算执行中上下级财政之间按照规定需要清算的事项，应当在决算时办理结算。

七、预决算的监督

全国人民代表大会及其常务委员会对中央和地方预算、决算进行监督。县级以上地方各级人民代表大会及其常务委员会对本级和下级政府预算、决算进行监督。乡、民族乡、镇人民代表大会对本级预算、决算进行监督。各级人民代表大会和县级以上各级人民代表大会常务委员会有权就预算、决算中的重大事项或者特定问题组织调查，有关的政府、部门、单位和个人应当如实反映情况和提供必要的材料。各级人民代表大会和县级以上各级人民代表大会常务委员会举行会议时，人民代表大会代表或者常务委员会组成人员，依照法律规定程序就预算、决算中的有关问题提出询问或者质询，受询问或者受质询的有关的政府或者财政部门必须及时给予答复。各级政府在每一预算年度内至少二次向本级人民代表大会或者其常务委员会作预算执行情况的报告。

县级以上各级政府接受本级人民代表大会及其常务委员会对预算执行情况和决算的监督，乡级人民政府接受本级人民代表大会对预算执行情况和决算的监督；按照本级人民代表大会或其常务委员会的要求，报告预算执行情况；认真研究处理本级人民代表大会代表或者常务委员会组成人员有关改进预算管理的建议、批评和意见，并及时答复。各级政府应当加强对下级政府预算执行的监督，对下级政府在预算执行中违反法律、行政法规和国家方针政策的行为，依法予以制止和纠正；对本级预算执行中出现的问题，及时采取处理措施。

各级政府监督下级政府的预算执行；下级政府接受上级政府对

预算执行的监督，严格执行上级政府作出的有关决定，根据上级政府的要求，及时提供资料，如实反映情况，并将执行结果及时上报。各级政府财政部门负责监督检查本级各部门及其所属各单位预算的执行；并向本级政府和上一级政府财政部门报告预算执行情况。各部门及其所属各单位接受本级财政部门有关预算的监督检查；按照本级财政部门的要求，如实提供有关预算资料；执行本级财政部门提出的检查意见。各级审计机关依照《审计法》以及有关法律、行政法规的规定，对本级预算执行情况，对本级各部门和下级政府预算的执行情况和决算，进行审计监督。

第二节　政府采购法律制度

一、政府采购法律制度的构成

政府采购法律制度由《中华人民共和国政府采购法》、政府采购部门规章、政府采购地方性法规和政府规章组成，是政府采购管理的制度基础和工作保障，对规范政府采购行为、促进政府采购改革与发展具有重要意义。

（一）政府采购法

为规范政府采购行为，提高政府采购资金的使用效益，维护国家利益和社会公共利益，保护政府采购当事人的合法权益，促进廉政建设，我国于2002年制定了《政府采购法》，由第九届全国人民代表大会常务委员会第二十八次会议审议通过，自2003年1月1日起施行。全文共9章88条，包括总则、政府采购当事人、政府采购方式、政府采购程序、政府采购合同、质疑与投诉、监督检查、法律责任和附则。《政府采购法》的颁布实施，标志着我国政府采购制度改革试点工作结束，进入了全面实施阶段，全国政府采购工作步入新的发展时期。

（二）政府采购部门规章

政府采购部门规章是为贯彻国家有关法律法规和政府政策，由国务院有关部门制定的一些规章制度。财政部作为政府采购监督管理部门，相继制定了《政府采购货物和服务招标投标管理办法》、《政府采购信息公告管理办法》、《政府采购供应商投诉处理办法》、《政府采购代理机构资格认定办法》、《政府采购评审专家管理办法》、《集中采购机构监督考核管理办法》等30多个配套规章和规范性制度，初步建立了以《政府采购法》为统领的政府采购法律制度体系，为政府采购工作提供了制度保障。

除财政部外，国家发改委等国务院部门也制定了一些政府采购规章制度，对完善政府采购管理发挥了重要作用。主要有：中央投资项目招标代理机构资格认定管理办法（国家发改委［2005］第36号）；国际金融组织和外国政府贷款投资项目管理暂行办法（国家发改委第28号令）；工程建设项目货物招标投标办法（国家发改委、建设部、铁道部、交通部、信息产业部、水利部、民用航空总局第27号令）；工程建设项目施工招标投标办法（国家计委、建设部、铁道部、交通部、信息产业部、水利部、民用航空总局第30号令）；国家重大建设项目招标投标监督暂行办法（国家计委第18号令）；机电产品国际招标投标实施办法（商务部第13号令）；房屋建筑和市政基础设施工程施工招标投标管理办法（建设部第89号令）；建筑工程设计招标投标管理办法（建设部第82号令）；工程建设项目勘察设计招标投标办法（国家发改委、建设部、铁道部、交通部、信息产业部、水利部、民用航空总局、国家广播电影电视局第2号令）；关于禁止串通招标投标行为的暂行规定（国家工商行政管理局第82号令）等。

（三）政府采购地方性法规和政府规章

在政府采购地方性法规制度建设方面，有的地方通过人大立法颁布实施了本区域的政府采购条例，不少地方以人民政府法规或规章的形式制定了本地区政府采购管理实施办法，绝大部分地方财政部门都结合本地实际，根据《政府采购法》的规定制定了专项管理办法和具体操作规程，使《政府采购法》及其配套规章制度的实施更具针对性和可操作性。主要有：《北京市政府采购办法》（北京市人民政府第26号令）；《深圳经济特区政府采购条例》（1998年10月27日深圳市第二届人民代表大会常务委员会第二十七次会议通过）；《上海市政府采购管理办法》（自1999年1月1日起施行）；《山东省政府采购管理暂行办法》；《河北省政府采购管理暂行办法》；《河南省政府采购管理暂行办法》（河南省人民政府令第66号）；《吉林省吉林市政府采购管理暂行办法》（吉市政办发［1999］22号）；《黑龙江省政府采购管理暂行办法》、《安徽省政府采购管理暂行办法》；《广西壮族自治区本级政府采购管理实施办法》（桂财采［2007］59号）；《云南省政府采购管理暂行办法》（自2007年3月1日起施行）等。

二、政府采购的概念

所谓采购，是指以合同方式有偿取得货物、工程和服务的行为，包括购买、租赁、委托、雇用等。所谓政府采购，是指各级国家机关、事业单位和团体组织，使用财政性资金采购依法制定的集中采购目录以内的或者采购限额标准以上的货物、工程和服务的行为。政府采购与一般民事采购相比，具有非盈利性、资金来源的财政性或公共性、管理上的规范性和公开性。因为政府采购的有关法律和程序都是公开的，采购的过程也是在完全公开的情况下进行的，一切采购活动都要作出公开记录，所有的采购信息都是公开的，所以，政府采购也被称作为“阳光下的交易”。

（一）政府采购的主体范围

政府采购的主体是依靠国家财政资金运作的政府机关、事业单位和社会团体等，而所有个人、私人企业和公司均不能成为政府采购的采购方主体。供应商主体却可以是任何有供货条件的个人或企业公司。

（二）政府采购的资金范围

政府采购的资金来源为财政性资金和需要由财政偿还的公共借款。这些资金的最终来源为纳税人的税收和政府对公共服务的收费。在财政支出中具体表现为采购支出，即财政支出减去转移支出的余额。

（三）政府集中采购目录和政府采购限额标准

集中采购是政府采购的主要方式之一。集中采购的范围由省级以上人民政府公布的集中采购目录确定。属于中央预算的政府采购项目，其集中采购目录由国务院确定并公布；属于地方预算的政府采购项目，其集中采购目录由省、自治区、直辖市人民政府或者其授权的机构确定并公布。纳入集中采购目录的政府采购项目，应当实行集中采购。政府采购限额标准，属于中央预算的政府采购项目，由国务院确定并公布；属于地方预算的政府采购项目，由省、自治区、直辖市人民政府或者其授权的机构确定并公布。所有政府集中采购目录和采购限额标准都必须依照《政府采购法》规定的权限制定。

（四）政府采购的对象范围

政府采购的对象包括货物、工程和服务。所谓货物，是指各种形态和种类的物品，包括原材料、燃料、设备、产品等；所谓工程，是指建设工程，包括建筑物和构筑物的新建、改建、扩建、装修、拆除、修缮等；所谓服务，是指除货物和工程以外的其他政府采购对象。

三、政府采购的原则

政府采购之所以区别于一般商业采购，就在于是用财政资金，为政府和公共利益服务，所以其法律原则也有不同于一般商业采购之处。《政府采购法》规定了四条原则：公开透明、公平竞争、公正和诚实信用原则。

（一）公开透明原则

公开透明原则就是政府采购所进行的有关活动都必须公开进行，包括采购数量、质量、规格、要求等都要公开；采购的合同条件、采购过程、采购结果等采购信息要公开；采购活动要逐项做好采购记录以备审查监督；供应商还可对有关活动和程序进行质疑和投诉。只有在阳光下进行的政府采购活动，才能最有效地保证它的合理性，使有关供应商和社会公众了解采购情况，监督采购资金的使用。

（二）公平竞争原则

公平竞争原则是指政府采购要通过公平竞争选择最优的供应商，取得最好的采购效果，所有参加竞争的供应商机会均等并受到同等待遇，不得有任何歧视行为，同时应在程序上保证有利于合同相对方权利的实现。政府采购使用的是财政性资金，是纳税人的钱，只有通过公平竞争才是使用财政性资金的最有利的方法。为此政府采购法还作出了一些相关规定，尤其反对用行政首长的指令，依靠行政命令来决定相关事项。如第十九条第二款规定“采购人有权自行选择采购代理机构，任何单位和个人不得以任何方式为采购人指定采购代理机构”；第二十二条第二款规定采购人“不得以不合理的条件对供应商实行差别待遇或者歧视待遇”；第二十五条第一款规定政府采购当事人“不得以任何手段排斥其他供应商参与竞争”；第六十四条第二款规定“任何单位和个人不得违反本法规定，要求采购人或者采购工作人员向其指定的供应商进行采购”。只有公平竞争才能保证财政资金的使用效益，也只有公平竞争才能让参与政府采购的供应商信服，维护政府采购在市场上的声誉，有利于引导整个市场形成良性竞争的环境。

（三）公正原则

公正原则是指在公开、公平原则上所取得的结果的公正和整个操作程序和过程的公正。公正原则更主要地体现在确定供应商上，如评标标准明确严格、评标程序的公正、利害关系人的回避制度等。政府采购当事人在采购活动中的地位是平等的，任何一方不得向另一方提出不合理的要求，不得将自己的意志强加给对方。公正原则是建立在公开透明和公平的基础上的，只有公开透明和公平，才能有公正的政府采购的结果。

（四）诚实信用原则

诚实信用原则本是民事活动的基本原则，政府采购既包括民事因素也包括公共管理的因素，也应遵守民事活动的基本原则。诚实信用原则要求政府采购各方都要诚实守信，不得有欺骗背信的行为，以善意的方式行使权利，尊重他人利益和公共利益，忠实地履行约定义务。

四、政府采购的功能

国内外实践表明，政府采购具有典型的公共性特征和巨大的市场影响力，不仅是采购公共物品与服务的重要手段，而且是一种有效的政策工具，具有多方面的功能作用。

（一）节约财政支出，提高采购资金的使用效益

这是政府采购的基本功能。政府采购遵循公开透明、公平竞争、公正和诚实信用等原则，实行规范的、阳光化的采购，不仅可以使政府得到物美价廉的商品和劳务，大幅度节约支出，降低行政成本，而且可以强化预算约束，减少资金的流通环节，提高资金使用效率。

（二）强化宏观调控

政府可以从社会公共利益出发，按照社会公众的要求，综合考虑政府采购的社会效果和经济效果，通过制订政府采购政策、确立采购对象等，控制公共采购资金的使用，规定优先采购什么、禁止采购什么、向谁采购和由谁采购等一系列政策措施，直接影响供应商的生产和销售行为以及投资选择，促进政府多种社会经济政策的贯彻实施，强化政府宏观调控。

（三）活跃市场经济

购买是市场中一种交易行为。当市场处于低迷时，企业和个人的购买需求不振，政府启动与扩大购买内容和范围，可以激发市场活力，提振经济预期，活跃市场经济。政府采购作为市场的现实需求之一，还可以为技术创新者“创造”一块市场，推动技术创新和新兴产业的成长，促进国民经济的结构优化，实现经济结构转型和

升级。

（四）推进反腐倡廉

建立政府采购制度，在政府采购过程中引入了招标、投标等竞争机制，在当事各方之间建立起相互监督的制约关系，各方将在公平透明的“游戏规则”下为自身利益最大化而展开竞争，从而从制度层面有效地减少了采购过程中的权钱交易、寻租等腐败现象。

（五）保护民族产业

政府采购原则上应该采购本国产品，担负起保护民族产业的重要职责。尤其是在我国加入世界贸易组织后，面临大量进口产品对民族产业特别是对汽车、信息等高技术产业形成冲击和压力的情况下，保留政府采购市场暂不对外开放，显然具有重要意义。通过以法律和政策的方式，规定政府采购应该采购本国产品、支持民族产业发展，可以实现保护民族产业的目标。即便今后我国加入了《政府采购协议》，仍然会有大量在协议条款之外的政府采购项目。对于这部分采购，同样需要实施保护本国产品的政策措施。

五、政府采购的执行模式

我国政府采购实行集中采购和分散采购相结合的执行模式。所谓集中采购，是指由一个专门的政府采购机构负责本级政府的全部采购任务。按集中程度不同，集中采购又可分为政府集中采购和部门集中采购两类。其中，政府集中采购是指采购单位委托政府集中采购机构（政府采购中心）组织实施的，纳入集中采购目录以内的属于通用性的项目采购活动；部门集中采购是指由采购单位主管部门统一负责组织实施的，纳入集中采购目录以内的属于本部门或本系统有专业技术等特殊要求的项目采购活动。所谓分散采购，是指采购单位自行组织或委托采购代理机构实施的，在集中采购目录以外并在采购限额标准以上的项目采购活动。集中采购与分散采购相比，主要有以下区别：

（一）采购项目特征不同

列入集中采购的项目往往是一些大宗的、通用性的项目，一般采购单位都会涉及并需要采购，或者是一些社会关注程度较高、影响较大的特定商品、大型工程和重要服务类项目。而列入分散采购的项目往往是一些专业化程度较高或单位有特定需求的项目，一般不具有通用性的特征。

（二）采购执行主体不同

集中采购，采购单位必须委托集中采购机构代理采购，采购单位不得擅自自行组织采购，其中部门集中采购可以由主管部门统一组织集中采购。而分散采购，采购单位可以依法自行组织实施采购，也可以委托集中采购机构或其他具有政府采购代理资格的社会中介机构代理采购。委托集中采购机构采购的，采购单位不需支付任何采购代理费用，而如委托社会中介代理机构采购的，则需要按规定支付一定的采购代理费用。

（三）采购的目和作用不同

集中采购具有采购成本低、操作相对规范和社会影响大的特点，可以发挥政府采购的规模优势和政策作用，体现政府采购的效益性和公共性原则，也有利于政府的集中监管和对分散采购的良好示范作用。分散采购可以借助单位的技术优势和社会中介代理机构的专业优势，可充分调动单位政府采购的积极性和主动性，提高采购效率，同时也有利于实现政府采购不断“扩面增量、稳步渐进”的工作目标。

无论集中采购还是分散采购，两者互有优势，可相互补充。但同作为一种政府采购行为，采购人或其委托的采购代理机构都必须遵循政府采购公开透明、公平竞争、公正和诚实信用的原则，按照《政府采购法》和其他有关法律法规规定的采购方式和采购程序组织实施采购活动，并自觉接受同级财政部门和有关监督部门的监督、管理。

六、政府采购当事人

政府采购当事人是指在政府采购活动中享有权利和承担义务的各类主体，包括采购人、供应商和采购代理机构等。

（一）采购人

采购人是指依法进行政府采购的国家机关、事业单位、团体组织，为从事日常的政务活动或为了满足公共服务的目的，利用国家财政性资金和政府借款购买货物、工程和服务。

（二）供应商

供应商是指向采购人提供货物、工程或者服务的法人、其他组织或者自然人。供应商参加政府采购活动应当具备下列条件：具有独立承担民事责任的能力；具有良好的商业信誉和健全的财务会计制度；具有履行合同所必需的设备和专业技术能力；有依法缴纳税收和社会保障资金的良好记录；参加政府采购活动前三年内，在经营活动中没有重大违法记录；法律、行政法规规定的其他条件。

（三）采购代理机构

集中采购机构为采购代理机构。设区的市、自治州以上人民政府根据本级政府采购项目组织集中采购的需要设立集中采购机构。集中采购机构是非营利事业法人，根据采购人的委托办理采购事宜。

七、政府采购方式

（一）公开招标

公开招标是政府采购主要采购方式，公开招标与其他采购方式不是并行的关系。公开招标的具体数额标准，属于中央预算的政府采购项目，由国务院规定；属于地方预算的政府采购项目，由省、自治区、直辖市人民政府规定；因特殊情况需要采用公开招标以外的采购方式的，应当在采购活动开始前获得设区的市、自治州以上人民政府采购监督管理部门的批准。采购人不得将应当以公开招标方式采购的货物或者服务化整为零或者以其他任何方式规避公开招标采购。

（二）邀请招标

邀请招标也称选择性招标，由采购人根据供应商或承包商的资信和业绩，选择一定数目的法人或其他组织（不能少于三家），向其发出招标邀请书，邀请他们参加投标竞争，从中选定中标的供应商。符合下列情形之一的货物或者服务，可以采用邀请招标方式采购：具有特殊性，只能从有限范围的供应商处采购的；采用公开招标方式的费用占政府采购项目总价值的比例过大的。

货物或者服务项目采取邀请招标方式采购的，采购人应当从符合相应资格条件的供应商中，通过随机方式选择三家以上的供应商，并向其发出投标邀请书。货物和服务项目实行招标方式采购的，自招标文件开始发出之日起至投标人提交投标文件截止之日止，不得少于20日。在招标采购中，出现下列情形之一的，应予废标：符合专业条件的供应商或者对招标文件作实质响应的供应商不足三家的；出现影响采购公正的违法、违规行为的；投标人的报价均超过了采购预算，采购人不能支付的；因重大变故，采购任务取消的。废标后，采购人应当将废标理由通知所有投标人，除采购任务取消情形外，应当重新组织招标；需要采取其他方式采购的，应当在采购活动开始前获得设区的市、自治州以上人民政府采购监督管理部门或者政府有关部门批准。

（三）竞争性谈判

竞争性谈判指采购人或代理机构通过与多家供应商（不少于三家）进行谈判，最后从中确定中标供应商。符合下列情形之一的货物或者服务，可以采用竞争性谈判方式采购：招标后没有供应商投标或者没有合格标的或者重新招标未能成立的；技术复杂或者性质特殊，不能确定详细规格或者具体要求的；采用招标所需时间不能满足用户紧急需要的；不能事先计算出价格总额的。

采用竞争性谈判方式采购的，应当遵循下列程序：（1）成立谈判小组。谈判小组由采购人的代表和有关专家共三人以上的单数组成，其中专家的人数不得少于成员总数的2/3。（2）制定谈判文件。谈判文件应当明确谈判程序、谈判内容、合同草案的条款以及评定成交的标准等事项。（3）确定邀请参加谈判的供应商名单。谈判小组从符合相应资格条件的供应商名单中确定不少于三家的供应商参加谈判，并向其提供谈判文件。（4）谈判。谈判小组所有成员集中与单一供应商分别进行谈判。在谈判中，谈判的任何一方不得透露与谈判有关的其他供应商的技术资料、价格和其他信息。谈判文件有实质性变动的，谈判小组应当以书面形式通知所有参加谈判的供应商。（5）确定成交供应商。谈判结束后，谈判小组应当要求所有参加谈判的供应商在规定时间内进行最后报价，采购人从谈判小组提出的成交候选人中根据符合采购需求、质量和服务相等且报价最低的原则确定成交供应商，并将结果通知所有参加谈判的未成交的供应商。

（四）单一来源

单一来源采购也称直接采购，是指达到了限额标准和公开招标数额标准，但所购商品的来源渠道单一，或属专利、首次制造、合同追加、原有采购项目的后续扩充和发生了不可预见的紧急情况不能从其他供应商处采购等情况。该采购方式的最主要特点是没有竞争性。符合下列情形之一的货物或者服务，可以采用单一来源方式采购：只能从唯一供应商处采购的；发生了不可预见的紧急情况，不能从其他供应商处采购的；必须保证原有采购项目的一致性或者服务配套的要求，需要继续从原供应商处添购，且添购资金总额不超过原合同采购金额10%的。

采取单一来源方式采购的，采购人与供应商应当遵循《政府采购法》规定的原则，在保证采购项目质量和双方商定合理价格的基础上进行采购。

（五）询　价

询价是指采购人向有关供应商发出询价单让其报价，在报价基础上进行比较并确定最优供应商一种采购方式。采购的货物规格、标准统一、现货货源充足且价格变化幅度小的政府采购项目，可以采用询价方式采购。

采取询价方式采购的，应当遵循下列程序：（1）成立询价小组。询价小组由采购人的代表和有关专家共三人以上的单数组成，其中，专家的人数不得少于成员总数的2/3。询价小组应当对采购项目的价格构成和评定成交的标准等事项作出规定。（2）确定被询价的供应商名单。询价小组根据采购需求，从符合相应资格条件的供应商名单中确定不少于三家的供应商，并向其发出询价通知书让其报价。（3）询价。询价小组要求被询价的供应商一次报出不得更改的价格。（4）确定成交供应商。采购人根据符合采购需求、质量和服务相等且报价最低的原则确定成交供应商，并将结果通知所有被询价的未成交的供应商。

八、政府采购的监督检查

依照法律、行政法规的规定对政府采购负有行政监督职责的政府有关部门，应当按照其职责分工，加强对政府采购活动的监督。审计机关对政府采购进行审计监督。监察机关对参与政府采购活动的国家机关、国家公务员和国家行政机关任命的其他人员实施监察。政府采购监督管理部门对政府采购活动及集中采购机构进行业务监督检查。政府采购监督管理部门、政府采购各当事人的有关政府采购活动，应当接受审计机关的审计监督。任何单位和个人对政府采购活动中的违法行为，有权控告和检举，有关部门、机关依照各自职责及时处理。

为确保政府采购合法有序运行，政府采购监督管理部门应当加强对政府采购活动及集中采购机构的监督检查，政府采购当事人应当如实反映情况，提供有关材料。监督检查的主要内容有：有关政府采购的法律、行政法规和规章的执行情况；采购范围、采购方式和采购程序的执行情况；政府采购人员的职业素质和专业技能。为保证政府采购监督管理的公正有效，政府采购监督管理部门不得设置集中采购机构，不得参与政府采购项目的采购活动。采购代理机构与行政机关不得存在隶属关系或者其他利益关系。政府采购监督管理部门对集中采购机构的采购价格、节约资金效果、服务质量、信誉状况、有无违法行为等事项进行考核，并定期如实公布考核结果。

集中采购机构应当建立健全内部监督管理制度。采购活动的决策和执行程序应当明确，并相互监督、相互制约。经办采购的人员与负责采购合同审核、验收人员的职责权限应当明确，并相互分离。集中采购机构的采购人员应当具有相关职业素质和专业技能，符合政府采购监督管理部门规定的专业岗位任职要求。集中采购机构对其工作人员应当加强教育和培训；对采购人员的专业水平、工作实绩和职业道德状况定期进行考核。采购人员经考核不合格的，不得继续任职。此外，政府采购项目的采购标准应当公开。采购人按照法律规定的采购方式和采购程序完成采购活动后，应当将采购结果予以公布。任何单位和个人不得违反本法规定，要求采购人或者采购工作人员向其指定的供应商进行采购。

第三节 国库集中收付制度

一、国库集中收付制度

（一）国库集中收付制度的概念和特征

国库集中收付制度是市场经济体制下公共财政的运作基础，世界上绝大多数市场经济国家都实行了国库集中收付制度。比如，法国经济财政部在中央银行开立国库单一账户，将所有的财政资金资源集中在国库单一账户统一管理，同时设置国库分类账户和国库单一账户配套使用；意大利将所有财政资金集中到国库部在中央银行的国库单一账户，通过国库单一账户直接支付给商品和劳务供应商。

总体来看，国库集中收付制度具有三个特征：（1）财政部门在中央银行或商业银行开设国库单一账户。所有财政资金均纳入国库单一账户运作和管理，收入直接缴入国库，支出由财政部门通过代理银行直接支付到商品或劳务供应商，财政资金不得在国库单一账户体系外运行。（2）财政资金收入收缴和支出方式运作规范。税收收入和非税收入直接缴入银行，并通过银行清算系统及时划入国库单一账户。财政资金的支出实行财政直接支付或财政授权支付，通过代理银行将款项支付到商品和劳务供应商。（3）财政设立专门的国库现金管理和支付执行机构。实行国库单一账户制度的国家，普遍设有不同形式的专门履行财政国库现金管理和支付职能的执行机构。

国际上普遍认为，国库单一账户制度具有三个优越性：（1）可以加快资金的运转速度，提高资金的使用效益。（2）可以对资金的支付实行有效控制，提高资金支付的透明度，防止截留、挤占、挪用财政资金。（3）能够及时、准确、系统地提供预算执行信息，有利于国家对宏观经济进行正确决策。

（二）我国国库集中收付制度改革的启动与主要内容

改革开放以来，我国财政税收体制进行了一系列的改革，尤其是 1994 年的分税制改革取得了巨大成功，基本理顺了中央和地方，国家、企业和个人之间的分配关系。但这些改革的重点是调整收入分配，基本未对预算管理和国库制度进行大的调整。国库集中收付制度改革是 2003 年启动的一项重大的财政制度改革，受到党中央、国务院的高度重视。党的十五届六中全会、中纪委五次全会、九届人大四次会议都明确提出“改革国库制度，建立以国库单一账户体系为基础的现代国库集中收付制度”。国务院 2003 年第九十五次总理办公会核准财政部、人民银行上报的财政国库管理制度改革试点方案，已在全国普遍推行。

在我国，国库集中收付制度改革的主要内容包括：（1）建立国库单一账户体系，改变预算单位自行开设账户的做法，统一由财政在中国人民银行或商业银行开设，包括国库单一账户、零余额账户、预算外资金账户、小额现金账户和特设专户。（2）规范收入收缴程序，将目前预算资金的三种缴库方式（就地缴库、集中缴库、自收缴库）简并为直接缴库和集中汇缴两种方式，取消现行的某些收入通过过渡账户缴库的做法。（3）规范支出拨付程序，改变目前由财政部门将资金拨付到各部门，各部门再层层下拨的做法，实行财政直接拨付和财政授权支付两种方式，基本消除资金流经环节多的弊端。

（三）国库集中收付制度的成效

2003 年至今，我国国库集中收付制度改革取得了显著的成效：

1. 体现了科学理财和依法理财的观念。国库集中收付制度所确立的一整套管理流程，对预算执行的各环节都有严格的规范化、程序化要求。各单位财政财务管理规范性显著增强，管理水平大幅提高，重分配轻管理的现象明显改变，科学理财、依法理财的观念得到了机制保障。

2. 增强了财政宏观调控能力。国库现金流量由过去各单位分散持有转变为财政部门统一持有和管理，不仅使财政部门资金调度能力发生根本改观，较好地保证了重点支出和预算的正常执行，而且还为实施国库现金管理、增强财政理财功能、加强财政政策与货币政策的协调实施以及加强宏观调控奠定了基础。

3. 加强了预算执行过程的监督控制。国库集中收付制度改革实施后，财政部门建立了以国库单一账户体系为基础的电子化监控系统，实现了对中央预算单位用款的零余额账户的每一笔支付交易实时智能化动态监控，创新了财政监控模式，并建立了财政资金实时监控、综合核查、信息披露、整改反馈、跟踪问效的财政国库动态监控管理机制，从根本上加强了事前和事中监督，对违法违纪问题形成有效威慑，预算单位规范使用资金的意识明显增强，违规行为大大减少。

4. 提高了预算执行管理信息的透明度。在收入收缴方面，税收收入实行财税库银电子缴库横向联网，使得税收收入信息由过去从相关部门汇总获取，改为从纳税环节直接获取；非税收入信息由过去通过各部门层层汇总后获取，改为从缴款环节直接获取。在支出支付方面，由过去对一级部门批发式拨款获取支出信息，改为从各基层预算单位最终付款环节获取。这种预算执行信息生成机制的改变，为预算执行信息的准确性和及时性提供了机制保障，为预算执行的管理和分析提供了可靠的信息基础。

5. 总预算会计管理基础得到加强。财政资金专户管理得到规范，清理归并一批财政资金专户，实现了财政资金专户归口财政国库部门统一管理。各级财政部门的资金安全防控意识和内部控制机制等进一步强化，建立了科学、严密的总会计业务流程。建立了国库现金流量预测系统，资金调度的及时性、准确性和预见性逐年提高，确保了重点资金及时均衡拨付。及时修订完善总预算会计科目，以适应国库集中收付制度改革、政府收支分类改革、津补贴改革、国有资本经营预算管理等财政重大改革的需要。进一步加强和完善了对账制度，确保总预算会计账的真实性、完整性。

6. 国库现金管理有效降低了财政筹资成本。2006 年 8 月，我国首次实施中央国库现金管理操作。通过回购国债、商业银行定期存款及减少国债发行等方式进行操作，在确保国库支付需要和国库现金绝对安全的前提下，为国家财政增加了大量的净收益（或减少支出），在降低财政筹资成本和与货币政策协调方面取得了显著成效。

二、国库单一账户体系

目前，国际上对国库概念的解释，一般采用国际货币基金组织的定义，即国库不单是指国家金库，更重要的是指财政代表政府控制预算执行，保管政府资产和负债的一系列管理职能。衡量一个国家国库管理水平的关键性指标有两个：一是对国库现金和债务管理的效率；二是能否及时准确地提供完整的预算执行报告，为财政管理和宏观调控提供依据。为了达到上述要求，现代国库制度以国库单一账户为基础，实行规范和高效的财政资金运作方式，所有财政性资金都纳入国库单一账户体系管理，收入直接缴入国库或财政账户，支出通过国库单一账户体系支付到商品和劳务供应者或用款单位。

借鉴国际成功经验，并结合我国国情，我国建立的财政国库单一账户体系主要包括四类账户：国库单一账户、财政部门和预算单位的零余额账户、财政专户、特设专户。

（一）国库单一账户

财政部门在中央银行开设国库单一账户，用于记录、核算和反映纳入预算管理的财政收入和支出活动，并与财政部门在商业银行开设的零余额账户进行清算，实现资金收缴入库和资金支付。国库单一账户按收入和支出设置分类账，收入账按预算科目进行明细核算，支出账按资金使用性质设立分账册。

（二）财政部门和预算单位零余额账户

财政部门按资金使用性质在商业银行开设零余额账户；在商业银行为预算单位开设零余额账户。财政部门的零余额账户，用于财政直接支付和与国库单一账户支出清算。预算单位的零余额账户，在支出管理中，用于财政授权支付和与国库单一账户清算；在收入收缴管理中，财政汇缴专户作为零余额账户，用于非税收入收缴和资金清算。

（三）财政专户

财政部门在商业银行开设财政专户，按收入和支出设置分类账。财政专户用于记录、核算和反映非税收入的收支活动，用于非税收入资金的日常收支清算。

（四）特设专户

经国务院和省级人民政府批准或授权财政部门开设特殊过渡性专户（以下简称特设专户），用于记录、核算和反映预算单位的特殊专项支出活动，并与国库单一账户清算。

建立国库单一账户体系后，相应取消各部门各单位的各类收入过渡性账户。上述国库单一账户、零余额账户、财政专户和特设专户四类账户，构成了我国的国库单一账户体系。通过建立国库单一账户体系，在建立健全现代化银行支付系统和财政管理信息系统的基础上，逐步实现由国库单一账户核算所有财政性资金收支活动，并通过各部门在商业银行开设的零余额账户处理日常支付和清算业务。

三、财政收入收缴方式和程序

我国收入收缴改革的内容主要包括：（1）取消收入过渡性账户，由财政部门为执收单位开立财政汇缴专户。（2）规范收入收缴程序，取消按财务隶属关系层层上缴收入。同时，规范收入退库管理。（3）使用统一、规范化的执收票据。改革设计了规范化的非税收入执收票据体系，按信息化管理的要求，具体设计执收票据要素，通过电子化票据信息传递，实现对非税收入收缴活动的监控。

（一）收缴方式

为适应我国国库集中收付制度改革的要求，将财政收入的收缴分为直接缴库和集中汇缴。

1. 直接缴库。由缴款单位或缴款人按照有关法律法规的规定，直接将应缴收入缴入国库单一账户或预算外资金财政账户。

2. 集中汇缴。由征收机关（有关法定单位）按有关法律法规的规定，将所收的应缴收入汇总缴入国库单一账户或预算外资金财政专户。

（二）收缴程序

1. 直接缴库程序。直接缴库的税收收入，由纳税人或税务代理人提出纳税申报，经征收机关审核无误后，由纳税人通过开户银行将税款缴入国库单一账户。直接缴库的其他收入，比照上述程序缴入国库单一账户或预算外资金财政专户。

2. 集中汇缴程序。小额零散税收和法律另有规定的应缴收入，由征收机关于收缴收入的当日汇总缴入国库单一账户。非税收入中的现金缴款，比照本程序缴入国库单一账户或预算外资金财政专户。

此外，规范收入退库管理。涉及从国库中退库的，依照法律、行政法规有关国库管理的规定执行。

四、财政支出支付方式和程序

财政支出按是否对资源和生产要素形成直接需求的标准分类，可以分为购买性支出和转移性支出两大类。根据支付管理的实际需要，将购买性支出和转移性支出又具体分为工资支出、购买支出、零星支出和转移支出。

（一）支付方式

按支付管理实际需要进行分类后，按发出支付令的不同主体，设计了两种支付方式。

1. 财政直接支付。由财政部门发出支付令的支付方式，称为财政直接支付方式。

2. 财政授权支付。由预算单位经财政部门授权自行发出支付令的支付方式，称为财政授权支付方式。

（二）支付程序

根据上述两种不同的支付方式，财政资金采取不同的支付程序。新的财政资金支付程序具体分为财政直接支付程序和财政授权支付程序两类。

1. 财政直接支付程序。预算单位按照批复的部门预算和资金使用计划，按照规定程序上报支付申请，由一级预算单位审核汇总后向财政国库支付执行机构提出支付申请，财政国库支付执行机构根据批复的部门预算和资金使用计划及相关要求对支付申请审核无误后，向代理银行签发支付令，并同时向中国人民银行国库部门发出支付清算信息。代理银行支付后，通过全国银行清算系统与国库单一账户实时清算，财政资金从国库单一账户划拨到收款人的银行账户。

2. 财政授权支付程序。财政国库支付执行机构根据批复的用款计划，将批准后的财政授权支付额度通知代理银行和预算单位，并通知中国人民银行国库部门。预算单位在月度用款额度内，自行开具支付令送代理银行，代理银行通过国库单一账户体系向收款人付款，并与国库单一账户清算。

第五章 会计职业道德

第一节　会计职业道德概述

一、会计职业道德的概念

（一）职业道德

职业道德的概念有广义和狭义之分。广义的职业道德是指从业人员在职业活动中应该遵循的行为准则，涵盖了从业人员与服务对象、职业与职工、职业与职业之间的关系。狭义的职业道德是指在一定职业活动中应遵循的、体现一定职业特征的、调整一定职业关系的职业行为准则和规范。从内容上讲，职业道德总是要鲜明地表达职业义务、职业责任以及职业行为上的道德准则。在表现形式方面，职业道德总是从职业活动的实际出发，采取制度、守则、公约、承诺等具体、灵活、多样的形式，既易于为从业人员所接受和遵守，又容易形成一种职业的道德习惯。

职业道德不是一般地反映社会道德和阶级道德的要求，而是反映职业、行业以至产业特殊利益的要求；它不是在一般意义上的社会实践基础上形成的，而是在特定的职业实践的基础上形成的，因而它往往表现为某一职业特有的道德传统和道德习惯，表现为从事某一职业的人们所特有道德心理和道德品质，甚至造成从事不同职业的人们在道德品貌上的差异。另外，在表现形式方面，职业道德往往比较具体、灵活和多样。它总是从本职业的交流活动的实际出发，采用制度、守则、公约、承诺、誓言、条例，以至标语口号之类的形式，这些灵活的形式易于为从业人员所接受和实行，而且易于形成一种职业的道德习惯。

职业道德是调节职业活动形成的各种职业关系的手段。职业关系是一般社会关系在职业或行业方面的特定表现，具体表现为从业人员之间、职业之间和职业与社会之间的各种关系，这些关系需要用职业道德来调节，才能达到协调。从调节的范围来看，职业道德一方面是用来调节从业人员内部关系，加强职业、行业内部人员的凝聚力；另一方面调节从业人员与其服务对象之间的关系，涵盖从业人员对社会所应承担的道德责任和义务，塑造职业形象。不同职业的从业人员在特定的职业活动中形成了特殊的职业关系、职业利益、职业活动范围和方式，由此形成了不同职业从业人员的道德规范。

根据我国《公民道德建设实施纲要》，我国职业道德的基本内容包括爱岗敬业、诚实守信、办事公道、服务群众和奉献社会。

1. 爱岗敬业。爱岗敬业是职业道德的基础，是社会主义职业道德所倡导的首要规范。爱岗就是热爱自己的工作岗位，热爱自己从事的职业，忠于自己的职业，对本职工作尽心尽力。敬业是爱岗的升华，就是以恭敬、严肃、负责的态度对待自己的职业，对本职工作一丝不苟，兢兢业业，专心致志。爱岗敬业是人们对从业者工作态度的普遍要求，是国家对每个从业者的最基本的期待，是从业者服务社会、敬重自己的具体表现。爱岗敬业，就是要对自己的工作认真负责，刻苦勤奋，精益求精，为实现职业上的奋斗目标而努力。

2. 诚实守信。诚实守信是做人的基本准则，也是职业道德的精髓。古代圣贤认为，人无诚信不立，事无诚信不成，国无诚信不威。诚实就是真心诚意，实事求是，不虚假，不欺诈；守信就是遵守承诺，讲究信用，注重质量和信誉。诚实守信是各行各业的生存之道，是维系良好的市场经济秩序必不可少的道德准则。要在全社会加强诚实守信的道德教育，强化诚信意识，树立诚信信念，养成诚信习惯。

3. 办事公道。办事公道是指处理各种职业事务要客观公正、恰如其分、不偏不倚、公平公开。办事公道有助于社会文明程度的提高，是市场经济良性运转的有效保证。办事公道要求人们对不同的服务对象一视同仁、秉公办事，不因职位高低、贫富、亲疏的差别而区别对待。

4. 服务群众。服务群众是指要倾听群众呼声，体察群众困难，尊重群众意愿，解除群众忧虑，满足群众需要；要树立服务理念，端正服务态度，改善服务环境，提高服务技能，保证服务质量。

5. 奉献社会。奉献社会就是要履行对社会、对他人的义务，把自己的知识、才能、智慧等，毫无保留地、不计报酬地贡献给公众，贡献给社会。奉献社会有助于培养人们的社会责任感和无私精神，以充分实现自我价值。当社会利益与局部利益、个人利益发生冲突时，要求每一个从业人员把公众利益、社会利益放在首位。

（二）会计职业道德

职业道德具体于会计工作之中，则形成会计职业道德。会计职业道德是指在会计职业活动中应遵循的、体现会计职业特征的、调整会计职业关系的职业行为准则和规范。会计职业道德包括他律和自律两个方面。他律是以会计职业责任和义务为核心，侧重于防范会计人员的不正当的职业行为，因而通常采用政府或社会组织的限制性或禁止性条款（包括法律、法规和规章制度等）的形式公布会计从业人员不应该做什么。自律则是以职业良心、职业精神为核心，侧重于倡导会计从业人员应自觉遵循的职业行为，因而通常采用描述形式提出会计从业人员应该做什么。

会计职业道德是调整与单位有关各方面的经济利益关系，有效达成财务会计的目标和内部会计控制的目标的手段。

1. 会计职业道德是调整会计职业活动利益关系的手段。在市场经济条件下，会计职业活动中的各种经济关系日趋复杂。这些经济关系的实质是经济利益关系。在我国社会主义市场经济建设中，各经济主体的利益与国家利益、社会公众利益有时会发生冲突。会计职业道德可以配合国家法律制度，调整职业关系中的经济利益关系，维护正常的市场经济秩序。会计职业道德允许个人和各经济主体获取合法的自身利益，但反对通过损害国家和社会公众利益而获取违法利益。

2. 会计职业道德具有相对稳定性。每一种职业在不同的历史阶段，其特定利益和义务、特定活动内容和方式、特定服务对象和手段等，大体上是共同的，由此形成了比较稳定的职业心理和行为习惯。尽管随着经济关系的变化、社会的更替而发生变化，会增添新的内容和要求，但固有的职业传统和习惯并不会完全消失。因此，职业道德在不同社会中虽然会有所变化，但也会呈现出相对的稳定性和连续性。

在市场经济条件下，作为对单位经济业务事项进行确认、计量、记录和报告的会计，会计标准的设计，会计政策的制定，会计方法的选择，都必须遵循其内在的规律和要求。正是由于人们面对的是共同的客观规律，会计职业道德在社会经济关系不断变迁中仍然保持自己的相对稳定性。没有任何一个社会制度能够容忍虚假会计信息，也没有任何一个经济主体会允许会计人员私自向外界提供或者泄露单位的商业秘密，会计人员在职业活动中诚实守信、客观公正等是会计职业的普遍要求。

3. 会计职业道德具有广泛的社会性。会计职业道德是人们对会计职业行为的客观要求。会计作为一个信息系统，不仅要为政府机构、企业管理层、金融机构等提供符合质量要求的会计信息，而且要为投资者、债权人及社会公众服务。会计因其服务对象涉及的社会面广，其所提高的会计信息涉及到社会经济生活的许多方面，会计职业道德的优劣将影响国家和社会公众利益。由于会计信息质量直接影响着社会经济的发展和市场经济秩序的健康运行，会计职业道德必将受到整个社会的关注，从而具有广泛的社会性。

二、会计职业道德的功能

功能是指某一事物的功用和能力，即某一事物可以发挥的职能作用。会计职业道德的功能则是会计职业道德在会计工作中可以发挥的职能作用。会计职业道德对于会计工作和会计人员具有指导、评价和教化等基本功能。

（一）指导功能

指导功能，即会计职业道德指导会计人员行为的职能作用。会计职业道德提供了会计人员行为的模式，表达了社会对会计人员行为的期望和要求，如爱岗敬业、诚实守信、廉洁自律、客观公正等，引导会计人员在会计工作中作出或不作出一定的行为。这种期望和要求，如果被会计人员所认同，则会转化为会计人员的自觉行为；同时由于道德舆论的强大压力，会计职业道德的期望和要求也往往会为会计人员在进行职业行为时所接受和遵循。

会计职业道德对于会计人员的动机和行为的指导作用是至关重要的，会计人员与单位的钱财接触，稍有私心杂念，就会陷入金钱的泥沼，走上违法犯罪的道路。会计职业道德通过对会计人员的行为动机提出相应的要求，引导、规范、约束会计人员树立正确的职业观念，遵循职业道德的要求，从而达到规范会计人员会计行为的目的。

（二）评价功能

评价功能是根据会计人员职业道德标准对会计人员的会计行为进行评判和衡量，认定其行为是否达到和符合会计职业道德的要求，以此明确会计人员在会计职业道德方面继续努力的方向。这一功能可以具体分解为褒扬的功能和谴责的功能。前者通过引起主体的自豪感和光荣感，对主体的动机和行为起到鼓舞、激励的作用；后者通过导致主体羞愧、内疚等情感，对主体的动机和行为起到抑制和纠错的作用。现阶段，通过开展会计职业道德的评价，倡导和鼓舞会计人员自觉遵守会计职业道德规范的行为，贬抑、鞭挞、谴责、查处会计造假等违背会计职业道德的行为，发挥会计职业道德的评价功能，有助于督促会计人员在行为上遵守职业道德规范，形成良好的道德情感，也有利于促进抑恶扬善的社会环境的形成。

（三）教化功能

职业道德通过在社会成员中有效地传播，教育广大会计人员，进而维护和促进会计职业相关的价值观和文化的传承和演变，维护和促进会计工作秩序。教化功能是指职业道德内化为会计人员行为的自觉要求，使会计人员在会计工作中自觉遵循会计职业道德规范。道德具有引导人们行为的功能，这种引导的特点是：劝善戒恶，并辅之以社会舆论的赞扬或谴责，进而作用于人的道德良心和道德情感。这对于会计人员的思想、感情和行为，有一种潜移默化的塑造作用，不但能够影响会计人员当下的动机和行为，而且能够改造会计人员的道德品德，提高会计人员的道德境界。

会计职业道德作为一种良性调整会计职业关系的方式，调整面宽、作用面广，从某种意义上来说，会计职业道德比会计法律制度更加重要。会计人员只有达到了会计职业道德的要求，才能够自觉遵纪守法，自觉抵制违法乱纪行为。实际工作中，凡是违法乱纪的，都会违反会计职业道德，如社会上出现的会计造假案件，既是严重的违法行为，更是违背会计职业道德要求的突出表现。市场经济越发展，对会计职业道德要求就越高，我们必须高度重视会计职业道德建设。

三、会计职业道德与会计法律制度

我国实行改革开放以来，为适应社会主义市场经济建立和完善的需要，为规范会计工作秩序和提高我国会计工作水平，我国制定了一系列的会计法规，形成了一个相对比较完善的会计法规体系。这一会计法规体系，对规范会计行为、促进经济发展发挥了重要的作用。另一方面，通过加强会计职业道德教育，会计职业道德建设取得了很大成绩，会计人员职业道德水平有了较大程度的提高。会计职业道德与会计法律制度作为社会规范，均属于会计人员行为规范的范畴，两者既有联系，又有区别。在社会主义市场经济条件下，会计法规与会计职业道德共同对会计人员及其会计行为发挥规范作用。

（一）会计职业道德与会计法律制度的联系

会计职业道德与会计法律制度有着共同的目标、相同的调整对象，承担着同样的职责，两者联系密切。两者之间的联系主要表现在以下几个方面：

1. 两者在根本目的上一致。会计职业道德是通过调整会计工作中的人际关系，激发会计人员的工作热忱，把提高会计水平作为自身的道德责任。同样，会计法律制度也是旨在通过稳定会计工作秩序从而保证社会再生产过程的顺利进行。可以说，两者“殊途同归”。

2. 两者在作用上相互补充。在规范会计行为中，我们既要通过强化会计法律制度，充分发挥会计法律制度的强制功能，同时也要强化会计职业道德的教化功能。会计行为不可能都由会计法律制度进行规范，不需要或不宜由会计法律制度进行规范的行为，可以通过会计职业道德规范来实现。

3. 两者在内容上相互渗透、相互重叠。会计法律制度中含有会计职业道德规范的内容，同时会计职业道德规范中也包含会计法律制度的某些条款。会计法律制度中的许多具体规定，直接或间接地反映了会计职业道德的要求，如会计人员的岗位责任制，本身就体现了会计职业道德的责任感、义务感和使命感。而会计制度中的账实相符规定体现了诚实、客观的会计职业道德规范的要求。在一般情况下，凡是会计法律制度不允许的行为，都是会计职业道德要谴责的行为；会计法律制度所规定的行为，也一般都是会计职业道德所倡导的行为。

4. 两者在地位上相互转化、相互吸收。最初的会计职业道德规范就是对会计职业行为约定俗成的基本要求，会计法律制度的制定往往将这些基本要求吸收进来，使这一基本要求成了会计法律制度规定的内容。可以说，会计法律制度是会计职业道德的最低要求。

5. 两者在实施过程中相互作用，相互促进。会计职业道德是会计法律制度正常运行的社会和思想基础，而会计法律制度则是促进会计职业道德规范形成和遵守的重要保障。

（二）会计职业道德与会计法律制度的主要区别

会计职业道德与会计法律制度既有相互联系的一面，又有存在差异的一面。会计职业道德与会计法律制度的差异，主要体现在性质、作用范围、实现形式以及实施保障机制等几个方面。

1. 会计职业道德与会计法律制度性质不同。会计法律制度是由国家立法部门或行政管理部门颁布的对会计人员的工作行为的具体规定，反映会计工作的客观规律性，因而具有稳定会计工作秩序、保证经济管理工作顺利进行的作用。它通过国家机器强制执行，具有很强的他律性。会计职业道德作为行为规范主要是从品行角度对会计人员的会计行为作出规范，主要依靠社会舆论、传统习惯和内心信念的力量来调整会计工作中会计人员之间，以及他们与其他社会成员之间的利益关系。会计职业道德来自于职业习惯和约定俗成，由于它是依靠信念、习惯、传统和教育的力量来维持的，因此，会计职业道德对会计人员基本上是非强制执行的，对他们的行为只产生约束作用，主要依靠会计从业人员的自觉性，具有很强的自律性。

2. 会计职业道德与会计法律制度作用范围不同。会计法律制度侧重于调整会计人员的外在行为和结果的合法化，而不能离开行为过问动机，具有较强的客观性。会计职业道德不仅要求调整会计人员的外在行为，还要求调整会计人员内在的精神世界。因而，会计职业道德在时间上和空间上对会计人员的影响比会计法律制度要广泛、深刻、持久得多。一般来说，会计职业道德能够调整会计法律制度所没有规定的行为，且具有较长时期的普遍约束力。由于会计法律制度的规范总是反映人们对会计工作规律的一定认识，而这些认识随时代和管理水平的变化发展，具有一定的局限性和相对性：一方面，会计法律制度要保持相对稳定性；另一方面，会计工作的发展、变化又是绝对的，会计法律制度也就不能永远停留在原来的水准上。这种矛盾性使会计法律制度往往落后于变化了的客观情况，导致新、旧会计法律制度过渡期的“真空”状态。会计法律制度的这种时空差异，需要通过会计职业道德来补充。会计法律制度的各种规定是会计职业关系得以维系的最基本条件，是对会计从业人员行为的最低限度的要求，用以维持现有的会计职业关系和正常的会计工作秩序。在会计职业活动的实践中，虽然有很多不良的会计行为在违反了会计法律制度的同时也违反了会计职业道德，但也有不良会计行为只是违反了会计职业道德而没有违反会计法律制度。例如，会计人员不钻研业务，不加强新知识的学习，造成工作上的差错，缺乏胜任工作的能力。对这种情况，我们可以说会计人员没有很好地遵守会计职业道德，但不能说其违反了会计法律制度。再如，某些会计人员缺乏爱岗敬业精神，对本职工作仅满足现状、不思进取、应付了事，尽管我们不能说这种现象违反了会计法律制度，但它违背了爱岗敬业、提高技能等会计职业道德规范的要求。

3. 会计职业道德与会计法律制度实现形式不同。会计法律制度是通过一定的程序由国家立法部门或行政管理部门制定的，其实现形式是具体的、明确的、正式形成文字的成文规定。会计法律制度要求的是“必须”，评价使用的范畴是对和错，通常，对违反会计法律制度的行为，应对其后果进行禁止性追究，并视情节轻重予以不同程度的惩处。而会计职业道德出自于会计人员的职业生活和职业实践，日积月累，约定俗成。其表现形式既有明确的成文的规定，也有不成文的规范，尤其是那些较高层次的会计职业道德，存在于人们的意识和信念之中，并无具体的表现形式，它依靠社会舆论、道德教育、传统习俗和道德评价来实现。会计职业道德要求的是“应该”，评价使用的范畴是善和恶，是一个价值判断。即使是那些成文的会计职业道德与会计法律制度相比，在表现形式上也缺乏具体性和准确性。通常，对违背会计职业道德规范的行为应予以舆论谴责，并引起违背良心的内疚和行为的反思。

4. 会计职业道德与会计法律制度实施保障机制不同。会计法律制度不仅仅是一种权利和义务的规定，而且为了达到有法必依、执法必严、违法必究的目的，还需要一套实施保障机制。会计法律制度的这种保障机制不仅体现在其法律规范的内容中具有明确的制裁和处罚条款，而且体现在设有与之相配合的权威的制裁和审判机关，由国家强制力保障实施。而会计职业道德既有国家法律的相应要求，又需要会计人员的自觉遵守。当人们对会计职业道德上的权利与义务发生争议时，由于没有权威机构对其中的是非曲直明确作出裁定，或者即使有裁定也是舆论性质的，缺乏对裁定执行的保障。

（三）会计行为的法治与德治

市场经济是一个法治经济。在市场经济条件下，加强和改革会计工作，提高会计工作水平，必须加强会计法制建设，为会计人员的会计行为提供法律规范；要加强会计法制的宣传，依法进行会计工作。但同时要高度重视会计行为的德治，加强会计职业道德建设，提高会计人员的职业道德水平。

法律和道德作为上层建筑的组成部分，都是维护社会秩序，规范人们行为的重要手段。它们相互联系、相互补充、相互促进。我们要把法制建设和道德建设结合起来，把依法治国与以德治国有机地结合起来。在会计工作领域，要强调会计行为的法治和德治的结合。通过加强会计法律制度的建设，为会计行为的规范化提供法制保障，还要加强会计人员的职业道德建设，培养与社会主义市场经济相适应的会计职业道德观念，提升会计人员的职业道德品质。在市场经济条件下，会计职业道德规范之所以存在，其原因主要有两个方面：一是与会计法律及其他规范形式相比，会计道德规范具有天然的优势。会计法律法规只限定了会计行为应遵守的下限，而道德规范却能从信念、品行、能力等更为本质和深刻的层次来影响并提高会计工作的质量。二是良好的会计职业道德规范有利于塑造从业人员的优良品格。

第二节　会计职业道德规范的主要内容

会计职业道德规范，是一般社会道德规范在会计职业行为活动中的具体体现，是由会计职业活动的具体内容、方式、所涉及的权责利益关系等所决定的。对内而言，它构成引导、制约、调节会计行为的道德准则；对外而言，它代表着整个会计职业界对社会所承担的道德责任和义务。根据我国国情和现有的会计职业道德规范，结合国际上会计职业道德的一般要求，我国会计职业道德规范的主要内容包括以下八个方面：爱岗敬业、诚实守信、廉洁自律、客观公正、坚持准则、提高技能、参与管理和强化服务。

一、爱岗敬业

（一）爱岗敬业的含义

爱岗就是热爱自己的工作岗位，热爱本职工作。爱岗是对人们工作态度的一种普遍要求，也是会计职业道德的基本内容。热爱本职工作，要求职业工作者以正确的态度对待各种职业劳动，努力培养热爱自己所从事的工作的幸福感、荣誉感。一个人只有热爱自己的本职工作，热爱自己的岗位，才能全身心地投入到自己的本职工作中去，才能做好自己的本职工作，才能在平凡的岗位上，作出不平凡的事业，为社会和人民作出自己应有的贡献。每个岗位都承担着一定的社会职能，每一位从业人员也正是以其所从事的职业在社会分工中，在整个社会经济生活中扮演着一个公共角色。任何一个职业都是社会分工的一个组成部分。只有热爱会计工作，才会刻苦钻研会计业务技能，才会努力学习会计业务知识，才会发现在会计核算、企业理财领域有许多值得人们去研究探索的东西，才会全身心地投入到会计事业中去。

在经济生活中，会计职业因其所处的环境具有其特殊性，不同的岗位，要求承担的责任和义务也不同。单位内部会计人员不仅要尽职尽责地履行会计职能，如加强会计核算、向管理决策者提供真实的会计信息，而且还要对单位的经营活动和业务活动进行监督，保护单位财产安全完整，促进单位经营活动和业务活动的发展。在对单位的忠诚与社会公众利益发生冲突时，会计人员应该选择符合更高的社会正义的“忠”。而注册会计师则是接受委托对企业的财务报告进行审计、鉴证，依法出具审计报告，或接受委托为委托者提供会计等相关的咨询服务。为此，注册会计师不仅要维护被审计单位的权益，保守商业秘密，而且还要维护社会公众利益。

所谓敬业就是用一种严肃的态度对待自己的工作，勤勤恳恳、兢兢业业，忠于职守，尽职尽责。中国古代思想家就提倡敬业精神，孔子称之为“执事敬”，朱熹解释敬业为“专心致志，以事其业。”当人们对某一项工作或职业有了正确的认识，就会对这项工作倍加珍惜，认真地干好本职工作。敬业的直接表现在于“勤”，“业精于勤，荒于嬉。”俗话说：“三百六十行，行行出状元”。只要用恭敬严肃的态度对待自己的职业，干一行爱一行，干好一行，就是敬业。敬业就是要用一种恭敬严肃的态度去对待自己的职业，将身心与本职工作融为一体，对本职工作专心、认真、负责任。会计职业道德中的敬业，要求从事会计职业的人员充分认识到会计工作在国民经济中的地位和作用，以从事会计工作为荣，敬重会计工作，具有献身于会计工作的决心。

爱岗敬业是职业道德的基本要求，是否爱岗敬业是判断每个从业者是否有职业道德的首要标志。爱岗和敬业，互为前提，相辅相成。爱岗是敬业的基础，敬业是爱岗的升华。不爱岗就很难做到敬业，不敬业也很难说是真正的爱岗。爱岗敬业是会计人员干好本职工作的基础和前提，是其应具备的基本道德素质。

（二）爱岗敬业的基本要求

爱岗敬业需要有具体的行动来体现，即要有安心会计工作、献身会计事业的工作热情，严肃认真的工作态度，勤学苦练的钻研精神，忠于职守的工作作风。爱岗敬业要求会计人员热爱会计工作，安心本职岗位，忠于职守，尽心尽力，尽职尽责。

1. 热爱会计工作，敬重会计职业。从本质上讲，行业本无贵贱之分，但由于不同行业的社会背景不同，给个人所带来的政治利益、经济利益和社会地位不同，于是在人们的视野里，行业就有了贵贱之分，也就有了人们挑选职业、不敬重职业的行为。但是，在任何一个社会里，都存在着各种各样的职业，每一种职业都有其存在的客观必然性而发挥着其独特的作用。人们只有树立“干一行爱一行”的思想，对所从事的职业有一个正确的认识态度，才会有职业乐趣。如果做了会计，就应该热爱会计工作，敬重会计职业。

2. 严肃认真，一丝不苟。会计工作是一项严肃细致的工作，没有严肃认真的工作态度和尽心尽力的工作精神，就可能出偏差。要把严肃认真，一丝不苟的职业要求贯穿于会计工作的始终。会计人员要养成严肃认真，一丝不苟的工作作风和工作态度。要严肃认真地对待每一项工作，对每一项会计工作都要一丝不苟，不出任何差错，要全身心地投入到自己所从事的会计工作之中，尽自己的最大努力做好本职工作。对一些损失浪费、违法乱纪的行为和一切不合法不合理的业务开支，要严肃认真地对待，把好关，守好口。在会计工作中不仅要求数字计算准确、手续清楚完备，而且绝不能有办事马虎、敷衍塞责的工作作风。

3. 忠于职守，尽职尽责。忠于职守就是忠实履行自身的岗位职责。它要求会计人员在任何复杂的情况下，抵制各种诱惑，履行会计岗位的职责。尽职尽责表现为会计人员对自己承担的责任和义务所表现出的一种责任感和义务感。这种责任感和义务感包括两个方面的内容：一是社会或他人对会计人员规定的责任；二是会计人员对社会或他人所负的道义的责任。在市场经济中，会计人员因其所处的环境具有特殊性，不同的岗位要求承担的责任和义务不尽相同。单位会计人员不仅要客观公正地记录和反映服务主体的经济活动，做好会计核算等本职工作，而且还要积极参与经营和决策。注册会计师接受委托审计鉴证、咨询服务业务时，要维护受托人权益，保守商业秘密，依法出具各种客观公允的鉴证报告。

二、诚实守信

（一）诚实守信的含义

诚实守信，简称“诚信”，是职业道德的根本。它既是中华民族的传统美德，也是职业生活中从业人员对社会、对人民所承担的义务和职责，是人们在职业活动中处理人与人之间关系的道德准则。

诚信是做人之本，也是人们在社会上得以立足的根本。在社会生活中，我们每个人都希望别人对自己是诚实的。诚实是指言行跟内心思想一致，不弄虚作假、不欺上瞒下，做老实人、说老实话、办老实事。守信就是要遵守自己所作出的承诺，讲信用，重信用，信守诺言。自古以来，人们将“诚实”和“守信”视为道德的最高境界，也将其作为职业道德的基本要求，甚至将诚信作为安邦治国、修身养性的根本。市场经济越发达，职业越社会化，道德信誉就越重要。市场经济是“信用经济”、“契约经济”，注重的就是守信。可以说，守信是维护市场经济步入良性发展轨道的前提和基础，是市场经济社会赖以生存的基石。

（二）诚实守信的基本要求

诚实守信要求会计人员做老实人，说老实话，办老实事，执业谨慎，信誉至上，不为利益所诱惑，不弄虚作假，不泄露秘密。

1. 做老实人，说老实话，办老实事，不弄虚作假。做老实人，要求会计人员言行一致，表里如一，光明正大。说老实话，要求会计人员说话诚实，如实反映和披露单位经济业务事项。办老实事，要求会计人员工作踏踏实实，不弄虚作假，不欺上瞒下。总之，会计人员应言行一致，实事求是，正确核算，不为了个人和小集团利益，伪造账目，弄虚作假，损害国家和社会公众利益。

2. 实事求是，如实反映。所谓实事求是，如实反映，对于会计工作来说，就是要以实际发生的经济业务为依据进行会计核算，编制的财务报告等所提供的会计信息，必须如实反映单位生产经营活动的真实情况，不得弄虚作假，提供虚假的会计信息。

3. 保守秘密，不为利益所诱惑。在市场经济中，秘密可以带来经济利益，而会计人员由于职业特点经常会接触到单位和客户的一些秘密。会计人员应依法保守单位秘密，这也是诚实守信的具体体现。

商业秘密是指不为公众所知悉、能为权利人带来经济利益、具有实用性并经权利人采取保密措施的技术信息和经营信息。商业秘密与其权利人的利益息息相关，一旦被泄露就会给权利人造成严重后果。比如，有关产品成本的信息扩散，会使竞争对手调整产品价格，使本企业产品在竞争中处于不利地位；如果向竞争对手泄露了产品配方、程序、设计、制作工艺、制作方法、客户名单、货源情报、产销策略等商业秘密，都会使企业处于不利的竞争地位；有关投标底价的信息外泄，会使企业竞标失败；有关即将进行收购的信息外泄，会使股价上扬，增加公司的收购成本，甚至导致收购失效；在不适当的时间、以不适当的方式泄露上市公司的利润情况、经营状况等商业秘密，或将子虚乌有的事件对外传播，会对广大的股票投资者产生不利影响，属于严重违反法律的行为；在很多企业，员工的工资及奖金是不透明的，为避免引发各种矛盾，会计人员应自觉防止相关信息外泄，因为内部管理活动信息的泄露，可能会影响管理效果，使单位管理层处于非常被动的地位。

单位内部的会计人员如果泄露本单位的商业秘密，不仅会威胁单位利益，同时也会对会计人员本身造成不利影响。一方面，会计人员是单位里的一员，泄露单位的商业秘密后会使单位利益受损；另一方面，泄露商业秘密是违法行为，并将受到相应的法律制裁。注册会计师在进行审计鉴证咨询业务时，可能接触到大量的商业秘密，如果个别注册会计师不遵守职业道德，泄露了商业秘密，既会对广大投资者、企业甚至整个资本市场造成严重的不利后果，同时又会影响注册会计师群体在公众心目中的形象。

保守秘密一方面是指会计人员要保守企业自身秘密；另一方面也包括会计人员不得以不道德的手段去获取他人的秘密。即使其行为是为了公司的利益，但其结果违反了市场经济条件下公平竞争的内在要求，不利于市场经济的良性循环。会计人员保守商业秘密，维护国家、单位利益是其应尽的义务。泄密，不仅是一种不道德的行为，也是违法行为，是会计职业的大忌。我国有关法律制度对会计人员保守秘密作了相关的规定。《注册会计师法》规定，“注册会计师对执行业务中知悉的商业秘密，负有保密义务”，财政部印发的《会计基础工作规范》规定，“会计人员应当保守本单位的商业秘密。除法律规定和单位领导人同意外，不能私自向外界提供或者泄露单位的会计信息。”

4. 执业谨慎，信誉至上。执业谨慎，信誉至上，要求企业会计人员谨慎地从事会计工作，维护会计职业荣誉；要求注册会计师在执业中始终保持应有的谨慎态度，维护职业信誉及客户和社会公众的合法权益。从企业来说，会计人员应当按照谨慎性原则选择会计处理方法，进行会计核算，并在日常工作中保持必须的谨慎。从注册会计师来说，注册会计师在选择客户时应谨慎，不要片面追求营业收入，迎合客户不正当要求，接受违背职业道德的附加条件；其次，要注意评估自身的业务能力，正确判断自身的知识、经验和专业能力能否胜任所承担的委托业务；再次，要严格按照独立审计准则和执业规范、程序实施审计，对审计中发现的违反国家统一的会计制度及国家相关法律制度的经济业务事项，应当按照规定在审计报告中予以充分反映。最后，在接受委托后要认真履行合同，积极完成所委托的业务，维护委托人的合法权益，不得擅自终止合同、解除委托，不得超出委托人委托范围从事活动。

三、廉洁自律

（一）廉洁自律的含义

廉洁自律是中华民族的一种传统美德，也是会计职业道德规范的重要内容之一。在古代，人们把那些清正廉明，秉公执政，为民请命，不苟得，不妄取，不敛财，不受贿，不弄权的官吏，称为“清官”或“廉吏”。

廉洁自律要求会计人员公私分明、不贪不占、遵纪守法、清正廉洁。保持廉洁主要靠会计人员的觉悟、良知和道德水准，主要靠自律。自律，是指自律主体按照一定的具体标准作为具体行为或言行的参照物，进行自我约束、自我控制，使具体的行为或言论达到至善至美的过程。

会计工作的特点决定了廉洁自律是会计职业道德的内在要求，是会计人员的行为准则。自律的核心就是用道德观念自觉地抵制自己的不良欲望。对于整天与钱财打交道的会计人员来说，经常会受到钱财的诱惑，没有“理万金分文不沾”、“常在河边走，就是不湿鞋”的道德品质和高尚情操是不行的。会计人员和会计组织只有做到自身廉洁，严格约束自己，才能理直气壮地阻止或防止别人侵占集体利益，正确行使反映和监督的会计职责，保证各项经济活动正常进行。若会计人员职业道德观念不强，自律意志薄弱，很容易成为钱财的俘虏，走向犯罪的深渊。惩治腐败，打击会计职业活动中的各种违法活动和违反职业道德的行为，除了要靠法制手段，建立坚强和完善的法制外，会计人员保持清醒的头脑，把持住自我，严格自律，防微杜渐，构筑思想道德防线，也是防止腐败和非职业道德行为的有效手段。

会计职业自律包括两层含意：会计人员自律和会计行业自律。会计人员的自我约束是靠其科学的价值观和人生观来实现的。可以说，会计人员自律是会计职业道德的最高境界，因为这是一种自觉的行为，无需强制。会计行业自律是一个群体概念，是会计职业组织对整个会计职业的会计行为进行自我约束、自我控制的过程。在美、英等一些发达的资本主义国家，会计行业自律机制比较严格、健全，因而其职业声望较高。目前，中国会计职业的行业自律机制尚不健全，对违反会计职业道德的会计人员和会计师事务所惩处力度不够，所以，必须建立健全会计职业团体自律性监管机制，确保会计职业的健康发展。

会计工作是一种直接涉及国家、单位、投资者、债权人等各方经济利益的活动。如果会计人员不能廉洁自律，就必然会损害方方面面的利益，会计职业的公信力就会受到严峻挑战。贪污浪费、公款吃喝，岗位谋私等行为不仅损害了国家利益、集体利益和他人利益，而且也降低了会计界的职业声望。

（二）廉洁自律的基本要求

1. 树立正确的人生观和价值观。人生观是对人生的目的、意义和道路的根本看法和态度，主要回答什么是人生、人生的意义、怎样实现人生的价值等问题，包括幸福观、苦乐观、生死观、荣辱观、恋爱观等内容。人生观的核心问题是如何认识和处理个人发展同社会进步的关系，即私与公的关系问题。无产阶级的人生观的特点是集体主义，一切为了无产阶级和人民群众的集体利益，把大公无私、舍己为人、全心全意为人民服务视为人生的根本意义和价值，把实现社会主义和共产主义理想视为人生最高的目标。

价值观是社会成员用来评价行为、事物以及从各种可能的目标中选择自己合意目标的准则。价值观通过人们的行为取向及对事物的评价、态度反映出来，是驱使人们行为的内部动力，支配和调节一切社会行为，涉及社会生活的各个领域。价值观是一种内心尺度，它凌驾于整个人性当中，支配着人的行为、态度、观察、信念、理解等，支配着人认识世界、明白事物对自己的意义和自我了解、自我定向、自我设计等，也为人们自认为正当的行为提供充足的理由。

会计人员处于财务会计工作的第一线，需要处理各方面的利益关系，特别是经济利益方面的关系，其工作性质决定会计人员必须树立正确的人生观和价值观。会计人员要树立正确的人生观和价值观，就必须要加强学习。人们的世界观，有的是自发形成的，有的是通过学习自觉培养的。要学习马克思主义哲学、政治经济学、科学社会主义，学会用辩证唯物主义和历史唯物主义的观点和方法去分析问题、解决矛盾；还要学习经济、政治、法律、科技、历史、文学等方面的知识。其次，要认真进行思想改造。牢固树立马克思主义世界观、人生观和价值观，不是一朝一夕就能完成的，除认真学习外，最重要的是要经常进行自我改造。要想认真地自我改造，就要以马克思主义世界观为标准，不断审视自己的思想和行为，进行必要的批评和自我批评，克服任性和偏私。还要敢于向一切错误的思想观念、腐朽的生活方式宣战，要勇于接受组织和群众的监督。再次，要善于区分观念的正确与否，把握好自己的言行。

2. 公私分明，不贪不占。公私分明，是指会计人员在会计工作中要严格划分公私界线。不贪不占，是指会计人员不贪污、不化公为私，在工作中不损公肥私，不贪单位的便宜，不占用国家或单位的资金或财产。会计人员必须加强道德修养，彻底摒弃“金钱至上、金钱万能”的人生哲学，在不义之财面前不动心，绝不利用手中权力贪占便宜。

四、客观公正

（一）客观公正的含义

客观公正是会计人员必须具备的行为品德，是会计职业道德规范的灵魂。客观是指会计人员在处理经济业务时必须以实际发生的交易或事项为依据，如实反映企业的财务状况、经营成果和现金流量情况；公正是指会计人员应该具备正直、诚实的品质，不偏不倚地对待有关利益各方。客观公正，不只是一种工作态度，更是会计人员追求的一种境界。

做好会计工作，不仅要有过硬的技术和本领，也同样需要有实事求是的精神和客观公正的态度，否则，就会把知识和技能用错了地方，甚至参与弄虚作假或者串通作弊。如为了获取一笔贷款而需要提高净收益水平，就去改变存货计价方法或者修改坏账比率；为了企业内部一部分人的利益而更改现有的责任中心的考核办法等。这样做的结果，将导致会计信息丧失中立性，并直接损害会计信息的可靠性。

会计人员在工作中不可避免地涉及各种利益冲突问题，会计人员如果不能做到客观公正，其工作结果就难以令人信赖。客观公正指会计人员在履行职责时，应摒弃自我利益，避免各种可能影响其职业判断的利益冲突，按实际办事，实事求是地办事，在会计工作中保持公正客观的立场。

（二）客观公正的基本要求

1. 依法办事。依法办事，认真遵守法律法规，是会计工作保证客观公正的前提。当会计人员有了端正的态度和知识技能基础之后，他们在工作过程中还必须遵守各种法律、法规、准则和制度，依照法律规定进行核算，开展会计工作。会计人员记账、算账、报账和进行财产清查，需要熟悉并依据《会计法》、《企业会计准则》、《企业会计制度》等法律、法规和制度进行业务处理。注册会计师开展独立审计时，应依据《会计法》、《注册会计师法》以及独立审计准则等法律法规的规定实施审计活动。总之，只有熟练掌握并严格遵守会计法律法规，才能客观公正地处理会计业务。目前，会计信息失真严重，一个很重要的方面就是会计人员在处理经济业务、编制会计报表时不能遵循有关法规，不依法进行会计核算。所谓的“书记成本、厂长利润”，现在的“技术处理”以及所谓的“盈余管理”，都是未正确执行国家有关会计法规的规定造成的，都是不符合客观公正要求的。

客观公正要求会计人员在工作中必须做到坚持原则，照章办事，不能因关系亲疏而异，要把好“贪欲”关、“人情”关，做到“经手万贯、一尘不染”。

2. 实事求是，不偏不倚。客观公正贯穿于会计活动的整个过程：一是会计核算过程的客观公正，即指会计人员在具体进行业务处理时，或需要进行职业判断时，应保持客观公正的态度，实事求是。如会计人员在办理有关缴纳企业所得税的业务时，应依法纳税，不能以损害国家利益为前提而少交税款。二是最终结果公正，是指会计人员对经济业务的处理结果是公正的。如注册会计师出具的审计意见，既不违背事实，也不夸大事实，才能算是客观公正。总之，会计核算过程的客观公正和最终结果的客观公正是十分重要的，没有客观公正的会计核算过程作为前提，结果的客观公正性就难以保证；没有客观公正的结果，业务操作过程的客观公正就失去了意义。

客观公正是会计工作和会计人员追求的目标。社会经济是复杂的，生活中的人们的品性和欲望是多样的。会计人员不是“超人”，对经济业务事项的职业判断可能会出现偏差，极有可能导致披露的会计信息失真。因此，客观公正是会计工作和会计人员追求的目标，通过不断提高专业技能，正确理解、把握并严格执行会计准则、制度，不断消除非客观、非公正因素的影响，做到最大限度的客观公正。

3. 保持独立性。客观公正，一是要求保持会计人员从业的独立性。独立性有实质上的独立和形式上的独立两层含义。前者是指会计人员在从事会计工作时应当不受个人或外界因素的约束、影响和干扰，保持客观公正的工作态度；后者是指会计人员应当保持适当独立的身份，如财务利益上的独立，实行回避制度、内部稽核制度或控制制度等。二是要求会计人员保持客观公正的从业心态，遇事三思而后行。对发生的任何一项经济业务，都要求符合制度规定，手续齐全，尤其对那些需要职业判断、估计才能处理的事务，更要做到不带任何偏见或感情色彩，就事论事，从客观实际出发，从而作出客观、公正的判断和处理。

会计是经济管理工作的基础，这就要求会计核算要客观公正。会计人员是会计准则、制度的执行者。会计人员应以会计准则、制度为准绳，对实际发生的经济业务事项进行核算。真实客观是会计信息的本质要求。失去真实、客观的会计信息，必将导致信息使用者的决策失误，动摇信息使用者对会计信息的信心，直接危及市场经济的正常运行，引起社会经济秩序的混乱。客观公正是会计职业者的一种工作态度。它要求会计人员对会计业务的处理，对会计政策和会计方法的选择，以及对财务会计报告的编制、披露和评价必须独立进行职业判断，做到客观、公平、理智、诚实。

保持独立性，对于注册会计师行业尤为重要。独立性是指注册会计师在执行审计业务的过程中，应与相关利益当事人保持独立。注册会计师在实施审计工作中需要大量的职业判断，注册会计师进行的职业判断关系到社会公众，特别是实际的和潜在投资人和债权人、财务分析师以及其他财务报告使用者的利益。注册会计师尽管承担了对于整个社会公众的责任，但他们却是接受委托单位的委托执行业务，并且向委托单位收取一定的费用，这就决定了注册会计师必须与委托单位和外部组织之间保持一种超然的独立性，才能做到客观公正。独立性是客观、公正原则的基础，是社会审计的灵魂，更是注册会计师行业存在的基础。注册会计师不能保持其应有的独立性，就无法实现客观、公正原则。注册会计师要想做到客观、公正就必须保持形式上和实质上的独立性。形式上的独立，是指注册会计师必须与被审计企业或个人没有任何特殊的利益关系，如不得拥有被审计企业股权或担任高级职务，不能是企业的主要贷款人、资产受托人或与管理当局有亲属关系等。实质上的独立，是指注册会计师与被审计单位之间没有任何利益关系，并在执行整个业务过程中，均能保持不偏不倚、客观公正的态度。它要求注册会计师在执业过程中严格保持超然性，不能主观袒护任何一方当事人，尤其不应使自己的结论依附或屈从于持反对意见利益集团或人士的影响和压力。

注册会计师保持其独立性应当做到以下两点：一是注册会计师应当回避可能影响独立性的审计事项，实现形式上的独立。注册会计师在履行其职责时，保持独立性固然十分重要，但财务报表的使用者对这种独立性的信任也很重要。如果审计人员在执业过程中实质上是独立的，但报表的使用者认为他们是客户的辩护人，则审计职业的大部分价值将随之丧失。二是注册会计师应当恪守职业良心，保持实质上的独立。形式上独立是实质上独立的必要条件，形式上不独立，就不能保证实质上独立，而形式上独立也不一定能够保持实质上独立，如果个别注册会计师不讲职业道德，对工作不负责任，也可能影响实质上的独立。因为非专业人员对于会计知识和会计法律法规了解得不够，不可能判断出注册会计师是否认真履行了职责，所发生的审计失误是不是由注册会计师间接故意造成的。实质上独立就是要求注册会计师在审计过程中始终保持不偏不倚的态度。注册会计师不应该违背职业道德，既要避免由于形式上的不独立而引起的实质上的不独立，也要避免因为职业道德的丧失而引起独立性实质上的丧失。

五、坚持准则

（一）坚持准则的含义

“没有规矩，不成方圆”。“规矩”就是会计人员从事会计工作所应遵守的行为规范和具体要求，包括会计法律法规、会计准则、会计制度等。会计人员面对来自各方面的利益相关者了解企业的财务状况、经营成果和现金流量情况的信息需要。为了满足各方面共同性的会计信息需要，各国政府或民间制定了为各方普遍认可和接受的大致统一的标准——会计准则，同时要求会计人员根据会计准则来处理会计事务。只有这样，会计的运行成本和社会交易成本才会最低，也才能最大限度地为会计信息使用者节省时间、精力和金钱。

坚持准则，要求会计人员在处理业务过程中，严格按照会计法律制度办事，不为主观或他人意志左右。这里所指的“准则”不仅指会计准则，而且包括会计法律、会计行政法规、国家统一的会计制度以及与会计工作相关的法律制度。会计法律是指《会计法》；会计行政法规是指由国务院发布的《企业财务会计报告条例》、《总会计师条例》等经国务院发布的法规，以及国家财政部门发布的国家统一的会计制度。国家统一的会计制度是指，国务院财政部门根据《会计法》制定的关于会计核算、会计监督、会计机构和会计人员以及会计工作管理的制度，包括规章和规范性文件，如《财政部门实施会计监督办法》、《企业会计制度》、《会计基础工作规范》、《会计从业资格管理办法》、《会计档案管理办法》等。会计人员应当熟悉和掌握准则的具体内容，并在会计核算中认真执行，对经济业务事项进行确认、计量、记录和报告的全过程应符合会计准则的要求，为政府、企业、单位和其他相关当事人提供真实、完整的会计信息。

会计人员在进行核算和监督的过程中要依法办事，坚持准则。现实生活中经常会出现单位、社会公众和国家利益发生冲突的情况。面对这种情况会计人员应作出“是”、“非”判断，坚持准则，以维护国家利益、社会公众利益和正常的经济秩序。注册会计师在进行审计业务时，也应严格按照独立审计准则的有关要求和国家统一会计制度的规定，出具客观公正的审计报告。

（二）坚持准则的基本要求

1. 熟悉准则。坚持准则就得了解准则，熟悉准则，掌握准则的内容。只有熟悉准则，才能按准则办事，才能保证会计信息的真实性和完整性。所谓熟悉准则，就是要求会计人员熟悉国家法律、法规和国家统一的会计制度，其目标在于提高会计人员遵守准则的能力。在我国，会计的核算、报告、内部控制、年度财产清查等活动都制定发布了相关的法规和制度规定，会计人员要做好会计工作就必须熟悉国家法律、法规和国家统一的会计制度，熟悉准则、理解和掌握这些法律、法规和制度。

会计人员不仅要熟练掌握，正确领会会计法律法规、会计准则制度，而且也应根据自己的实际需要，了解和熟悉与会计相关的经济法律制度，如税收、金融、证券、票据、合同等法律制度。只有熟悉这些法律法规，才有可能全面提高会计人员自身的守法能力。这是做好会计工作的前提。

2. 遵循准则。所谓遵循准则，是指会计人员在会计工作中要始终坚持按法律、法规和国家统一的会计制度的要求进行会计核算。具体来说，会计人员在会计核算中要按照国家法律法规的规定建账立制，对具体经济业务或会计事项要按照国家统一的会计制度规定的会计处理方法进行处理，要按国家法规及国家统一的会计制度中规定的报告格式对外披露会计信息。

随着经济情况的发展变化，准则总是落后于会计实践，难免出现不能完全满足新的经济业务和会计事项核算需要的现象，难以适应变化了的社会经济发展状况。这就要求会计人员在掌握准则的最新变化，全面准确执行准则的前提下，还要运用自身所掌握的会计理论，灵活运用准则，对不断变化的经济形势和出现的新情况新问题，作出客观的职业判断，妥善地解决出现的新情况和处理疑难的新问题。

3. 坚持准则。会计人员在会计工作中遵循准则，难免在工作中碰到某些违反财经法规和纪律的情况，如有的单位负责人为了本单位、小集团或个人的私利，指使会计人员账外设账，私设小金库，乱发奖金、私分财物；有的为了体现单位“政绩”，指使会计人员通过伪造会计凭证、会计账簿，编制虚假财务会计报告等，损害国家和社会公众的利益。此外，会计人员作为社会成员之一，有领导、同事、朋友、亲眷，也有七情六欲，在会计工作中也会经常受到各种因素的干扰，发生道德上的冲突。如果会计人员为了自己的私利，放弃原则，做“老好人”，对单位领导公款消费、私分财物，甚至直接授意伪造会计凭证、会计账簿等违规违纪行为，不提醒、不抵制，惟领导意图是命，为了迎合领导，“原则”可以变成“圆则”，“不合法”的可以想办法使其变成“合法”，对关系好的同事、朋友放弃会计监督职责，随意“迁就”和“照顾”，凭证审核不严，开支标准尺度放宽，甚至主动参与串通作弊，就会使会计工作严重偏离准则，会计信息的真实性、完整性就无法保证，作为会计人员也应当承担相应的责任。因此，会计人员在遵循准则的前提下，还必须坚持准则，始终坚持按法律、法规和国家统一的会计制度的要求进行会计核算，实施会计监督。

在实际工作中，会计人员坚持准则，行使会计监督职权时常会遇到挑战。一些单位负责人为了自身的利益或小集团的利益对会计人员施压，如果会计人员坚持准则，往往会受到单位负责人和其他方面的阻挠、刁难甚至打击报复。为了切实维护会计人员的合法权益，《会计法》强化了单位负责人对本单位会计工作和会计资料真实、完整的责任，改善了会计人员的执法环境。《会计法》规定，会计人员必须按照国家统一的会计制度的规定对原始凭证进行审核，对不真实、不合法的原始凭证有权不予以接受，并向单位负责人报告；对记载不准确、不完整的原始凭证予以退回，并要求按照国家统一会计制度的规定更正。会计人员对违反《会计法》和国家统一的会计制度规定的会计事项，有权拒绝办理或者按照职权予以纠正。会计人员应认真执行国家统一的会计制度，依法履行会计监督职责，发生道德冲突时，应坚持准则，对法律负责，对国家和社会公众负责，敢于同违反会计法律法规和财务制度的现象作斗争，确保会计信息的真实性和完整性。

坚持准则是会计人员职业道德的重中之重。会计工作以会计准则为指导，以会计处理为载体，涉及社会生活中的所有经济事项和方方面面，这就要求每一位会计人员必须自觉遵守会计准则，牢固树立财经法制意识，时刻保持清醒的头脑，在各种诱惑面前不为所动，有“不义之财不可取”和“不为五斗米而折腰”的志气，“不惟情，不惟钱，只惟法”。

六、提高技能

（一）提高技能的含义

职业技能是指做从事某一职业在相应专业技术方面所应具备的能力或应当达到的水平。职业技能一般包括从事相应业务所应具备的理论水平、政策法规水平、处理业务能力、实际操作能力、技术能力以及文字表达能力等。会计是一项技术性很强的工作，从业人员必须具备一定的素质才能胜任会计工作。会计专业胜任是指会计人员应具备从事专业服务所需的能力，并能勤勉、谨慎地运用其知识、技能、经验，且善于根据客观环境作出正确的职业判断。提高技能，就是指会计人员通过学习、培训等手段提高职业技能，以达到足够的专业胜任能力的活动。

会计是一项专业性很强的工作。近年来，随着市场经济体制的完善和经济全球化进程的加快，需要会计人员提供会计服务的领域越来越广泛，对会计专业性要求也越来越高；另一方面，会计专业性和技术性也日趋复杂，对会计人员所应具备的职业技能要求也越来越高。同时，在市场经济条件下，会计行业的市场竞争也日益激烈，会计人员要想在市场竞争中得到发展，则必须加强自身对会计专业知识的学习，提高自身的专业技能。会计职业技能的内容主要包括：一是专业基础知识；二是会计理论、专业操作的创新能力；三是组织协调能力；四是主动更新知识的能力；五是提供会计信息的能力等。提高技能，就是指会计人员通过学习、培训等手段提高职业技能，以达到足够的专业胜任能力的活动。

会计人员是会计行为的主体。会计工作质量的优劣，一方面受会计人员技能水平的影响，包括会计人员对会计准则、制度的理解、掌握的程度，对客观事物的判断能力等；另一方面受会计人员道德品行的影响，包括对会计工作的认识态度，工作作风，对道德冲突的正确解决等。会计人员的道德品行是会计职业道德的根本和核心，会计人员的技能水平是会计人员职业道德水平的保证。没有娴熟的会计技能，再好的个人道德品行，也无法干好会计工作。社会在前进，经济在发展，科学在进步，作为一名会计从业人员，必须不断地提高其业务技能。这既是会计人员的义务，也是做好会计工作的需要。

我国已经加入世界贸易组织，会计所面临的竞争不再局限于国内，会计师事务所要与世界上大型的会计师事务所、会计公司进行客户竞争，会计的从业人员要与国外的同行进行就业竞争，这些竞争归根到底是会计人才的竞争。会计人员要想适应会计人才竞争的需要，就必须付出时间、金钱，不断学习，经常充电，努力提升自身的素质水平和技能。会计师事务所要想立于不败之地，就要拥有高技能、高素质和良好职业道德的注册会计师。

（二）提高技能的基本要求

1. 要有不断提高会计专业技能的意识和愿望。知识就是力量。会计人员要适应时代发展的步伐，就要有危机感、紧迫感，要有不断提高专业技能的自觉性。只有具备专业胜任能力，才能适应会计工作以及会计职业道德的要求。首先，会计人员应达到准入条件。所谓准入条件是指不同层次的会计工作者所应具备的能力水平，以及保证会计人员维持专业能力的重要措施，如继续教育等。其次，会计人员应通晓并遵守国家、专业团体及本单位的有关法规、规章和制度。会计人员只有熟知这些法规、规章和制度，才能在处理实际问题时运用自如，它是会计人员能够履行其职责的重要保证。

在实际工作中，我国广大会计人员能够刻苦学习，努力钻研业务，不断提高业务技能。但有些会计人员在思想上不思进取，工作上应付，学习上满足现状，缺乏与时俱进的自觉性和提高专业技能的紧迫感；也有一些会计人员认为这些年来，政策、制度变化快，学那么多知识很容易过时，还不如工作上需要什么就学什么，能够应付日常工作就行，没有强烈的求知欲望和提高技能的意识，对一些准则、法律法规知识，用时才“临时抱佛脚”；还有一些会计人员学习劲头不足，提高自身素质的愿望不强烈，甚至厌倦日常的繁杂事务，得过且过，背离了职业道德的精髓。

一个会计人员无论怎样廉洁，不徇私情，但如果不能胜任本职工作的话，就无法履行作为一个专业人士的责任。“专业胜任”原则还意味着会计人员去从事自己力所不能及的工作是不道德的，对于因自己的失职而导致的损失应承担法律责任和道德责任。

2. 要有勤学苦练的精神和科学的学习方法。会计理论不断创新，新的会计学科分支不断出现，新经济业务不断涌现，需要会计人员不断地学习与探索。另一方面市场经济的发展，也对会计工作提出了越来越高的要求。而要具备高超的专业技术和过硬的本领，就需要具备勤学苦练、刻苦钻研的精神。作为一名会计人员应该苦练业务基本功，包括具备熟练的记账、算账、报账以及会计电算化技术等操作能力。作为更高的要求，还要会预测、会编制计划、会分析、会决策等，还要具有较强的独立分析、处理实际问题的能力，能够透过现象看本质，抓住主要矛盾并妥善予以解决。

要提高技能，会计人员还必须掌握科学的学习方法。掌握了科学的学习方法，可以提高学习效率，达到事半功倍的效果。会计是一种实践性很强的工作，会计业务的操作能力需要在工作中锻炼培养。会计人员应在注重书本知识学习的同时，更要重视在会计实践中学习，在实践中提高会计职业技能。在会计岗位上学习，可以把理性的东西和感性的东西结合起来，全面认识事物。特别是对于层次不高的会计人员来说，通过理论联系实际的学习方法可以使晦涩难懂的会计理论变得活灵活现、容易掌握。

七、参与管理

（一）参与管理的含义

管理是人类各种活动中最重要的活动之一。自从人们开始组成群体以实现个人无法达到的目标以来，管理工作就成为协调个体努力必不可少的因素。人类社会越依赖集体的努力来完成任务，管理工作也就越加重要。

参与管理，就是为管理者当参谋，为管理活动服务。参与管理中的“管理”，不是指会计本身的管理，而是指管理活动或业务活动的管理。参与管理，要求会计人员在做好会计本职工作的基础上，参与本单位的经营活动或业务活动，利用会计工作的优势，为本单位的经营活动或业务活动出谋划策，发挥参谋服务作用。会计人员虽然不直接从事单位的经营管理活动，但通过发挥会计的职能作用，可以间接地从事管理活动或者说参与管理活动。会计工作或会计人员与管理决策者在管理活动中分别扮演着参谋人员和决策者的角色，承担着不同的职责和义务。

（二）参与管理的基本要求

会计人员要树立参与管理的意识，积极主动地当好参谋，经常主动地向领导反映经营管理活动中的情况和存在的问题，主动提出合理化建议、协助领导决策、参与经营管理活动，不能消极被动地记账、算账和报账。具体来说，会计人员应积极主动做好以下几方面的工作：

1. 努力钻研相关业务，熟悉财经法规和相关制度，提高业务技能，为参与管理打下基础。会计人员参与管理，首先要做好本职工作。要做好本职工作，会计人员要有扎实的基本功，使自己的知识和技能适应所从事工作的要求，确保会计信息真实、完整。同时，会计人员应当努力钻研相关业务，只有业务娴熟，并具有精湛的技能，才能为参与管理打下坚实的基础。

2. 熟悉服务对象的经营活动和业务流程，使参与管理的决策更具针对性和有效性。全面熟悉本单位经营活动和业务流程，主动提出合理化建议，协助领导决策，积极参与管理。会计人员要参与管理，为领导出谋划策，必须全面熟悉本单位的经营活动和业务流程，只有提出有针对性的建议，才能为领导所采纳，才能提高参与管理工作的有效性。通过掌握单位的生产经营能力、技术设备条件、产品市场及资源状况等情况，会计人员要充分利用掌握的大量会计信息去分析单位的管理，从财务会计的角度渗透到单位的各项管理中，找出经营管理中的问题和薄弱环节，主动提出合理化建议；利用自己的信息优势，对经营活动或业务活动进行预测，从生产、销售、成本、利润等方面有针对性地拟定可行性方案，参与优化决策。要积极参与管理，把管理结合在日常工作之中，使会计的事后反映变为事前的预测分析，真正起到当家理财的作用，成为决策层的参谋助手，为改善单位内部管理，提高经济效益服务。

八、强化服务

（一）强化服务的含义

强化服务是现代经济社会对劳动者所从事职业的更高层次的要求，它表现为人们在参与对外工作交往和组织内部协调运作过程中，人与人之间人际关系的融洽程度和与之相对应的工作态度。强化服务要求会计人员树立服务意识，提高服务质量，努力维护和提升会计职业的良好社会形象。

各行各业及其工作人员都是通过各自的职业活动，直接或间接地满足社会上其他行业及其成员的需要。因此，每个职业劳动者既是服务者又是被服务者，整个社会各个行业之间互相联系、互相配合，形成了“我为人人，人人为我”的统一而和谐的整体。在我们的社会里，没有低人一等的工作，只有低人一等的思想，每个人的热忱服务都能赢得社会和人们的尊重。

（二）强化服务的基本要求

1. 强化服务意识。会计人员要树立服务意识，就要摆正自己的工作位置，要正确认识自身的地位和作用。会计人员管钱管账是其工作职责，参与管理是其自身的义务。要在内心深处树立服务意识，为管理者服务、为所有者服务、为社会公众服务。只有树立了强烈的服务意识，才能做好会计工作，履行会计职能，为单位和社会经济的发展作出应有的贡献。

强化服务意识要求会计人员做到谦虚谨慎，要时刻将自己放在与普通群众平等的位置上，要充分尊重别人的意见。同时自觉地把自己置于群众监督之下，虚心学习，接受教育。

强化服务意识要求会计人员做到态度和蔼，语言文明。常言道：“良言一句三冬暖，恶语伤人六月寒。”会计人员应该文明用语、礼貌待人，遇到问题时，坚持以理服人，多用探讨、商量的方式，耐心细致地宣传政策，晓之以理，动之以情，这样做既坚持了原则，又淡化了“对立面”。

强化服务意识要求会计人员做到以诚相待，尊重事实。会计人员在处理各方面关系、解决各种矛盾和问题时，不能以势压人、以权欺人，而是要尊重事实，做到说话和气、以理服人，进行解释和沟通。要做到大事讲原则，小事讲风格。对自己存在的问题，要主动向对方承认错误，以取得对方的谅解。即使自己有理也要做到文明礼貌，平等对待对方。

强化服务意识要求会计人员做到团结协作，以和为贵。会计人员不仅要自觉地培养自己团结协作、互相支持的道德观念，并以此来规范自己的言行，而且还要严以律己，宽以待人，同时要正确处理各部门之间以及上下级之间的关系。

2. 提高服务质量。提高服务质量，并非无原则地满足服务主体的需要，而是在坚持原则、坚持会计准则的基础上尽量满足用户或服务主体的需要。服务不仅要文明，还要讲质量，更要不断开拓创新。强化服务的关键是提高服务质量。单位会计人员和注册会计师的服务内容各有侧重，其服务效果的表现也不同。单位会计人员服务的内容就是客观、真实地记录、反映单位的经济业务活动，为管理者提供真实正确的经济信息，当好参谋；为股东真实地记录财产的变动状况，确保股东资产完整与增值，当好股东的管家。因此，强化单位会计人员的服务就是真实、客观地记账、算账和报账，积极主动地向单位领导反映经营活动情况和存在的问题，提出合理化建议，协助领导决策，参与经营管理活动。注册会计师以“独立、客观、公正”的身份接受委托人的委托，提供会计鉴证等服务，因此，注册会计师（或会计师事务所）与委托人发生的经济交往关系是一种服务与被服务的关系。注册会计师不仅要与委托人打交道，还要与在实际工作中接受服务的单位和人员打交道，因而，其强化服务的内容就是以客观、公正的态度正确评价委托单位的经济财务状况，为社会公众及信息使用者服务。

会计职业强化服务的结果，就是奉献社会。如果说敬业是前提，爱岗是基础，那么强化服务就是表现。如果说“忠于职守”是爱岗敬业的内在品质，那么强化服务就是爱岗敬业的外在表现。如果将爱岗敬业看作是会计职业道德的出发点，奉献社会作为职业的崇高责任就是职业道德的基本要求和最终归宿。

第三节 会计职业道德教育与修养

一个人的道德品质是通过后天的修养和教育而形成的，并不是与生俱来的。会计职业道德教育是一种教育性道德影响活动，它通过一定的教育方式和方法，把会计职业道德观念灌输到会计人员的头脑中，逐渐培养其职业道德情感。会计职业道德修养是一种自我教育、自我修养、自我提高的活动，将会计职业道德原则和规范转化为会计人员的内在品质，将职业实践中对职业道德的意识情感和信念上升为职业道德习惯，使其贯穿于会计职业活动始终。会计职业道德的他律灌输，是职业道德形成的不可逾越的阶段。从他律走向自律，是职业道德的最高境界。

一、会计职业道德教育

（一）会计职业道德教育的含义

会计职业道德教育是指为了使会计人员正确履行会计职责，而对其施行的有目的、有计划、有系统的道德教育活动。会计职业道德教育，通过一定的教育方式和方法，把会计职业道德观念灌输到会计人员的头脑中，逐渐培养其会计职业道德情感，是提高会计人员职业道德素养的基础。只有加强会计职业道德教育，才能使会计人员树立诚信观念，从情感上对会计职业道德规范有正确的认识；只有从总体上提高会计职业道德水平，才能使会计信息真实可靠。通过会计职业道德教育，培养会计职业情感，树立会计职业道德信念，引导会计人员加强自我修养，将法制的外在约束和道德的内在约束结合起来，共筑法律和道德的防线。

会计职业道德教育包括接受教育和自我教育两种形式。接受教育即外在教育，是指通过学校或培训单位对会计人员进行以职业责任、职业义务为核心内容的正面灌输，从而规范其职业行为，维护国家和社会公众利益的教育。接受教育具有导向作用，对职业道德教育的组织者，接受教育是主动开展正面教育和灌输；对会计人员则是被动学习、被动接受教育。

自我教育是相对于接受教育而言的，是会计人员自我学习、提高自身道德修养的行为活动。著名教育家叶圣陶所说的“教育的目的就是为了不教育”，也就是实现由接受教育到自我教育的过程。

把外在的会计职业道德的内容要求逐步转变为会计人员内在的职业道德认识、情感、意志和信念，要通过内在的自我教育才能实现。要大力倡导会计人员自我教育，在社会实践中不断地加强职业道德修养，养成良好的道德行为，从而实现道德境界的升华。

（二）会计职业道德教育内容

会计职业道德教育的主要任务是帮助和引导会计人员培养会计职业道德情感，树立会计职业道德信念，遵守会计职业道德规范，使会计人员懂得什么是对的，什么是错的；什么是可以做的，什么是不应该做的；什么是必须提倡的，什么是坚决反对的。会计职业道德教育的内容包括以下几个方面：

1. 职业道德观念教育。要通过会计职业道德观念的教育，使会计人员了解会计职业道德对社会经济秩序、会计信息质量的影响，以及违反会计职业道德将受到的惩戒和处罚。普及会计职业道德基础知识，是会计职业道德教育的基础，也是重要的一环。应广泛宣传会计职业道德基本常识，使广大会计人员懂得什么是会计职业道德，它对社会经济秩序、会计信息质量有何重要影响；懂得一旦违反会计职业道德，除了受到良心和道义上的谴责外，还会受到行业惩戒和处罚。把会计职业道德教育同社会教育、学校教育、家庭教育结合起来。采取广播电视、报刊杂志等媒介普及会计职业道德知识，形成会计人员遵守职业道德光荣，不遵守职业道德可耻的社会氛围。

2. 职业道德规范教育。以爱岗敬业、诚实守信、廉洁自律、客观公正、坚持准则、提高技能、参与管理和强化服务为主要内容的会计职业道德规范是会计职业道德教育的核心内容，涵盖的内容非常广泛，应贯穿于会计职业道德教育的始终。会计人员要有高度的自觉性，经常用会计职业道德规范这把标尺，认真度量自己在职业实践中的一切言行，树立起正确的会计职业道德观。

3. 职业道德警示教育。通过对违反会计职业道德行为和违法会计行为典型案例进行讨论和剖析，从中得到警示，提高法律意识、会计职业道德观念和辨别是非的能力。在会计职业道德警示教育中，警钟长鸣，给会计人员从事会计事业以启发和警示，从而可以随时警醒和告诫会计人员；通过对警示案件的反思，使会计人员注意提高自身的法律意识，更新和提升自己的职业道德观念，增强会计人员在会计工作及其他经济生活中辨别是非的能力。

随着改革开放的不断扩大，西方的腐朽思想文化影响乘机而入，拜金主义、享乐主义、个人主义和腐朽生活方式等消极现象有所滋长，对人们的理想、信念和价值观产生了很大的冲击。在市场经济条件下，加强会计职业道德警示教育尤为必要。每一会计人员都应当在市场经济中通过职业道德警示教育，自警、自省，保持清醒的头脑，把握好自己的行为，提高反腐倡廉的自觉性。

（三）会计职业道德教育途径

会计职业道德教育的途径多种多样，能够提升会计人员职业道德水平，坚定会计人员职业道德信念的各种形式，都属于会计职业道德教育的途径。在我国当前的市场经济体制下，会计职业道德教育的途径主要有以下几种：

1. 岗前职业道德教育。所谓岗前教育，就是对就业之前的人员所进行的教育，其目的是通过岗前教育使准备进入某一职业的人员，掌握从事该职业所必须掌握的知识。一般说来，岗前教育主要是由学历教育来完成的。在岗前教育阶段，必须对准会计人员进行会计职业道德教育，使其在进入会计岗位之前就对会计职业教育观念和规范的内容有所了解和掌握。岗前会计职业道德教育包括会计学历教育中的会计职业道德教育及获取会计从业资格中的会计职业道德教育。岗位会计职业道德教育的重点在于会计职业观念、职业情感和职业规范等方面。

（1）会计学历教育中的会计职业道德教育。即对大专院校会计类专业的在读学生所进行的会计职业道德教育。高等院校是培养会计人员的重要场所，会计专业在读学生中的大部分将进入会计队伍从事会计工作，是会计队伍的预备人员。在大专院校的学习阶段是他们的会计职业情感、道德观念、是非善恶判断标准初步形成的时期，会计专业类大专院校是会计职业道德教育的重要环节，是会计人员岗前职业道德教育的主要场所，在会计职业道德教育中具有基础性地位。为保证进入到会计队伍的新鲜血液具有良好的职业道德观念，会计职业道德教育必须从会计岗前教育抓起。在会计岗前教育中开展会计职业道德教育，可以促使会计队伍预备人员将会计职业道德要求转化为内在的会计职业道德品质，把会计职业道德规范变成未来职业活动中遵循的信念和标准，从而对潜在会计人员职业道德水准起着基础性作用。

会计学历教育中的职业道德教育有三个方面的目标：一是使学生了解会计职业道德规范主要内容，树立职业道德观念；二是使学生了解会计职业面临的道德风险，为今后从事会计工作，并在职业活动中保持恰当的价值观与行为模式奠定基础；三是培养学生树立会计职业道德情感和观念，提高运用道德标准判断是非的能力。

（2）获取会计从业资格中的会计职业道德教育。根据我国现行法规的规定，要进入会计职业，必须取得会计从业资格。会计从业资格中的会计职业道德教育就是在会计人员取得会计从业资格过程中对其实施的会计职业道德教育。根据现行会计人员管理的有关法规，将会计职业道德作为对准备从事会计工作的人员进行岗前教育的必要内容之一，使会计人员在熟悉掌握财会基础知识的同时，逐步认识会计职业道德，形成良好的职业道德品质。

2. 岗位职业道德继续教育。岗位职业道德继续教育是指对在岗会计人员，采用继续教育形式所进行的职业道德教育，是岗前会计职业道德教育的延续，是岗位继续教育的一个重要组成部分。

会计人员继续教育是指会计从业人员在完成某一阶段专业学习后，重新接受一定形式的、有组织的、知识更新的教育和培训活动。继续教育是强化会计职业道德教育的有效形式。会计人员继续教育具有针对性、适应性和灵活性的特点。相对学历教育而言，继续教育具有很强的针对性，针对不同的对象，确定不同的教育内容，采取不同的教育方式。继续教育的目的是根据专业或本职岗位的需要，使受教育者带着问题来学习，力求在较短的时间内，把所学的新知识、掌握的新技能以及通过学习提高的能力，运用到会计执业和财务管理中去。从适应性来说，继续教育是按照社会经济发展的实际需要，对在岗人员进行的教育，其目的在于使在岗会计人员结合岗位实践进行教育学习，本着缺什么补什么，缺少什么学习什么，缺少什么教育什么，能够做到学用一致、学以致用，使会计职业道德教育发挥更好的效果。由于培训对象的专业知识、道德水平、工作职务以及生活经历、年龄结构不同，决定了继续教育在培训内容、方法以及形式等方面具有很强的灵活性。继续教育可以摆脱岗前学历教育和其他类型的学历教育中那种"以教师为中心、以课堂为中心、以教材为中心"的教育模式。根据培训对象的不同层次、不同学历的不同要求，继续教育在培训类型上，有适应性学习、针对性学习、深入性学习、扩展性学习和系统性学习等多种形式；在教学内容上，可以根据实际需要确定培训内容；在培训组织上，可采取培训班、研讨班、进修、自学等多渠道培训形式；在培训方法上，采用讲授、讨论、研讨、撰写论文、远程教学、参加考试等；在时间安排上，根据需要可长可短，可采取脱产、半脱产或业余函授等；在师资选聘上，根据需要聘请专家、教授，可一事一聘，保持师资队伍动态结构的最佳状态；在教材选择上，可以根据需要自编或选用现成的课本、论文或采用声像、磁带、实例等。这种灵活性不但提高了继续教育的针对性和适应性，同时也缓解了会计人员的工学矛盾，保证了继续教育的实效性。《会计人员继续教育规定》明确有关会计人员继续教育的任务、内容、方式、时间、组织管理和实施要求等。中国注册会计师协会发布的《注册会计师后续教育规定》，也对注册会计师后续职业道德教育作出了明确而具体的规定。

会计职业道德教育贯穿于整个会计人员继续教育的始终。就现阶段而言，会计人员继续教育中的会计职业道德教育目标是适应新的市场经济形势的发展变化，使其政治素质、职业道德水平不断提高，通过会计人员继续教育，持续不断地对会计人员进行职业道德观念的灌输，帮助会计人员正确把握会计工作将遇到的道德冲突的各种情形及其解决的途径，增加会计人员遵守会计职业道德的自觉性。会计岗位职业道德继续教育的具体内容包括会计职业道德信念教育、会计职业荣誉教育等内容。

（1）会计职业道德信念教育。会计职业道德信念继续教育的目的，就是要进一步坚定良好的会计职业道德信念，修正不良的会计职业道德信念。良好的会计职业道德信念会使会计人员对会计职业的道德义务具有强烈的责任感并树立对会计职业理想目标的坚定信仰。会计人员确立了坚定的会计职业道德信念，必然会对自己的职业充满热情，必然会自觉地按照职业道德规范的要求，不畏压力，不为利诱，不怕艰险，百折不挠，做到诚信为本、坚持准则、廉洁自律，严格把关。在任何时候、任何情况下都能坚定信心，忠实地履行自己的义务，努力做好本职工作。

（2）会计职业荣誉教育。职业荣誉包括两个方面的含义：一是指一定阶段、一定社会用以评价各种职业价值的尺度；二是指职工对履行职业道德义务社会价值的自我意识。职业道德教育的一个重要任务就是要增强职业荣誉感，使会计人员能充分认识到本职工作的重要社会地位和真正的职业价值，从而逐步培养对自己所从事职业的自尊心、自爱心和廉耻感，并使之逐渐发展成职业光荣感、自豪感和幸福感。

二、会计职业道德修养

（一）会计职业道德修养的含义

会计职业道德修养是人们依照会计职业道德原则进行的自我教育、自我改造、自我锻炼和自我提高的活动。会计职业道德品质的形成过程，最终是在会计人员自我修养中得到升华。自我修养是会计职业道德的职能和作用得以实现的重要环节。无论是会计职业道德规范，还是职业道德教育，都是以职业义务为核心的，表现为一定的应当负担的职业道德责任，均属于外在的道德责任，往往以政府行政监管、行业自律性监管和社会舆论的监督为后盾，体现出道德作用的他律性。这种他律性道德教育灌输是会计人员职业道德形成的不可逾越的阶段，它使会计从业人员被动地遵循和服从这种被视为外在的职业规范。在会计职业道德品质形成初期，这种被动的遵守和服从是必要的，有其合理性。但这种外在他律性教育并不必然使这种外在的要求转化为从业人员的内在要求，也难以让从业人员自觉产生符合道德要求的道德行为和道德情感。这种外在的他律性教育应当向以职业良心为特征的自律性职业道德发展。职业良心是对职业责任的自觉意识，是认识和情感、意识和信念的统一，它不仅会使从业人员表现出强烈的道德责任感，而且能够使从业人员依据一定的职业道德准则和规范自觉地选择和决定其行为，从而成为从业人员发自内心的巨大精神动力，在从业人员行为过程中起主导作用。实现这种转变的途径，就是会计人员进行职业道德修养。会计职业道德修养要求会计人员学习职业道德知识，培养自己的职业情感，在履行义务时克服困难障碍，磨练职业道德意志，树立坚定的职业道德信念。职业道德修养的最终目的，在于把职业道德原则和规范逐步转化为自己的职业道德品质，从而将职业实践中对职业道德的意识情感和信念上升为职业道德习惯，使其贯穿于职业活动的始终。这种职业道德习惯是一个人职业道德自觉性的表现，是职业道德教育所达到的最高成就。

（二）会计职业道德修养的环节

根据会计职业的特点，会计职业道德修养的基本环节，具体包括道德认知、道德情感、道德信念、道德行为等几个方面的修养。这几个环节相互联系，不可或缺，形成一个完整的会计职业道德修养过程。

1. 形成正确的会计职业道德认知。任何一种社会职业，都有其存在的社会价值和道德价值，提高对其所从事职业的社会道德价值的认知，是培养职业道德修养的前提。任何一个从业人员，如果对自己所从事的职业的社会价值和道德价值缺乏正确的认识，那他就不可能真正热爱自己的职业，更谈不上职业职守，提高技能，通过本职工作更好地为人民服务。

会计职业道德的认知，主要是对会计职业道德的行为、准则及其意义的理解和把握，它包括两个方面的内容：一是对会计职业道德规范和概念的掌握；二是对会计职业道德判断力的提高。会计职业道德规范并不是哪一个人随心所欲想出来的，而是在会计职业实践中不断总结、不断探索而提炼和概括出来的，是会计职业生活的一种要求。要全面提升对会计职业道德的认知，就必须学习有关职业道德知识，正确理解和掌握会计职业道德规范、道德理想和道德品质的基本内容，在懂得为什么要那样做，怎样才能做好的基础上，提高自己选择行为和识别善恶的能力，增强履行职责和道德义务的自觉性。会计人员提高对会计职业道德的认知，是会计职业道德修养的起点。没有对会计职业道德的认知，就不可能形成会计职业道德的行为和习惯，会计职业道德修养就无法自觉地进行下去。

2. 培养高尚的会计职业道德情感。会计职业道德情感是指会计人员基于一定的道德认知，在处理会计职业活动中各种道德关系和道德行为时所产生的情绪体验。职业道德情感作为人的一种高级情感，是伴随着人们的职业道德认识的提高而产生和发展的，对道德行为起着巨大的调节作用。我们平时所说的职业自豪感、荣誉感、责任感、幸福感等，都是职业道德情感的表现。缺乏高尚的职业道德情感，就不可能形成优良的职业道德品质。

会计职业道德情感的培养，主要取决于会计人员对本职工作的热爱程度，会计人员只有把个人所从事的职业和整个社会经济建设事业联系起来，才会看到会计这一职业的重要性和社会价值，从而感到会计职业的光荣，认识到会计这一职业的美好，树立起热爱会计、献身会计事业的崇高理想。

3. 树立坚定的会计职业道德信念。道德信念是指个人认为一定必须遵循的，在人的意识中根深蒂固的道德观点和道德规范，道德信念使个人对某种道德义务的正确性真诚信服并怀有强烈的责任感，从而有意识地表现为某种道德行为。由于道德信念往往以动机的形式使人的道德行为表现为坚定性和一贯性，成为道德品质形成的关键因素。它是职业道德修养的核心内容。

会计职业道德信念是指会计人员对会计职业的道德义务具有的强烈责任感和对会计职业的理想的坚定信仰。会计职业道德信念的树立，离不开会计人员在职业实践中深刻的道德认知、炽热的道德情感，它是形成会计职业道德信念的基础和保障。当一个会计人员一旦确立起坚定的会计职业道德信念，必然会对自己的职业充满感情，必然会自觉地按照职业道德规范的要求，全身心地投入到会计工作中去，忠实履行自己的义务，以坚韧不拔的毅力维护财经纪律，努力做好自己的本职工作。

4. 养成良好的会计职业道德行为。职业道德认知、道德情感、道德信念的修养，在会计职业道德修养的过程中，都属于道德意识修养的范围。会计职业道德的修养不仅包括道德意识方面的修养，也包括道德行为方面的修养，在道德修养中，应当更加重视道德行为的培养。

会计职业道德行为是指会计人员在会计职业道德规范的调节下所采取的行为，当这些行为反复持久，习以为常后，就会形成职业习惯。职业习惯是一种不需要任何监督的自觉行为，这种自觉行为并不是自发产生的，而是要通过职业道德修养才能养成。因此，会计人员在职业道德修养中，要特别注意培养自己的良好的职业习惯。

（三）会计职业道德修养的方法

会计职业道德修养的方式多种多样。根据职业道德品德形成和发展规律，进行职业道德修养主要可以运用以下几种具体方法：

1. 不断进行内省。会计工作是一项细致、复杂、涉及面广的工作，而且经常与钱财物打交道。因此，在会计职业道德修养方式上，尤其要提倡内省。内省是我国历史上所倡导的道德修养方法。

所谓内省，是指要经常检查自己的言行是否有不符合职业道德等要求的地方，并按照职业道德的要求反省自己，修正自己的言行。通俗地说，内省就是内心的自我审判、自我批评。

俗话说："人非圣贤，孰能无过?"有了过失就要尽快改正，要改过就必须知过。一是自觉剖析自己。对自己作出实事求是的评价，发扬成绩，纠正错误，不断摒除杂念，逐步树立起正确的道德观念，培养高尚的道德品质，提高自己的精神境界。会计人员在社会实践活动中，由于主客观等因素的限制和影响，不可避免地要发生一些与道德规范不相一致的错误行为。这就要求会计人员要进行自我检查，自我批评，用会计人员职业道德这面镜子对照检查，使自己的行为进入职业道德规范和要求的轨道，用自我批评的方法来加强自身的职业道德修养。二是虚心听取别人的意见。对待别人的批评，要态度诚恳，虚心接受。

2. 要提倡"慎独"精神。"慎独"既是一种很高的道德境界，也是一种道德修养的方法。"慎独"是检查会计人员道德水平的试金石。会计工作不可避免地要与人打交道，与钱财物打交道，工作中不可避免地涉及经济利益问题，"慎独"对于会计人员进行道德修养更为必要。"慎独"的前提是坚定的职业信念和职业良心，它是职业道德内在约束力作用的结果。会计职业道德修养讲"慎独"，就是每个会计人员要严格要求自己，在履行职责时自律谨慎，不管财务制度是否有所规定，不管是不是领导涉及的业务事项，都要按有关财经法律制度的规定去办，要努力达到"慎独"的境界。

3. 虚心向先进人物学习。榜样的力量是无穷的，优秀的榜样和高尚的行为，能给人以巨大的感染力和推动力，对人们的思想行为起着潜移默化的作用。会计领域里的先进人物，一般是在会计职业道德方面做得比较出色，职业道德修养达到较高境界的优秀会计人员。他们不仅有很高的会计专业水平，而且有很高的职业道德修养。在进行会计职业道德修养过程中，会计人员应当努力和虚心向这些会计工作上的优秀人物学习，以他们的优秀事迹和优秀品质为榜样，在提升自己的业务水平和素质的同时，不断加强自己的职业道德修养。向会计工作中的先进人物学习，一是要学习他们的动人事迹，从感情上引起共鸣，激发自己的学习热情；二是要以他们为标杆，对照自己找差距，激励自己向更高的境界攀登；三是要将学习先进人物落实到具体工作和具体行动中去。

第四节　会计职业道德建设

会计职业道德决定会计职能作用的发挥和会计工作质量。因此，必须加强会计职业道德建设。会计职业道德建设是一项复杂的系统工程，要抓好会计职业道德建设，关键要加强和改善对会计职业道德建设的领导，并采取多种措施，发挥和调动各方面的积极性，开展会计职业道德建设工作。各级财政部门、会计职业团体、机关、企业事业单位都要充分认识到当前加强会计职业道德建设的重要性和必要性，积极探索会计职业道德建设的组织与实施的体制和机制，齐抓共管，使我国会计职业道德水平迈上一个新的台阶。

一、财政部门的组织推动

在我国，财政部门作为会计工作的主管部门，在会计职业道德建设中发挥了重要的作用，是会计职业道德建设的主要推动者和组织者。各级财政部门应当采取多种形式开展会计职业道德建设教育，并发挥自身会计工作主管部门的优势，通过完善会计法律法规，推动会计职业道德建设。

（一）采用多种形式开展会计职业道德宣传教育

《会计法》规定，县级以上财政部门管理本行政区域内的会计工作。《注册会计师法》规定，财政部对注册会计师、会计师事务所和注册会计师协会进行监督指导。会计职业道德建设是会计管理工作的重要组成部分，应当列入财政部门管理会计工作的重要议事日程。各级财政部门应当以依法治国与以德治国的基本方略为指导，正确认识法治与德治的辩证关系，认识会计职业道德建设的重要意义，认识到新形势下加强会计职业道德建设的艰巨性、长期性和紧迫性，把会计职业道德建设作为新时期会计管理工作的一项十分重要的内容，负起组织和推动本地区会计职业道德建设的责任，常抓不懈。要深入实际，调查研究，了解新情况，分析新问题，及时发现、总结和推广会计职业道德建设的新经验，在内容、形式、方法、手段、机制等方面积极创新，与时俱进，探索新的有效途径和实践形式，把本地区会计职业道德建设不断提高到新的水平。

各级财政部门要充分结合本地区的实际情况，加大对会计职业道德建设的宣传力度，制定切实可行的宣传方案，采取灵活多样的宣传形式，如举办会计职业道德演讲、论坛、竞赛、有奖征文等活动，积极发挥思想文化阵地在职业道德建设中的作用，牢牢把握正确的舆论导向，唱响主旋律，营造会计职业道德建设的良好氛围。良好会计职业道德氛围的形成、巩固和发展，要靠教育，也要靠有效的会计法律制度的支持和保障。必须综合运用各种手段，把提倡与反对、引导与约束结合起来，通过严格科学的管理，培养和形成良好的会计职业道德行为。严格执行《会计法》和国家统一的会计制度，是会计职业道德建设健康发展的重要保证。要把会计职业道德建设与会计法制建设紧密结合起来。在认真宣传贯彻《会计法》和国家统一的会计制度的同时，加大执法力度，严厉打击违法会计行为，维护国家和社会公众利益，维护正常经济秩序，为会计职业道德建设提供强有力的法律支持和政策保障。

（二）会计职业道德建设与会计从业资格证书注册登记管理相结合

会计从业资格证书注册登记制度，是指取得会计从业资格的人员，被单位聘用从事会计工作时，应由本人或本人所在单位提出申请，按照会计从业资格管理部门规定的时间到会计从业资格管理部门进行注册登记。《会计基础工作规范》规定，“财政部门、业务主管部门和各单位应当定期检查会计人员遵守职业道德的情况，并作为会计人员晋升、晋级、聘任专业职务，表彰奖励的重要考核依据。会计人员违反职业道德的，由所在单位进行处罚；情节严重的，由会计证（会计从业资格证书）发证机关吊销其会计证（会计从业资格证书）”。因此，将会计从业资格证书注册登记管理与会计职业道德检查相结合，有制度基础和保证，有利于强化对会计人员行为的约束，强制引导会计人员遵守会计职业道德。如果会计人员不遵守会计职业道德，不按照要求完成规定的后续教育，不遵守财经法规，情节严重的，将被财政部门依法吊销其会计从业资格证书。

近年来，财政部门对会计从业资格证书档案实行电子计算机管理，为建立会计人员诚信档案创造了有利条件。财政部门可以结合会计从业资格证书注册登记管理，将会计人员执行会计法规制度和会计职业道德的情况，以及受到的奖惩情况等，输入电子档案，形成会计人员的诚信档案，作为财政部门对会计人员会计行为进行监管的依据，从而督促、约束和激励会计人员严格自律，认真执行会计职业道德规范。

（三）会计职业道德建设与会计专业技术资格考评、聘用相结合

我国会计专业技术资格分为初级资格（包括会计员和助理会计师）、中级资格（即会计师）和高级资格（即高级会计师）等三个级次。初级资格、中级资格通过全国专业技术资格考试取得。根据财政部、人事部联合印发的《会计专业技术资格考试暂行规定》及其实施办法，报考初级资格、中级资格的人员，应“坚持原则，具备良好的职业道德品质”等。会计专业技术资格考试管理机构在组织报名时，应对参加报名的会计人员职业道德情况进行检查。对有不遵循会计职业道德记录的，应取消其报名资格。

目前，对于高级会计师资格采用考试与评审相结合的方式，会计职业道德不仅是考试的重要内容，也是评审的重要内容之一。高级会计师评审委员会对申报人的会计职业道德进行考核时，可以采取量化评分的方式，使之与其专业学识等一样作为评审得分的重要组成部分。同时可以规定将其会计职业道德情况作为评审标准的内容之一。如申报人曾因违法犯罪行为而受过刑事处罚；因在财务、会计、审计、企业管理或其他经济管理工作中犯有严重错误而受过党纪、政纪处分；或者参与所在单位偷税漏税、会计舞弊等活动，则不能参加高级会计师资格的评审。各单位在聘用会计人员时，除考察其专业胜任能力外，更应将遵守职业道德情况作为一项重要的考核内容。将会计职业道德奖惩与高级会计师资格的考评、聘用联系起来，必将使广大会计人员像重视自己专业技术职称一样重视自己的职业道德形象，在日常的学习工作中不断提高自身的职业道德修养。

（四）会计职业道德建设与会计法执法检查相结合

财政部门作为《会计法》的执法主体，可以依法对社会各单位执行会计法律制度情况及会计信息质量进行不同形式的检查或抽查。通过检查，一方面督促各单位严格执行会计法律法规，另一方面也是对各单位会计人员执行会计职业道德情况的检查和检验。对于检查中发现违反《会计法》行为的会计人员不仅要承担违反《会计法》所必须承担的责任和处罚，同时还必须接受道德制裁。

（五）会计职业道德建设与会计人员表彰奖励制度相结合

我国《会计法》规定，"对认真执行本法，忠于职守，坚持原则，作出显著成绩的会计人员，给予精神的或者物质的奖励"。对于那些在会计工作中自觉遵循会计职业道德的优秀会计人员，有关部门应当对其给予精神的或物质上的奖励。对其进行奖励、表彰，使受奖者遵循会计职业道德的行为得到社会肯定，有利于弘扬会计职业道德精神，有利于促进会计人员"比、学、赶、帮、超"的氛围的形成，促进会计职业道德建设的全面开展。

我国会计人员表彰制度早在1963年已经实施。1963年国务院发布的《会计人员职权试行条例》中确立了会计人员奖惩制度。目前会计人员表彰制度主要包括先进会计工作者评选制度和会计人员荣誉证书制度等。为了鼓励会计人员热爱和做好本职工作，增强会计人员的职业荣誉感，表彰他们献身会计事业，为社会主义建设所做的贡献，财政部先后于1990年、1995年、2005年和2008年组织了全国先进财会工作集体和先进会计工作者表彰活动。对于先进集体授予“全国先进财会工作集体”荣誉称号，并颁发奖牌；对于先进个人则授予“全国先进会计工作者”等称号，并颁发奖章和证书。通过表彰这些先进集体和先进个人，使他们在会计工作中所作出的成绩得到了社会的肯定，其中包含着对他们良好的会计职业道德的肯定。对他们的奖励，在会计职业道德建设方面还为广大会计人员树立了楷模和榜样，使会计职业道德原则和规范具体化、人格化，使广大会计工作者从这些富于感染性、可信性的道德榜样中获得启示、获得动力，营造抑恶扬善的环境，从而在潜移默化中提高全体会计人员的职业道德素质。

根据1988年财政部印发的《颁发会计人员荣誉证书试行规定》，我国建立了会计人员荣誉证书制度，凡在全民所有制企业、事业单位、国家机关、军队、社会团体、县以上集体所有制企业、事业单位以及中外合资、合作和外资经营企业从事财务会计工作满30年的会计人员，国家将对其颁发《会计人员荣誉证书》。这一措施有利于稳定会计队伍，调动并充分发挥会计人员的积极性。

二、会计职业组织的行业自律

会计职业组织是联系会员与政府的桥梁纽带，充分发挥协会等会计职业组织的作用，改革和完善会计职业组织自律机制，有利于发挥会计职业组织自律机制在会计职业道德建设中的促进作用。

中国注册会计师协会作为注册会计师行业自律组织，为提高我国注册会计师职业道德水平作出了积极努力，先后发布了《中国注册会计师职业道德基本准则》、《中国注册会计师职业道德规范指导意见》以及《注册会计师、注册资产评估师行业诚信建设实施纲要》等。同时，中国注册会计师协会成立调查委员会、技术鉴定委员会、惩戒委员会等内部委员会，强化对注册会计师等在会计职业道德等方面的管理和监督，如对违反执业规则和职业道德规范的注册会计师，依照行规行约进行道德谴责和惩戒；关注接任前任注册会计师的审计业务以及同行诋毁、恶性压价等不正当竞争行为，对有关当事人或者执业机构采取谈话提醒制度，对其面临的审计风险及时作出警示和指导，并且将有关执业机构或执业人员的不良记录记入诚信档案，逐步使行业自律和惩戒规范化、制度化，对促进注册会计师职业道德水平的提升发挥一定的积极作用。

作为会计学术组织的中国会计学会近年来制定了《中国会计学会会员分级管理办法（试行）》，强化对会员的服务和管理，以不断提高会员的会计职业道德水平。

由于我国会计职业组织建立比较晚，自律性监管还比较薄弱。当前应当进一步加强会计职业组织的建设，充分发挥会计职业组织在会计职业道德建设方面的作用。

三、社会各界齐抓共管

会计职业道德建设是一项复杂的系统工程，既涉及到广大会计人员，也涉及到机关、企业事业单位以及各种形式的社会组织。加强会计职业道德建设，必须发挥社会各界的作用。

单位负责人要切实抓好会计职业道德建设。会计人员职业道德表现好与差，其所在单位是最直接的受益者或受害者。《会计法》规定，单位负责人对本单位的会计工作和会计资料的真实性、完整性负责。单位负责人应当重视和加强本单位会计人员的职业道德建设，在任用会计人员时，应当审查会计人员的职业记录和诚信档案，选择业务素质高、职业道德好、无不良记录的人员从事会计工作；在日常工作中，应注意开展对会计人员的道德和纪律教育，并加强检查，督促会计人员坚持原则，诚实守信；在制度建设上，要重视内部控制制度建设，完善内部约束机制，有效防范舞弊和经营风险。同时，单位负责人要做遵纪守法的表率，支持会计人员依法开展工作。

各有关部门和机构要重视会计职业道德建设。要根据会计职业道德规范要求，结合本系统、本行业（单位）特点，有针对性地制定具体职业道德规范，开展宣传教育，抓好督促落实。

各新闻媒体要加强对会计职业道德建设的宣传教育，发挥新闻的舆论监督的作用。良好会计职业道德风尚的树立，离不开社会舆论的支持和监督。各新闻媒体要加强对会计职业道德建设的宣传教育，使社会各界了解会计职业道德规范的内容，促进良好的会计职业道德深入人心。首先，要在全社会会计人员中倡导以诚信为荣、失信为耻的职业道德意识，引导会计人员加强职业修养。特别是加强对会计职业道德建设中出现的典型人物和典型事件的宣传，弘扬正气，形成良好的会计道德环境和氛围。其次，要加强对会计职业道德的社会舆论监督，揭露会计工作中存在的弄虚作假等违反会计职业道德规范的问题。

附录

财经法规与会计职业道德考试大纲

第一章　会计法律制度

第一节　会计法律制度的构成

一、会计法律

由全国人民代表大会及其常务委员会经过一定立法程序制定的有关会计工作的法律。我国目前有两部会计法律，分别是《会计法》和《注册会计师法》。

二、会计行政法规

由国务院制定并发布，或者由国务院有关部门拟定并经国务院批准发布，调整经济生活中某些方面会计关系的法律规范。如国务院发布的《企业财务会计报告条例》、《总会计师条例》。

三、国家统一的会计制度

国务院财政部门根据《会计法》制定的关于会计核算、会计监督、会计机构和会计人员以及会计工作管理的制度，包括会计部门规章和会计规范性文件。

第二节　会计工作管理体制

一、会计工作的行政管理

国务院财政部门主管全国的会计工作，县级以上地方各级人民政府财政部门管理本行政区域内的会计工作。财政部门履行的会计行政管理职能主要有：

（一）会计准则制度及相关标准规范的制定和组织实施

（二）会计市场管理

（三）会计专业人才评价

（四）会计监督检查

二、会计工作的自律管理

（一）中国注册会计师协会

（二）中国会计学会

三、单位会计工作管理

（一）单位负责人要组织、管理好本单位的会计工作

（二）会计人员的选拔任用由所在单位具体负责

第三节　会计核算

一、总体要求

（一）会计核算依据

（二）对会计资料的基本要求

二、会计凭证

三、会计账簿

四、财务会计报告

五、会计档案

六、其他

我国会计法律制度还对会计年度、记账本位币、会计处理方法等做了明确规定。

第四节　会计监督

一、单位内部会计监督

（一）单位内部会计监督主体和对象

1. 单位内部会计监督的主体是各单位的会计机构和会计人员

2. 内部会计监督的对象是单位的经济活动

（二）单位内部会计监督制度的基本要求

1. 记账人员与经济业务事项或会计事项的审批人员、经办人员、财物保管人员的职责权限应当明确，并相互分离、相互制约

2. 重大对外投资、资产处置、资金调度和其他重要经济业务事项的决策和执行的相互监督、相互制约的程序应当明确

3. 财产清查的范围、期限和组织程序应当明确

4. 对会计资料定期进行内部审计的办法和程序应当明确

（三）会计机构和会计人员在单位内部会计监督中的职责

1. 依法开展会计核算和监督，对违反《会计法》和国家统一的会计制度规定的会计事项，有权拒绝办理或者按照职权予以纠正

2. 对单位内部的会计资料和财产物资实施监督

二、会计工作的政府监督

（一）会计工作的政府监督的概念

（二）财政部门会计监督检查的主要内容

1. 对单位依法设置会计账簿的检查

2. 对单位会计资料真实性、完整性的检查

3. 对单位会计核算情况的检查

4. 对单位会计人员从业资格和任职资格的检查

5. 对会计师事务所出具的审计报告的程序和内容的检查

三、会计工作的社会监督

（一）会计工作的社会监督的概念

（二）注册会计师审计与内部审计的关系

（三）会计师事务所业务范围

1. 依据《注册会计师法》承办的审计业务

2. 会计咨询、会计服务业务

第五节　会计机构和会计人员

一、会计机构的设置

（一）单位会计机构的设置

（二）会计机构负责人（会计主管人员）的任职资格

（三）会计人员回避制度

二、代理记账

（一）代理记账的业务范围

（二）委托代理记账的委托人的义务

（三）代理记账机构及其从业人员的义务

（四）法律责任

三、会计从业资格

（一）会计从业资格证书的适用范围

（二）会计从业资格的取得

（三）会计从业资格证书管理

（四）会计人员继续教育

1. 会计人员继续教育的对象和特点

2. 会计人员继续教育的内容

3. 会计人员继续教育的形式和学时要求

四、会计专业职务与会计专业技术资格

（一）会计专业职务

（二）会计专业技术资格

五、会计工作岗位设置

（一）设置会计工作岗位的基本原则

（二）主要会计工作岗位

六、会计人员的工作交接

（一）交接的范围

（二）交接的程序

（三）交接人员的责任

第六节 法律责任

一、法律责任的概念

二、不依法设置会计账簿等会计违法行为的法律责任

三、其他会计违法行为的法律责任

第二章 支付结算法律制度

第一节 概 述

一、支付结算的概念和特征

（一）支付结算的概念

（二）支付结算的特征

1. 支付结算必须通过中国人民银行批准的金融机构进行，未经中国人民银行批准的非银行金融机构和其他单位不得作为中介机构经营支付结算业务

2. 支付结算是一种要式行为

3. 支付结算的发生取决于委托人的意志

4. 支付结算实行统一管理和分级管理相结合的管理体制

5. 支付结算必须依法进行

二、支付结算的基本原则

（一）恪守信用，履约付款

（二）谁的钱进谁的账，由谁支配

（三）银行不垫款

三、支付结算的主要支付工具

（一）汇票

（二）本票

（三）支票

（四）信用卡

（五）汇兑

（六）托收承付

（七）委托收款

四、支付结算的主要法律依据

五、办理支付结算的具体要求

（一）单位、个人和银行应当按照《人民币银行结算账户管理办法》的规定开立、使用账户

（二）单位、个人和银行办理支付结算，必须使用按中国人民银行统一规定印制的票据和结算凭证

（三）填写票据和结算凭证的基本要求

（四）填写票据和结算凭证应当规范，做到要素齐全，数字正确，字迹清晰，不错不漏，不潦草，防止涂改

（五）票据和结算凭证上的签章和其他记载事项应当真实，不得伪造、变造

第二节　现金管理

一、开户单位使用现金的范围

二、现金使用的限额

三、现金收支的基本要求

四、建立健全现金核算与内部控制

第三节　银行结算账户

一、银行结算账户的概念

二、银行结算账户的分类

三、银行结算账户管理应当遵守的基本原则

（一）一个基本账户原则

（二）自主选择银行开立银行结算账户原则

（三）守法合规原则

（四）存款信息保密原则

四、银行结算账户的开立、变更和撤销

（一）银行结算账户的开立

（二）银行结算账户的变更

（三）银行结算账户的撤销

五、基本存款账户

（一）基本存款账户的使用范围

（二）基本存款账户的开户要求

（三）开立基本存款账户的程序

六、一般存款账户

（一）一般存款账户的使用范围

（二）一般存款账户的开户要求

（三）开立一般存款账户的程序

七、专用存款账户

（一）专用存款账户的使用范围

（二）专用存款账户的开户要求

（三）开立专用存款账户的程序

八、临时存款账户

（一）临时存款账户的使用范围

（二）临时存款账户的开户要求

（三）开立临时存款账户的程序

（四）临时存款账户使用中应注意的问题

九、个人银行结算账户

（一）个人银行结算账户的使用范围

（二）个人银行结算账户的开户要求

（三）开立个人银行结算账户的程序

（四）个人银行结算账户使用中应注意的问题

十、异地银行结算账户

（一）异地银行结算账户的使用范围

（二）异地银行结算账户的开户要求

（三）开立异地银行结算账户的程序

十一、银行结算账户的管理

（一）中国人民银行的管理

（二）银行的管理

（三）存款人的管理

十二、违反银行账户结算管理制度的罚则

(一) 存款人违反账户管理制度的处罚
(二) 银行及其有关人员违反账户管理制度的处罚

第四节 票据结算方式

一、票据的概念和种类
(一) 票据的概念
(二) 票据的种类
二、支票
(一) 支票的概念
(二) 支票的种类
(三) 支票的出票
(四) 支票的付款
(五) 支票的办理要求
三、商业汇票
(一) 商业汇票的概念和种类
(二) 商业汇票的出票
(三) 商业汇票的承兑
(四) 商业汇票的付款
(五) 商业汇票的背书
(六) 商业汇票的保证
四、信用卡
(一) 信用卡的概念和种类
(二) 信用卡的申领与销户
(三) 信用卡的资金来源
(四) 信用卡使用的主要规定
五、汇兑
(一) 汇兑的概念和分类
(二) 办理汇兑的程序
(三) 汇兑的撤销和退汇

第三章 税收法律制度

第一节 税收概述

一、税收的概念与分类

（一）税收的概念与分类

1. 税收的概念

2. 税收的作用

（1）税收是国家组织财政收入的主要形式

（2）税收是国家调控经济运行的重要手段

（3）税收具有维护国家政权的作用

（4）税收是国际经济交往中维护国家利益的可靠保证

（二）税收的特征

1. 强制性

2. 无偿性

3. 固定性

（三）税收的分类

1. 按征税对象分类，可将全部税收划分为流转税类、所得税类、财产税类、资源税类和行为税类五种类型

2. 按征收管理的分工体系分类，可分为工商税类、关税类

3. 按照税收征收权限和收入支配权限分类，可分为中央税、地方税和中央地方共享税

4. 按照计税标准不同进行的分类，可分为从价税、从量税和复合税

二、税法及其构成要素

（一）税收与税法的关系

1. 税法的概念

2. 税收与税法的关系

（二）税法的分类

1. 按照税法的功能作用的不同，将税法分为税收实体法和税收程序法

2. 按照主权国家行使税收管辖权的不同，可分为国内税法、国际税法、外国税法

3. 按照税法法律级次划分，分为税收法律、税收行政法规、税收规章和税收规范性文件

（三）税法的构成要素

1. 征税人

2. 纳税义务人

3. 征税对象

4. 税目

5. 税率

(1) 比例税率

(2) 定额税率

(3) 累进税率

6. 计税依据

(1) 从价计征

(2) 从量计征

(3) 复合计征

7. 纳税环节

8. 纳税期限

9. 纳税地点

10. 减免税

(1) 减税和免税

(2) 起征点

(3) 免征额

11. 法律责任

第二节 主要税种

一、增值税

(一) 增值税的概念与分类

1. 增值税的概念

2. 增值税的分类

(1) 生产型增值税

(2) 收入型增值税

(3) 消费型增值税

(二) 增值税一般纳税人

(三) 增值税税率

(四) 增值税应纳税额

1. 销项税额

2. 销售额

3. 进项税额

(五) 增值税小规模纳税人

（六）增值税征收管理
1. 纳税义务发生的时间
2. 纳税期限
3. 纳税地点
二、消费税
（一）消费税的概念与计税方法
1. 消费税的概念
2. 消费税的计税
（二）消费税纳税人
（三）消费税税目与税率
1. 消费税税目
2. 消费税税率
（四）消费税应纳税额
1. 销售额的确认
2. 销售量的确认
3. 从价从量复合计征
4. 应税消费品已纳税款扣除
（五）消费税征收管理
1. 纳税义务发生时间
2. 纳税期限
3. 纳税地点
三、营业税
（一）营业税的概念
（二）营业税纳税人
（三）营业税的税目、税率
1. 营业税税目
2. 营业税税率
（四）营业税应纳税额
（五）营业税征收管理
1. 纳税义务发生时间
2. 纳税期限
3. 纳税地点

四、企业所得税

（一）企业所得税的概念

（二）企业所得税征税对象

（三）企业所得税税率

（四）企业所得税应纳税所得额

1. 收入总额

2. 不征税收入

3. 免税收入

4. 准予扣除的项目

（1）成本

（2）费用

（3）税金

（4）损失

5. 不得扣除的项目

6. 亏损弥补

（五）企业所得税征收管理

1. 纳税地点

2. 纳税期限

3. 纳税申报

五、个人所得税

（一）个人所得税概念

（二）个人所得税纳税义务人

（三）个人所得税的应税项目和税率

1. 个人所得税应税项目

2. 个人所得税税率

（四）个人所得税应纳税所得额

1. 工资、薪金所得

2. 个体工商户的生产经营所得

3. 对企事业单位的承包经营、承租经营所得

4. 劳务报酬所得

5. 稿酬所得

6. 利息、股息、红利所得

（五）个人所得税征收管理

1. 自行申报纳税义务人

2. 代扣代缴

第三节 税收征管

一、税务登记

（一）开业登记

（二）变更登记

（三）停业、复业登记

（四）注销登记

（五）外出经营报验登记

（六）纳税人税种登记

（七）扣缴义务人扣缴税款登记

二、发票开具与管理

（一）发票的种类

1. 增值税专用发票

2. 普通发票

3. 专业发票

（二）发票的开具要求

1. 单位和个人应在发生经营业务、确认营业收入时，才能开具发票

2. 开具发票时应按号码顺序填开，填写项目齐全、内容真实、字迹清楚、全部联次一次性复写或打印，内容完全一致，并在发票联和抵扣联加盖单位财务印章或者发票专用章

3. 填写发票应当使用中文。民族自治地区可以同时使用当地通用的一种民族文字；外商投资企业和外资企业可以同时使用一种外国文字

4. 使用电子计算机开具发票必须报主管税务机关批准，并使用税务机关统一监制的机打发票

5. 开具发票时限、地点应符合规定

6. 任何单位和个人不得转借、转让、代开发票

三、纳税申报

（一）直接申报

（二）邮寄申报

（三）数据电文申报

（四）简易申报
（五）其他方式
四、税款征收
（一）查账征收
（二）查定征收
（三）查验征收
（四）定期定额征收
（五）代扣代缴
（六）代收代缴
（七）委托征收
（八）其他方式
五、税务代理
（一）税务代理的概念
（二）税务代理的特点
1. 中介性
2. 法定性
3. 自愿性
4. 公正性
（三）税务代理的法定业务范围
六、税收检查及法律责任
（一）税收检查
1. 税收保全措施
2. 税收强制执行
（二）法律责任
1. 税务违法行政处罚
（1）责令限期改正
（2）罚款
（3）没收财产
（4）收缴未用发票和暂停供应发票
（5）停止出口退税权
2. 税务违法刑事处罚
3. 税务行政复议

第四章　财政法律制度

第一节　预算法律制度

一、预算法律制度的构成

(一)《预算法》

(二)《预算法实施条例》

二、国家预算

(一) 国家预算的概念

(二) 国家预算的作用

1. 财力保证作用

2. 调节制约作用

3. 反映监督作用

(三) 国家预算的级次划分

(四) 国家预算的构成

1. 中央预算

2. 地方预算

3. 总预算

4. 部门单位预算

三、预算管理的职权

(一) 各级人民代表大会的职权

1. 全国人民代表大会的职权

2. 县级以上地方各级人民代表大会的职权

3. 乡、民族乡、镇的人民代表大会的职权

(二) 各级财政部门的职权

1. 国务院财政部门的职权

2. 地方各级政府财政部门的职权

(三) 各部门、各单位的职权

1. 各部门的职权

2. 各单位的职权

四、预算收入与预算支出

(一) 预算收入

(二) 预算支出

五、预算组织程序

（一）预算的编制

1. 预算年度

2. 预算草案的编制依据

3. 预算草案的编制内容

（二）预算的审批

（三）预算的执行

（四）预算的调整

六、决算

七、预决算的监督

第二节　政府采购法律制度

一、政府采购法律制度的构成

（一）政府采购法

（二）政府采购部门规章

（三）政府采购地方性法规和政府规章

二、政府采购的概念

（一）政府采购的主体范围

（二）政府采购的资金范围

（三）政府集中采购目录和政府采购限额标准

（四）政府采购的对象范围

三、政府采购的原则

（一）公开透明原则

（二）公平竞争原则

（三）公正原则

（四）诚实信用原则

四、政府采购的功能

（一）节约财政支出，提高采购资金的使用效益

（二）强化宏观调控

（三）活跃市场经济

（四）推进反腐倡廉

（五）保护民族产业

五、政府采购的执行模式

（一）集中采购
（二）分散采购
六、政府采购当事人
（一）采购人
（二）供应商
（三）采购代理机构
七、政府采购方式
1. 公开招标
2. 邀请招标
3. 竞争性谈判
4. 单一来源
5. 询价
八、政府采购的监督检查

第三节　国库集中收付制度

一、国库集中收付制度
二、国库单一账户体系
（一）国库单一账户体系的概念
（二）国库单一账户体系的构成
三、财政收入收缴方式和程序
（一）收缴方式
1. 直接缴库
2. 集中汇缴
（二）收缴程序
1. 直接缴库程序
2. 集中汇缴程序
四、财政支出支付方式和程序
（一）支付方式
1. 财政直接支付
2. 财政授权支付
（二）支付程序
1. 财政直接支付程序
2. 财政授权支付程序

第五章 会计职业道德

第一节 会计职业道德概述

一、会计职业道德的概念
二、会计职业道德的功能
（一）指导功能
（二）评价功能
（三）教化功能
三、会计职业道德与会计法律制度
（一）会计职业道德与会计法律制度的关系
（二）会计职业道德与会计法律制度的主要区别
1. 性质不同
2. 作用范围不同
3. 表现形式不同
4. 实施保障机制不同
（三）会计行为的法治与德治

第二节 会计职业道德规范的主要内容

一、爱岗敬业
（一）爱岗敬业的含义
（二）爱岗敬业的基本要求
1. 热爱会计工作，敬重会计职业
2. 严肃认真，一丝不苟
3. 忠于职守，尽职尽责
二、诚实守信
（一）诚实守信的含义
（二）诚实守信的基本要求
1. 做老实人，说老实话，办老实事，不搞虚假
2. 实事求是，如实反映
3. 保守秘密，不为利益所诱惑
4. 执业谨慎，信誉至上
三、廉洁自律
（一）廉洁自律的含义

（二）廉洁自律的基本要求

1. 树立正确的人生观和价值观

2. 公私分明，不贪不占

四、客观公正

（一）客观公正的含义

（二）客观公正的基本要求

1. 依法办事

2. 实事求是，不偏不倚

3. 保持独立性

五、坚持准则

（一）坚持准则的含义

（二）坚持准则的基本要求

1. 熟悉准则

2. 遵循准则

3. 坚持准则

六、提高技能

（一）提高技能的含义

（二）提高技能的基本要求

1. 要有不断提高会计专业技能的意识和愿望

2. 要有勤学苦练的精神和科学的学习方法

七、参与管理

（一）参与管理的含义

（二）参与管理的基本要求

1. 努力钻研业务，熟悉财经法规和相关制度，提高业务技能，为参与管理打下基础

2. 熟悉服务对象的经营活动和业务流程，使参与管理的决策更具针对性和有效性

八、强化服务

（一）强化服务的含义

（二）强化服务的基本要求

1. 强化服务意识

2. 提高服务质量

第三节　会计职业道德教育与修养

一、会计职业道德教育

（一）会计职业道德教育的含义

（二）会计职业道德教育的内容

1. 职业道德观念教育

2. 职业道德规范教育

3. 职业道德警示教育

（三）会计职业道德教育途径

1. 岗前职业道德教育

2. 岗位职业道德继续教育

二、会计职业道德修养

（一）会计职业道德修养的含义

（二）会计职业道德修养的环节

1. 形成正确的会计职业道德认知

2. 培养高尚的会计职业道德情感

3. 树立坚定的会计职业道德信念

4. 养成良好的会计职业道德行为

（三）会计职业道德修养的方法

1. 不断地进行“内省”

2. 要提倡“慎独”精神

3. 虚心向先进人物学习

第四节　会计职业道德建设

一、财政部门的组织推动

（一）采用多种形式开展会计职业道德宣传教育

（二）会计职业道德建设与会计从业资格证书注册登记管理相结合

（三）会计职业道德建设与会计专业技术资格考评、聘用相结合

（四）会计职业道德建设与会计法执法检查相结合

（五）会计职业道德建设与会计人员表彰奖励制度相结合

二、会计职业组织的行业自律

三、社会各界齐抓共管